列島の戦国史7

東日本の統合と織豊政権

竹井英文

吉川弘文館

刊行のことば

関東の享徳の乱（一四五四年〜）、京都を中心とする応仁・文明の乱（一四六七年〜）に始まり、大坂夏の陣（一六一五年）をもって終結するとされる戦国時代は、日本史上最も躍動感にみなぎる時代であり、多くの人々の関心を集めている。NHK大河ドラマの舞台の圧倒的多数がこの時代であるのは、その証左といえよう。そこでは、さまざまな英雄が登場し、戦乱を乗り越え時代を切り開いていった姿が描かれている。

甲斐の武田信玄が定めた「甲州法度之次第」で、「天下」は「戦国」なのだから、すべてに優先して武道に励み武具を用意することが肝要だとされているように、戦国時代はまさに戦乱がうち続く世の中だった。それでは、なぜそのような世の中になったのだろうか？　ふつう思い浮かぶのは、足利幕府が弱体化し権威が失墜したため、実力がものを言う分裂抗争が広まったということだろう。その勝者が戦国大名となって群雄割拠の時代を迎え、「天下」をめぐる争いの末、徳川氏が勝利を収め太平の世を生み出したとされるのである。こうした考え方は、新井白石の

『読史余論』や頼山陽の『日本外史』などでも示される、江戸時代以来の通説であり、今日に至るまで強い影響力を有しているといえる。

しかしこれだけなら、単に全国政権が足利幕府から徳川幕府に変わり、社会は平和を回復したということで終わってしまう。実際には、足利幕府と徳川幕府はともに武家政権だが、その支配のやり方は大きく違っていた。たとえば、検地や宗門改を通じて全国の土地や住民を把握することなど、足利幕府も含め中世の国家権力が行ったことはなかった。それだけ、国家による社会や民衆の掌握・管理が強化されたのである。戦国争乱は、そうした新しい政治秩序を生み出すための胎動でもあった。しかもそれは、支配者側の意図によってだけでなく、受け入れる社会の側の変化を基礎としてもたらされたものだった。だから、戦国争乱の意味を理解するためには、英雄たちの動きだけでなく、社会のあり方にまで視野を広げる必要がある。しかもその社会は、民衆が日々の暮らしを営む在地から、海を通じて日本列島と結ばれていた東アジアまでの広がりをもっていたのである。

こうした考えに基づいて、「列島の戦国史」シリーズでは以下に示す編集方針がとられている。まず時間軸として、対象時期を四段階に区分し、それぞれの時期の争乱の特徴を明らかにすることである。第一段階は十五世紀後半で、足利幕府の全国支配は動揺するが、享徳の乱にしても応仁・文明の乱にしても、幕府支配体制の内部抗争という性格をもっている。第二段階は十六世紀前半で、管領細川政元が将軍足利義材（義稙）を廃した明応の政変（一四九三年）を契機に、幕府の全国支配は崩れ、各地で守護の家督騒動や守護代の「下剋上」など、新秩序建設をめぐる覇権争いが展開する。第三段階は十六世紀後半で、東の河越合戦（一五四六年）・西の厳島合戦（一五五五年）における、北条氏・毛利氏という新興勢力の勝利に象徴される地域覇権争いの基本的決着をうけて、その覇者である戦国大名同士の領土紛争（「国郡境目相論」）が展開する。十六世紀末へ向かう時期には、中央で生まれた織田・豊臣権力が各地の戦国大名と敵対・連携し、最終的には小田原合戦の勝利（一五九〇年）により全国制覇（「天下統一」）を達成する。第四段階は十七世紀初頭で、新たな全国政権の主導権をめぐる争いが展開し、徳川氏の勝利で決着する。

また空間軸として、京都や畿内を中心にとらえることなく各地域社会の動向を重視し、一方で周辺の東アジア地域の動向にも目を配ることである。前者については、近年、享徳の乱と応仁・文明の乱の連動性が注目されているように、一方的に中央の政治動向が地方に影響を及ぼすというものではなく、地方には独自の政治状況が存在し、かつそれが中央の状況とも関わって進行していくという、いわば双方向的関係があったことを重視したい。織豊権力による全国制覇の過程も、「惣無事」の強制のような服従の押しつけとして描くのではなく、受け入れる地方の側の対応やその背景にも目を配ることが大切である。したがって、地域社会の政治・経済・文化の状況や、それらを踏まえた戦国大名の領国統治の理解が欠かせず、十分にページを割くこととなった。なお、各巻で同じ事柄について異なる見解・評価が示されていることもあるが、執筆者各自の考えを尊重し、あえて一致させていないことをお断りしておく。

本シリーズを通読されることにより、史上まれに見る社会変動期であった戦国時代を、総合的に理解していただければ幸いである。

二〇二〇年三月十五日

企画編集委員
池　享
久保健一郎

目次

五　迫り来る織田信長

六　豊臣政権の成立と東日本

統合へ向かう東日本——プロローグ

本巻の対象地域

本巻は、主として永禄《えいろく》十二年（一五六九）の越相同盟《えつそうどうめい》成立の前後から、天正十八（一五九〇）・十九年の奥羽《おうう》仕置《しおき》・奥羽再仕置までを範囲に、東日本の戦国史をさまざまな視点から叙述するものである。この時期は、戦国期の最末期にあたる時期であると同時に、織田信長、豊臣秀吉、徳川家康、上杉謙信《けんしん》、武田信玄、北条氏康《うじやす》などをはじめとした、一般的にも名が知られている有名武将が多数登場し合従連衡《がつしようれんこう》する、いかにも戦国時代らしい時期といえよう。

本巻で扱う地理的な範囲は、東日本となっている。東日本というと、普通は関東・奥羽がイメージされるが、本書のコンセプトとしては越中《えつちゆう》・信濃《しなの》・三河《みかわ》まで含む広い範囲で、ということであった（以下、本書では「 」などを付すことなく、単に東日本と記す）。これまでの東日本を扱った通史類では、どうしても研究が進んでいる北条氏とその周辺、地理的には関東地方を中心に叙述しがちであったことは否めない。そうした状況から少しでも脱するために、広い範囲をカバーすることを意識した叙述に挑戦してみた次第である。

その際に、意識的に奥羽に関する叙述を多めにしたつもりである。筆者が東北地方の大学に所属しているということもあるが、通史類において奥羽の事例が多く取り上げられることは、これまであまりなかったし、興味深い事柄が実に多いため、広く一般に知って頂く機会にしたいと思ったからである。それでも、北条氏関係の叙述は多くなってしまうし、奥羽といっても結局伊達《だて》氏が叙述の中心とならざるをえなかった。また、その分東海・甲信越についての叙述は少なくなってしまったように思う。非常に広い範囲を一度に扱うため、このような限界が出てしまったものの、なるべく幅広く押さえることを目指したつもりである。

東日本を考えるにあたって、もう一つ注意したい点がある。それは、関東や奥羽といった枠組の中の地域差や、そうした枠組を越えた地域性である。たとえば、関東は、歴史的に南関東と北関東で、さまざまな面で大きく異なることが指摘されてから久しい。最近では、西関東と東関東という分け方で新たに関東内部の地域差を考える研究も登場してきている。奥羽についても、北奥羽と南奥羽では、これまたさまざまな面で異なる部分があるし、西奥羽（日本海側）と東奥羽（太平洋側）もまた然りである。さらに、主として現在の福島県域に該当する南奥《なんおう》は、歴史的に北関東や越後《えちご》と密接な関係にあるため、それらを一つの地域として捉える視角も登場してきている。本書では、そうした東日本のなかのさまざまな地域を多少なりとも意識して描くつもりである。

本巻の叙述のスタート時期である永禄十二年（一五六九）前後は、さまざまな意味で画期的な時期であった。前年の永禄十一年には、織田信長が足利義昭を奉じて京都へ入った。同年末には、武田信玄が駿河《するが》の今川領国へ侵攻を開始したことにより、それまで長らく東日本の秩序を形作ってきた甲相駿《こうそうすん》三国同盟は崩壊した。その崩壊をうけて、永禄十二年六月に越相同盟が成立し、東日本の諸領主に大きな衝撃を与えた。

戦国末期の東日本

その越相同盟も、もともと無理難題が山積しており、元亀《げんき》二年（一五七一）に北条氏康が死去したこともあって破綻してしまう。そして、再び甲相同盟が復活するという、これまた大きな転換が起きた。このほか、武田信玄は一時的に上杉謙信と「甲越和与《こうえつわよ》」を成立させたとされ、織田信長や徳川家康は一時武田信玄と良好な関係にあったが、次第に対立して上杉謙信と結ぶ動きを見せ始めていた。今度は盤石であるかにみえた甲相同盟も、天正六年（一五七八）の御館《おたて》の乱を契機に崩壊し、またまた武田氏と北条氏の全面戦争が勃発する。さらに、天正三年の長篠《ながしの》の戦い以降、織田信長も武田氏に対抗するなかで、東日本にも触手を具体的に伸ばし始め、情勢に大きな影響を与えるようになった。

天正十年代も、まさに激動の時期であった。天正十年三月、織田信長が武田氏を滅ぼし、関東にまで直接織田氏の勢力圏が及ぶと、奥羽の諸領主の多くも織田氏に従属する意思を示すようになった。ところが、わずか三か月後の本能寺の変により、情勢は再び一変してしまう。その後は、天正壬午《じんご》の乱、北条・徳川同盟の成立、小牧・長久手《ながくて》の戦いと沼尻合戦、豊臣政権の誕生、徳川家康の上洛、そして北条氏滅亡・奥羽仕置と、わずか八年の間に情勢は目まぐるしく変化し、一気に列島規模の統合である「天下統一」へと至る。

本書では、こうした複雑怪奇な展開をしながらも、徐々に統合へと向かう東日本の政治情勢を、最新の研究動向に留意しながら、幅広く叙述していくことを目指したい。

大規模化する領土紛争と「国郡境目相論」

戦国期は、戦争の時代である。この点で、本巻が対象とする戦国末期の特徴は何かというと、大名間戦争の大規模化と、領国境目《りょうごくさかいめ》をめぐる争いの増加である。豊臣秀吉は、九州の島津氏と大友氏の戦争を「国郡境目相論《こくぐんさかいめそうろん》」と表現していたが、国や郡を単位に領国境目をめぐって争いあう、この「国郡境目相論」こそ戦国期の戦争の特徴をよく示すものとして、研究史上有名な言葉である。各地で形成されていった排他的・一円的・領域的な大名領国が、さらに拡大していくにつれ、他大名領国との境目において、面的かつ大規模にぶつかり合う様相をみせはじめていたのである。もちろん、同時期には上杉謙信や武田信玄による北条領国の蹂躙《じゅうりん》のような形の戦争もあったが、それ以外は基本的には領国境目で主要な戦いが繰り広げられており、その帰属をめぐってぶつかり合っていたといえる状況であった。いわゆる境目の城が領国各地に次々と誕生し、その維持管理に莫大な労力がつぎ込まれることになるのも、この時期からである。

こうした「国郡境目相論」は、ほとんどの場合は一方の大名を滅亡させるまでには至らず、どこかで終止符が打たれ、その時期なりの新たな「平和」秩序が形成されていった。その方法として広く実施されたのが、国分《くにわけ》と呼ばれた領土協定であった。この国分も、主として国・郡を単位とした面的な領域を対象に実施され、相互不可侵の確認・婚姻関係の締結などによってその秩序を保とうとしていた。その実現は、結局は自力次第だったといえるが、それでも戦国期なりのルールに従って形成した、この時期固有の「平和」秩序であった。

一方で、奥羽はこうした状況とはやや異なっていた。伊達氏や蘆名《あしな》氏など、それなりに広域を支配する大きな大名は存在していたものの、関東でみられたような大大名同士の激しいぶつかり合いはなかった。また、中小の国衆《くにしゅう》（郡主）が多数割拠する状態が続いており、彼らはしばしば争い激突したが、ほとんどの場合、一方を完全に滅亡させるまでには至らなかった。特に、南奥では中人制が機能しており、周辺諸領主間による利害調整によって独自の秩序が維持され続けた。ところが、戦国最末期になると、伊達政宗が急激に勢力を拡大していったことにより、そうした秩序も崩壊していく。

織田信長や豊臣秀吉の政策も、こうした東日本各地の独自の「平和」秩序形成を前提に展開されたものであることに注意しながら、この時期の戦争と「平和」のあり方について叙述していきたい。

東日本の社会・文化史

本シリーズのコンセプトは、政治史以外のさまざまな側面についても積極的に取り上げ、総合的な通史を描くことである。そのため、これまであまり通史類では触れられてこなかったようなテーマも、なるべく多く取り上げたつもりである。たとえば、この時期を象徴する遺跡である城館《じょうかん》である。城館研究は、東日本でも非常に盛んであり、重厚な研究史が存在している。城館は、大名の領国支配や軍事、地域社会の実態を知るうえで貴重な史料そのものであり、戦国史を語るうえでは、もはや外せないテーマとなっている。文化史についても同様である。戦国大名の領国支配も、決して実力だけによって成り立っていたわけではなく、権威の問題も非常に深く関わっていた。そのため、政治史を分析するうえでも、権威と深く関わる文化的な側面の検討は重要である。近年では、戦国期における「礼の秩序」が改めて注目され、京都から地方への文化の伝《でん》播《ぱ》という視点も相対化されつつある。そのような研究動向をなるべく組み入れたい。

また、近年の戦国史研究では、学際的な研究が当たり前のことになっており、もはや文献史学のみでは成り立たないことは明らかである。しかし、隣接諸分野の関連研究の成果が、通史という形でこれまで十分紹介されているかというと、必ずしもそうではないように思う。そこで、文献史学の成果に限らず、城館の発掘調査や陶磁器《とうじき》・土器の研究などの考古学の研究成果、城館研究における縄張研究の成果、街道の研究に代表される歴史地理的な研究成果についても、意識的に取り上げてみた。

もう一つ、個別大名・地域の研究が多い戦国史研究だが、近年では大名領国を越えた、広範囲に及ぶさまざまな交流の側面が重視されつつある。さらに、「日本」という枠組に縛られることなく、東アジアや北方世界など、より広い地域の史的展開のなかで考えることも必要となってきている。豊後《ぶんご》大友《おおとも》氏と東アジアとの密接な関係に注目して従来の戦国大名概念を相対化しようとする研究動向は、その最たるものであろう。東日本は、西日本と比べると、海外との関係がはっきり見えにくいといわざるをえないが、それでも特に物流や文化面で、東アジアや北方世界との関係をうかがわせるに十分な事柄が見出せる。列島史のなかの東日本というのを、意識して叙述していきたい。

本書の構成

以上のようなことを踏まえて、本巻では越相同盟成立前後から、小田原合戦・奥羽仕置へと至る過程を軸に、東日本の戦国末期の姿を追っていきたい。

「一　三国同盟の崩壊と領土紛争の激化」では、北条・武田・今川・上杉氏の動向を軸に、三国同盟の崩壊、越相同盟の成立、それらをめぐる大名・国衆の対応をみていく。「二　群雄割拠の北関東・奥羽」では、同時期の北関東・奥羽の大名・国衆（郡主）の動向を概観しつつ、地域的な特質についても言及していく。「三　領国支配の進展」では、城館や流通経済にも目を配りながら、当該期の領国支配の基本構造を描く。「四　十六世紀後半の東日本社会」では、激化する戦乱状況と地域社会との関わりや、領主層以外のさまざまな人々の動向、贈答や食文化なども含めた文化・芸術、当該期に特徴的な宗教勢力の動向などを述べていく。「五　迫り来る織田信長」では、織田信長の影響力が強まっていくなかでの、東日本各地の政治史を概観し、武田氏滅亡までを描く。「六　豊臣政権の成立と東日本」では、天正壬午の乱を経て成立した北条・徳川同盟の展開、それへ対抗する上杉氏や北関東の諸領主の動向、彼らと結んで徐々に東日本への介入度合いを強めていく豊臣秀吉の動向をみていく。「七　秀吉による東日本統合へ」では、北条氏の豊臣政権への従属交渉や伊達政宗の勢力急拡大、未曾有の大合戦である小田原合戦、さらには奥羽仕置の実態を概観し、「天下統一」が達成されていく様子をみていく。「エピローグ」では、本書の叙述をふまえて、改めて東日本各地の特質を東日本の豊臣化の問題も搦めながら確認しつつ、その後の朝鮮出兵や関ヶ原の戦いへと至る過程を展望したい。

一　三国同盟の崩壊と領土紛争の激化

1 越相同盟の衝撃

上杉・北条氏の抗争と周辺大名・国衆

永禄《えいろく》三年（一五六〇）から本格的に開始された長尾景虎《ながおかげとら》（上杉謙信《けんしん》。以後、上杉謙信で統一）による越山《えつざん》は、東国（本書では関東を中心に、その周辺を含む地域とする）の政治情勢に多大な影響を与えていた。特に、北条氏の進出に苦しめられていた関東の国衆《くにしゅう》は軒並み謙信に従い、翌四年には彼らを率いた謙信が北条氏の本拠小田原城を包囲するまでに至った。しかし、その後は一進一退の攻防が続きつつも、永禄七年の国府台《こうのだい》合戦で里見《さとみ》義弘《よしひろ》を破るなどして徐々に北条氏の勢力が拡大していった。また、北条氏と同盟関係にあった武田氏の勢力も、上野《こうずけ》方面へと徐々に拡大していった。

こうした状況からの挽回を図るため、謙信は同九年二月から三月にかけて大軍を率いて出陣し、北条方の重要拠点であった下総《しもうさ》高城胤辰《たかぎたねとき》の居城小金《こがね》城（千葉県松戸市）や原胤貞《はらたねさだ》の居城臼井《うすい》城（同佐倉市）などを攻撃した。なかでも臼井城攻めは大激戦となり、上杉軍は「実城堀一重」まで迫ったが、北条軍の猛反撃に遭い、結果として上杉軍の大敗北となってしまった（「鑁阿寺《ばんなじ》文書」）。

その衝撃は大きかったようで、それまで上杉方となっていた関東の国衆たちは、こぞって北条方へと鞍替えし始めた。五月に謙信が帰国すると、下野宇都宮広綱《しもつけうつのみやひろつな》・小山秀綱《おやまひでつな》・皆川俊宗《みながわとしむね》・長尾景長《かげなが》、下総結城晴朝《ゆうきはるとも》・簗田晴助《やなだはるすけ》・持助《もちすけ》父子、上野由良成繁《ゆらなりしげ》、武蔵《むさし》成田《なりた》氏長《うじなが》らが次々と北条氏に従属し、十二月には厩橋城《まやばし》（群馬県前橋市）を拠点に上杉氏の関東経営において重要な役割を果たしていた北条高広《きたじょうたかひろ》も北条氏に従属してしまった。その流れは以後も続き、北条氏は翌十年正月に佐竹義重《さたけよししげ》と盟約を結び、

1—上杉謙信が攻撃するも大敗した臼井城跡（千葉県佐倉市）

五月には古河《こが》公方《くぼう》家宿老《しゅくろう》の野田景範《のだかげのり》が、六月までに上総土《と》気《け》・東金《とうがね》の両酒井氏、下総相馬《そうま》氏が従属した。八月から十月にかけ、佐竹氏や宇都宮氏、簗田氏らは再び上杉方に転じたものの、十一月には下野佐野《さの》昌綱《まさつな》や上野桐生《きりゅう》佐野重綱が従属し、北条氏の勢力は拡大していったのである。

この間、北条氏は、上杉方の里見義弘から圧力を受けていた勝浦正木《まさき》時忠《ときただ》の救援も兼ねて、永禄十年八月に大軍を催して水陸両面から里見領国への攻撃も行った。そして、二十三日には里見義弘の本拠佐貫《さぬき》城（千葉県富津《ふっつ》市）を攻撃しようと迫ったが、それに応じた里見軍と上総三船山（同君津市・富津市）で激突し、北条軍は大敗してしまった。北条軍は、岩付《いわつき》太田《おおた》氏資《うじすけ》が討死するなど散々なありさまであった。これで今度は里見氏が息を吹き返し、上総・下総方面への進出を強め

ていくようになるのである。

足利義昭・織田信長の台頭

そのようななか、東国の情勢は上方方面の情勢とも次第に深くリンクしてくることになる。永禄八年（一五六五）六月、美濃《みの》をめぐって斎藤龍興《さいとうたつおき》と戦っていた信長は、領国を接していたため衝突も起き始めていた信玄に和睦《わぼく》を要請した。これを受諾した信玄は、九月に信長の養女を勝頼の正室に迎え入れた。甲尾《こうび》同盟の成立である。翌十月には、信玄の嫡男義信が幽閉される事件が起きたが、その背景には信長に接近する信玄と、今川義元の娘を娶った義信との外交路線の対立があったとされる。台頭しつつあった信長の動向が、東国情勢にも影響を与え始めていたのである。

東国に影響を及ぼし始めたのは、信長だけではなかった。謙信が下総に侵攻した永禄九年二月、足利義昭（当時は義秋。以後、義昭で統一）は北条氏に御内書《ごないしょ》を送り、謙信と和睦するよう求めてきたのである。前年の永禄八年五月、十三代将軍足利義輝《よしてる》が三好三人衆らによって殺害されると、義昭は早くも八月には謙信に対して上洛のための馳走《ちそう》をするよう要請していた。謙信もそれに応えるため、北条氏との和睦を仲介するよう義昭に求めたようで、それをうけての行動であった。これに対し、北条氏は信玄も含めた三和とすることを求めたようで、義昭側もこれを了承し、八月以前に再度北条氏に御内書を送っている。

こうして三和計画は進むかにみえたが、その後ほどなく頓挫《とんざ》し、結局実現しなかった。義昭は、永禄九年八月に信長から上洛の支援を得ることになったが、その信長が斎藤龍興に敗れたため越前朝倉《えちぜんあさくら》義景《よしかげ》のもとへ身を寄せ、再度上洛の機会をうかがうことにしていた。その途中の九月十三日、義昭は謙信に対して再度北条氏との和睦を成立させ上洛《じょうらく》に協力するよう要請するが、義昭からの働きかけもその程度で終わってしまったのが実態であった。上杉・武田・北条氏の三氏側も、義昭の上洛支援を協力する姿勢こそみせたものの、三和実現に向けて積極的に応えた形跡はみられない。

このように、結局三和は実現せず、義昭のたび重なる要請も強制力がないものであった。しかし、こうした義昭の行動が諸大名の動向に少なからず影響を与えつつあったこともまた事実であり、注意しなければならない。

三和が実現しないまま永禄十年になると、信長がようやく斎藤氏を滅亡させて美濃を領国化することに成功した。勢力を拡大した信長は、義昭の上洛支援要請を再度受け入れ、同十一年七月に義昭を岐阜《ぎふ》城（岐阜市）に迎えて上洛を開始、八月に敵対する近江六角《ろっかく》氏を滅亡させ、九月についに上洛を果たした。同年二月に足利義栄《よしひで》が十四代将軍に就任していたが、十月二十二日に義昭が征夷大将軍に任官し、十五代将軍となった。ここに足利義昭・織田信長連合政権が樹立された。こうして、義昭と信長は室町幕府の再興を本格的に図っていくことになり、周辺諸国の情勢にも積極的に介入し始めるのである。

2—上杉謙信画像（林泉寺所蔵）

武田信玄の駿河侵攻と三国同盟の破綻

永禄五（一五六二）・六年頃から、すでに武田氏と今川氏の関係は微妙なものとなっていたが、甲尾同盟の成立や義信幽閉事件によってそれに拍車がかかり、三国同盟は綻びを見せ始めていった。永禄十年三月、信玄は上野に出陣したが、その際に甲斐・駿河国境に位置する本栖《もとす》城（山梨県富士河口湖町）や穴山氏の河内領の警戒などを留守居《るすい》の武田勝頼に命じていた。このころからすでに対今川氏を意識した戦略をとっていたことがうかがわれる。一方の今川氏も、同年八月に甲斐への塩留《しおどめ》を実施するなど対抗していたが、十月に義信が殺害されるに及ぶと、十二月には密かに上杉謙信と連絡を取り合い、連携し始めた。

武田氏と今川氏の関係悪化はその後も続き、翌十一年四月には氏真が故義信の正室となっていた妹の嶺松院《れいしょういん》殿の帰国を求めた。その際、氏真《うじざね》は三国同盟をもとに北条氏に仲介を求めている。その甲斐あってか、嶺松院殿は無事帰国することになったが、起請文《きしょうもん》提出を信玄から厳しく要求されるなど、関係の悪化は避けられなかった。これに怒った氏真は、謙信に対して「信玄表裏ほどあるまじく候」（信玄は間もなく断交するだろう）と連絡し、さらなる連携を求めていった（「歴代古案」）。

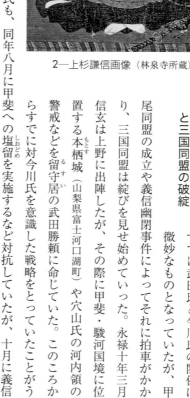

そして永禄十一年十二月六日、ついに信玄は駿河への侵攻を開始した。信玄の言い分は、氏真が謙信と結んで信玄の滅亡を企てていたので仕方なく攻撃したというものであったが、北条氏は「国競望の一理」、すなわち信玄の領土拡張野心によるものと認識していた（「上杉家文書」）。武田軍の勢いはすさまじく、早くも十三日に一気に今川氏の本拠駿府《すんぷ》（静岡市）を占領してしまった。甲駿同盟の維持のために仲介をしていた北条氏は、面目を潰されたことになり、すぐさま今川氏支援に動き、翌年正月二十七日に武田氏の薩埵山陣《さつたやまのじん》（静岡市清水区）を攻略して最前線基地とした。

猛攻を受けた今川氏真は、命からがら重臣朝比奈泰朝《あさひなやすとも》の居城遠江懸川城《とおとうみかけがわ》（静岡県掛川市）へ逃げ込んでいった。この時、氏真正室で氏康の娘である早川殿も、輿《こし》にも乗れないありさまで駿府から逃げていったようで、氏康は「この恥辱そそぎ難し」と激怒している（「歴代古案」）。これと前後して、北条氏側も氏政の妻となっていた信玄の娘を送り返しており、三国同盟はここに完全に崩壊することとなったのである。

3—武田信玄画像（高野山持明院所蔵、高野山霊宝館提供）

今川氏の滅亡と信玄包囲網

懸川城に逃げ込んだ今川氏真だったが、今度は徳川家康からの攻撃を受け、籠城戦《ろうじょうせん》を展開することになった。信長と家康は、永禄十一年（一五六八）二月時点で対今川氏を目的とした密約を結んでいた。具体的には、駿河と遠江との間を流れる大井川を境として、駿河を武田氏が、遠江を徳川氏が実力次第で切り取るという駿河・遠江分割協定であり、それを信長も承認するというものであった。

これに基づき、家康は信玄の駿河侵攻とほぼ同時に遠江へ侵入し、井伊谷《いいのや》三人衆を従属させるなど着々と平定を進めていた。そして、氏真が懸川に籠城すると、これを包囲したのである。氏真の危機的な状況に対して、北条氏は陸路が武田氏によって通行困難な状態となっていたため、海路援軍を派遣して支援した。

一方、家康にとっては予期せぬ出来事が起きた。駿府占領と同時並行して、家康支援を名目に、武田軍の別働隊である秋山虎繁《とらしげ》の軍勢が遠江見付《みつけ》（静岡県磐田市）まで侵入したのである。これは明確な協定違反であった。不信感を抱いた家康は、二月時点で謙信に接近を試み、三月には氏真との和睦交渉も密かに始めていたようである。そして、五月になって今川・北条氏と正式に和睦することとなった。実は家康は、これ以前に今川・北条氏とは和睦しないという旨の起請文を信玄に提出していたため、これも明確な協定違反であった。

五月十五日、氏真は懸川城を開城し、北条氏の兵に守られながら海路伊豆《いず》へ向かい、一時大平城

（静岡県沼津市）に在城したが、その後小田原へ向かうことになった。さらに、氏政の息子国王丸（氏直）を養子として今川の名跡を譲ることにした。これは、氏真が駿河の支配権を事実上北条氏に譲ったことを意味する。氏真は、その後もさまざまな活動をしたものの、もはや大名として復帰することはできなかった。こうして、名門今川家は滅亡したのである。

情勢はめまぐるしく変化していったが、これにより信玄は窮地に立たされることになった。後述するように、同時期に北条氏は上杉氏との同盟交渉を進めていたため、信玄は今川・北条・上杉氏、そして徳川氏によって完全に包囲される形となってしまったのである。懸川落城前の同年三月時点で、信玄は信長に対して、氏真と家康が和睦交渉しているという噂について信長の意見を聞きたいと述べたうえで、「ただ今信長を憑む外、また味方なく候、この時聊《いささ》かも信長御粗略においては、信玄滅亡疑いなく候」と泣きつくありさまであった（「武家事紀」）。信玄は、家康が信長の目下の同盟者と考えていたようで、信長を通して家康に圧力をかけ、事態の打開を狙っていたようである。

越相同盟の成立

東国の諸領主を驚かせ、信玄を窮地に追い込むことになった越相同盟だが、その交渉は永禄十一年（一五六八）十二月にはすでに始まっていた。氏康の命を受けた北条氏邦《うじくに》が、上野金山城（群馬県太田市）主由良成繁を介して、上杉方の沼田（同沼田市）在城衆に同盟締結を申し入れたのである。また、北条氏照《うじてる》も独断で厩橋北条高広を通じて同盟締結を打診していた。翌年正月早々、上杉方から返信があり、和睦に際しての条件が提示された。謙信としても、下越で信玄と結んで蜂起していた本庄繁長《ほんじょうしげなが》や越中《えっちゅう》情勢への対応に力を割きたい思惑があり、同盟締結へ前向きな返信をしたのである。もちろん、その裏では情報収集に余念がなく、遠く飛驒《ひだ》の三木良頼《みつきよしより》にも信玄や上方の動向も含めた情報の提供を求めるなどしていた。

翌年正月二日、出陣中の氏政に代わり、すぐさま氏康は上杉方の条件を受諾することを表明し、同盟締結へ向けた本格的な交渉がスタートした。その交渉内容は、①関東管領職の問題、②領土協定(国分《くにわけ》)、③氏政の謙信への同陣、④起請文の提出、⑤古河公方擁立の問題、⑥養子縁組などの点に集約されるものであった。

さまざまな形による交渉の末、六月には氏康・氏政父子と謙信の間で血判起請文《けっぱんきしょうもん》が交わされ、越相同盟は正式に成立した。だが、課題は山積みであった。上記②の領土協定と、それにともなう国衆の帰属問題は、なかでも最大の難関となっていた。謙信は、永禄三・四年時点での支配領域で分割するよう求めたが、北条氏は現状に基づく分割を主張したため、両者の協議は平行線をたどるばかりであった。その結果、上野一国と武蔵忍城(埼玉県行田市)・岩付城(同さいたま市岩槻区)・松山城(同吉見町)などの領有を上杉氏に認めることで両者の間で折り合いがついた。

⑤も、一大争点となっていた。謙信は、関東進出・関東管領就任にともなって奉戴していた足利藤氏を公方とすることを求めたが、北条氏は謙信に追われて鎌倉へ移っていた足利義氏を再度擁立して対立した。だが、藤氏が永禄九年に死去していたことを知った謙信は、結局義氏を古河公方とするこ

とに同意せざるをえず、奉戴《ほうたい》の請文《うけぶみ》を提出して正式にこれを認めたのである。これにより、足利義氏は鎌倉から再び古河へ移座したが、古河公方は完全に北条氏の領国支配下に組み込まれることになった。この影響は大きく、以後謙信は公方擁立の主張をしなくなり、さらに関東管領たることに積極的な位置づけを見出すこともなくなるなど、前代以来の公方―管領体制が形骸化していく画期となったのである。

このほか、③については話がかみ合わないままであり、⑥は氏政の息子を養子とすることに決定した。そして、①については、北条氏は関東管領を謙信とすることをあっさりと認めたが、人質となる予定であった氏政の息子に名跡を継がせることで大筋合意に達した。これにて、越相同盟は盤石となったかに思われた。

しかし、もともと無理難題が山積していたこの同盟が有効に機能することはなかった。領土協定については、たとえば松山城については重臣上田氏の本領であることを理由に、なかなか北条氏は割譲《かつじょう》を認めなかった。氏政の息子を人質にする約束も遅れ、謙信は激怒してしまう。そうこうしているうちに、謙信は関東ではなく越中へ出陣してしまった。北条氏が期待していた謙信による武田領侵攻は、結局この後もされないままであった。そうこうしているうちに、あの信玄襲来を迎えてしまうのである。

2　混迷を深める東日本情勢

「甲越和与」と信玄の小田原襲来

窮地に追い込まれた信玄だったが、ここで驚きの行動に出た。なんと、宿敵謙信との和睦を画策し始めたのである。信玄は、早くも永禄十二年（一五六九）一月には信長を通じて足利義昭に謙信との和睦斡旋を依頼した。信長・義昭としても、以前の越甲相三和計画に引き続き、「天下静謐」のためには望ましいと考えたようで、早速同年二月に義昭は謙信に「甲越和与」を求める御内書を送った（「上杉家文書」）。その後も交渉は進められ、同年七月下旬に「甲越和与」は成立したようである。さらに信玄は、反北条の立場で上杉方として行動していたものの、越相同盟成立によって謙信に不信感を抱いていた里見氏や佐竹氏などとも連携を模索し始め、北条領国への侵攻を求めると同時に、古河公方足利義氏《よしうじ》に代わる公方として足利藤政《ふじまさ》を鎌倉へ還御《かんぎょ》させることも求めた。これによって、今度は北条氏が一気に危機的な状況に追い込まれることになったのである。

四月二十四日に駿河から甲斐へ帰国した信玄は、そこから怒涛の北条領国侵攻作戦を開始する。翌五月に武蔵滝山城（東京都八王子市）や伊豆三島（静岡県三島市）に派兵し、六月には一度武蔵方面へ出陣すると見せかけて、駿河へ出陣した。北条方はまんまと騙されたようで、口々に「信玄はかざし

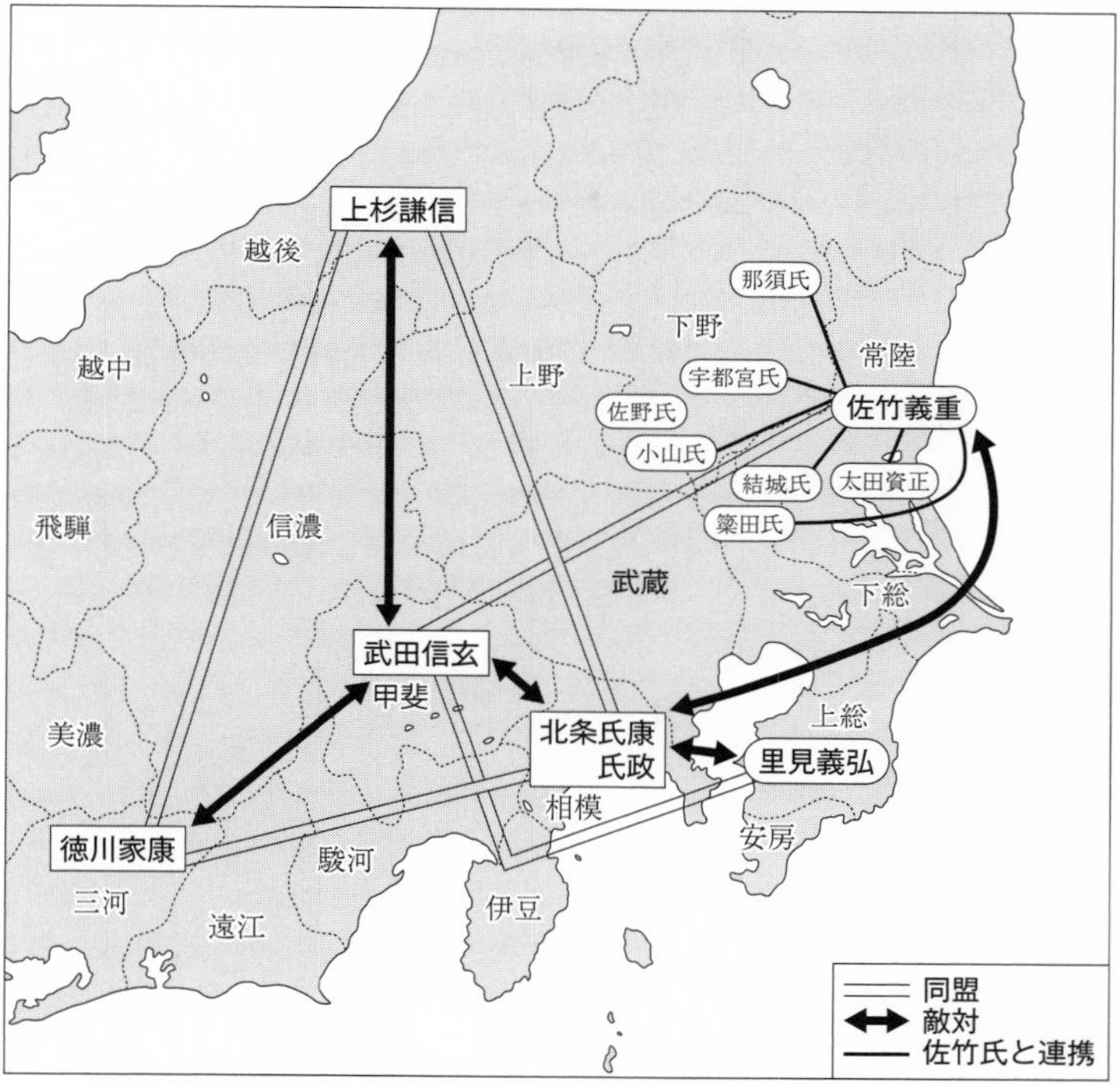

4—越相同盟成立頃の東国関係図（黒田基樹監修『別冊太陽　戦国大名』〈2010年〉より転載）

物」（自らの存在を隠す）であると話し合っていたという（群馬大学図書館所蔵「新田《にった》文庫《ぶんこ》文書」）。そして、北条氏が新規に築城した駿河深沢城（同御殿場市）を攻撃すると、続けて富士大宮城（同富士宮市）も包囲し、三島、さらに北条（同伊豆の国市）も攻撃した。七月三日に大宮城を落とすと、再び甲斐へ帰陣したが、息つく暇もなく九月早々に碓氷峠《うすいとうげ》を越えて上野から北条領国に襲いかかった。

九月九日に上野・武蔵国境を押さえる御嶽城《みたけ》（埼玉県神川町）、翌日に北条氏邦の居城鉢形城《はちがた》（同寄居町）、そして中旬頃に北条氏照の居城滝山城を相次いで攻撃した。いずれの城も攻め落としはしなかったが、その脅威を十分に感じさせたうえでさらに南下し、ついに十月一日小田原城（神奈川県小田原市）まで攻め寄せてきた。北条氏康・氏政は籠城戦を選択し、四日間ほどで包囲を解いた信玄は甲斐への撤退を開始した。北条氏も黙ってはおらず、途中で信玄を討ち取ることを計画し、十月六日に相模の三増峠《みませ》（同愛川町）で氏照・氏邦軍が待ち伏せして合戦に及んだ。しかし、武田軍の勢いを止めることができず、そのまま甲斐への撤退を許してしまった。北条領国は、まさに信玄に蹂躙されたのである。

だが、これで終わりではなかった。十一月二十二日に再び駿河へ出陣した信玄は、十二月六日に北条氏の前線拠点であった蒲原城《かんばら》（静岡県静岡市）攻めを開始した。激戦の末、蒲原城は一日で落城し、一族の北条氏信や重臣清水新七郎、狩野介《かののすけ》らが討死するなど、北条方に大損害が出てしまった。この一報を聞いた氏政は、「余りに恐怖」（不安・不満）と述べている（『古今消息集』）。十二日には薩埵山陣も自落し、北条軍は駿河河東《かとう》地域へ撤退した。そして、十二月十三日に信玄は今川旧臣により奪い返されていた駿府を再占領することに成功した。

この間、北条氏は繰り返し謙信へ出兵を要請したが、甲越和与《こうえつわよ》を成立させた謙信は越中へ出陣してしまい、北条氏のために動くことはなかった。信玄が小田原から撤退した後に氏康が謙信に送った書状では、ご機嫌を相変わらず伺いつつも、「御加勢一途にこれ無き故、かくのごときの儀、是非無く候」（まったく加勢をしてくれなかったのでこうなってしまった）と恨み節を述べている（「上杉家文書」）。

「御国」の論理の登場と諸城の築城・修築

こうした驚異的な信玄の猛攻に対して、北条氏は規定の普請役《ふしんやく》を使い果たし、さらに物資不足や軍勢不足に悩まされるようになった。そのため北条氏は、領国内の村落に対して、規定以上の役を賦課することにした。そこで持ち出された論理が、「御国《おくに》」の論理であった。

永禄十二年（一五六九）二月で、北条氏は石切職人の左衛門五郎・善左衛門に対して、「御国の御大事」なので奔走せよと命じていた（「青木文書」）。さらに八月、追加の大普請役を村落に賦課したが、そこでも「第一に御国のため」であり、「第二に私のため」（自分たちのため）であるので、北条家に奉公すべきであるという論理で役賦課を正当化していた（「武井文書」）。

だが、それでも信玄の猛攻を防ぐには不十分であった。北条氏は、軍勢も不足していたのである。そこで、村落に軍事動員を賦課する新たな体制を構築し始める。信玄が小田原を去った後の永禄十二年十二月、「人改め」を実施して百姓を一時的に民兵化し、諸城の留守番をさせるなど、領国を防衛する体制の構築を図ったのである。その際にも「御国」の論理が登場している。「御国」のための役であるので、このような乱世に生きている以上、同じ国に住んでいる者は領国の防衛戦に参加しなけ

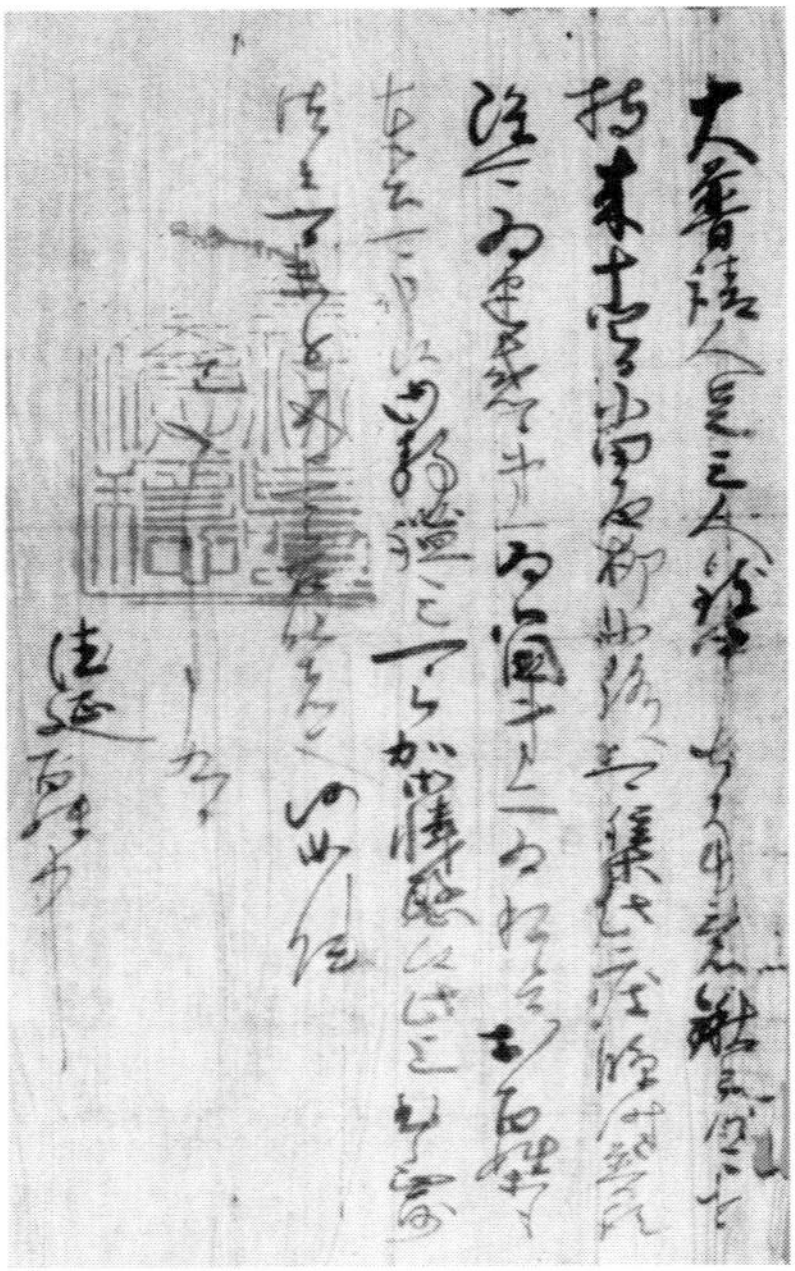

5—北条氏と「御国」（北条家虎朱印状、個人蔵、小田原城天守閣提供「武井文書」）
3行目真ん中に「第一為御国」とある。

ればならないと主張したのである（「富士《ふじ》浅間神社《せんげんじんじゃ》文書」ほか）。違反者に対しては首を切ると脅しをかけつつ、何とかして百姓を動員しようとした北条氏の焦りが垣間見える。

このように、北条氏は領国の危機的状況のなかで、「御国」のためという論理でもって領国と村落との一体的な関係を形成していった。こうした事態は、戦国大名の支配の到達点の一つとして高く評価されている。

百姓の動員体制を整えつつ、北条氏は領国各所に新規築城や既存の城館の改修を進めた。永禄十二年閏五月には駿河駿東郡に深沢城を、さらに同時期に足柄道《あしがらみち》の押さえとして足柄城（神奈川県南足柄市）を築いた。元亀二年正月に深沢城が落城すると、近隣に平山城（静岡県裾野市）を築城して対応した。このほか、小田原城を始め、韮山《にらやま》城（同伊豆の国市）、興国寺《こうこくじ》城（同沼津市）、津久井《つくい》城（神奈川県相模原市）などの改修も順次実施し、武蔵では甲斐国境に近い滝山領の由井《ゆい》城（東京都八王子市）が再度取り立てられた。そして、それらの城館を守備するため、領国各地から軍勢が集められ、在番制が発達していった。

謙信と下越・越中情勢

永禄十一年(一五六八)から十二年にかけて、謙信は関東だけでなく、下越《かえつ》と越中の情勢にも対応しなければならない状況であった。永禄三年以降、越中への出兵を繰り返していた謙信だったが、同九年に本拠七尾城(石川県七尾市)を追われた能登《のと》守護畠山徳祐《はたけやまとくゆう》(義続)・義綱父子を帰国させるという大義名分のもと、同十一年三月に越中守山(富山県高岡市)へ出兵した。ところが、三月十三日、信玄の調略《ちょうりゃく》により下越の本庄繁長が謙信に対して反旗を翻してしまう。この時、謙信は放生津(同射水市)にいたが、二十五日に急きょ陣を払い帰国することになった。続く七月、信玄と協力して加賀・越中の一向一揆が蜂起し、さらに上杉方であった越中の国衆椎名《しいな》康胤《やすたね》も信玄と一向一揆《いっこういっき》に通じた。これと同時期、同じく越中国衆神保《じんぼう》氏の内部で、親上杉派の父長職《ながもと》と反上杉派の子長住との間で紛争が起き、八月には武田軍が北信濃の長沼(長野市)へ出陣し、春日山《かすがやま》城(新潟県上越市)をうかがった。しばらくの間、謙信はこれらの対応に追われることになったが、十月二十日になって、ようやく本庄繁長攻めを実行に移した。

謙信が繁長を攻撃している最中、武田氏と同盟関係にあった北条氏は、謙信を牽制するため、十二月五日に上野沼田へ出陣する計画を立てていた。繁長も北条氏に対して、越後上田口(同南魚沼市)まで軍勢を派遣するよう要請した。だが、この直後に信玄が駿河に攻め込んだため、北条氏はその対応に追われ、さらに同時期に北条氏は謙信と同盟締結に向けた交渉を開始したこともあり、繁長の目論見《もくろみ》は破綻した。

翌十二年正月、本庄領に隣接する蘆名盛氏や伊達輝宗からの和睦要請があり、それに応える形で謙信は繁長の赦免《しゃめん》を考え始めた。そして交渉の末、三月末に繁長の子千代丸が人質として出されて終結した。謙信は、半年近く繁長の乱のために在陣していたのであった。

下越情勢を安定化させ、越相同盟を締結した謙信は、同年八月下旬に再び越中へ出陣した。二十日に境川を越えた謙信は、二十二日に金山城《かなやま》（富山県魚津市）に籠もる椎名康胤を攻め、翌日に攻め落とした。康胤は松倉城（同魚津市）に逃げ込んだが、これも支えきれず、一向一揆を頼り落ち延びていった。謙信は、さらに神通川《じんつうがわ》を渡って反上杉方の神保氏を攻撃して、十月二十七日に春日山へ帰陣した。その後は、十二月に重臣河田長親《かわだながちか》を魚津城《うおづ》（同魚津市）に入れて進出拠点としつつ、翌元亀元年以降も越中への侵攻を繰り返した。

越相同盟の破綻

北条氏のたび重なる出兵要請にもかかわらず、なかなか越山しなかった謙信だが、永禄十二年（一五六九）末になってようやく沼田城へ着陣した。翌元亀元年正月早々に従属を拒否していた下野佐野昌綱を攻撃しつつ、北条氏に対して岩付領・松山領の割譲と人質の提出を再度求めた。ここに至って北条氏は、当初の予定を変更して、氏康六男で幻庵宗哲《げんあんそうてつ》の養子となっていた三郎を差し出すことに決め、起請文を交換した。三郎は、早速四月に春日山城へ入り、上杉景虎を名乗るようになった。こうして正式に上杉・北条両家は血縁関係を結ぶことになり、謙信の管轄とされた上野国衆も、ようやく謙信に従属することになるなど、越相同盟は軌道に乗り始めたかにみえた。

その後、七月に両家共同による武田領西上野侵攻が協議されたが、ここでまたもや謙信と氏政の同陣に関する問題が浮上してしまう。双方がさまざまな主張をしてこの問題が解決されないなか、信玄による猛攻は続き、六月に北武蔵の御嶽城主平沢政実《まさざね》を従属させ、八月には駿河・伊豆へ侵攻して韮山城や興国寺城を攻撃したため、北条氏としてはそれどころではなくなってしまった。それでも九月五日に謙信は関東へ向けて出陣したが、十月に信玄は一気に西上野へ進出して上杉方の沼田領・厩橋領、北武蔵の北条方諸領を攻撃し、十二月には再び駿河駿東郡を攻撃するなど、上杉・北条両氏を混乱させた。結局、謙信と氏政の同陣は実現せずに終わり、越相同盟は再び不安定さを増していった。

元亀二年正月、重要拠点であった駿河深沢城が落城した後も、北条氏は謙信に援軍派遣を要請していた。しかし、謙信はまたしても越中へ出陣してしまった。それでも氏康は最後まで越相同盟にこだわっていたようだが、こうした状況が続いたこともあり、北条氏のなかでは、特に氏政は謙信との関係に見切りを付けようとする動きを見せ始めていた。越相同盟の破綻は、もはや時間の問題となっていた。

佐竹氏の勢力拡大

越相同盟は、佐竹氏や里見氏ら反北条勢力に多大な影響を与えた。佐竹・里見両氏は越相同盟に明確に反対の立場を表明し、謙信に対して直接不満を述べていた。里見義弘などは、謙信からの書状に「里見太郎殿」と記されたことに対して不満をぶちまけるようになっていた（「歴代古案」）。また、元亀元年三月には、反北条の急先鋒で当時佐竹氏のもとで活動していた元岩付城主太田三楽斎道誉《さんらくさいどうよ》（美濃守資正《すけまさ》）が、謙信からの密書を断りなく周囲に「ひろげ物」＝回覧したため、謙信が「美濃守の事は天罰者」であると激怒する事件も起こった（「謙信公御書集」）。彼らの心は謙信から離れていったのである。

もちろん、北条氏との関係がよくなったわけではない。越相同盟締結と同時並行して、北条氏は里見氏にも和睦を持ちかけるが、里見氏はこれを断固拒否した。佐竹氏も、相変わらず北条氏との対決姿勢を崩さなかった。上杉氏とも北条氏とも距離を置いた彼らが次に結びついたのは、先述したように信玄であった。信玄の方も、北条氏との戦いを有利に進めるために必要な連携であった。

そうした状況のもとで、彼らは北条領国への侵攻を続けた。越相同盟の交渉が行われている最中、佐竹義重は永禄十二年（一五六九）正月に、北条方国衆小田氏治《おだうじはる》の居城小田城（茨城県つくば市）を攻撃し、海老ケ島城《えびがしま》（同筑西市）を攻略した。同年十一月には二度目の小田城攻めを行い、手這坂《てばいざか》の戦い（同石岡市）で小田軍を打ち破ると、そのまま一気に小田城を陥落させた。そして、翌年五月に常陸片野城（同石岡市）主となっていた太田道誉を小田城に配置した。里見氏も、永禄十二年二月に下総小金領や臼井領などを荒らし、その後も繰り返し北条領国への侵攻を行っていた。
佐竹氏や里見氏らは、越相同盟によって苦境に立つかにみえたが、武田氏と連携しつつ勢力を拡大していった。なかでも、反北条の盟主として佐竹氏への求心力が高まっていったことは注目される。上杉とも北条とも異なる、第三の軸として佐竹氏が台頭し、以後の東国情勢の展開に大きな影響を与えていくのである。

3　甲相同盟の復活と東日本情勢

甲相同盟の復活とその影響

東国情勢が劇的に変化するなか、キーマンの一人である北条氏康は病気を患っていた。元亀元年（一五七〇）八月段階では、その病状はかなり悪化していた。氏康は、自分の息子たちをもわからなくなってしまったとされ、食事も「飯《めし》と粥《かゆ》を一度に用い候へば、食いたき物に指ばかり御指し候の由」という有り様で、まともに話せない状態であったという（「上杉家文書」）。その後、やや回復した時期があったようだが、翌元亀二年七月に再び重篤な状態に陥り、十月三日に五十七歳で死去した。

この氏康の死を契機に、越相同盟は事実上崩壊した。これ以降、氏政と謙信が連絡を取り合うことはなかった。氏政は、信玄との同盟を復活させることを決心したのである。早くも氏康の死から一か

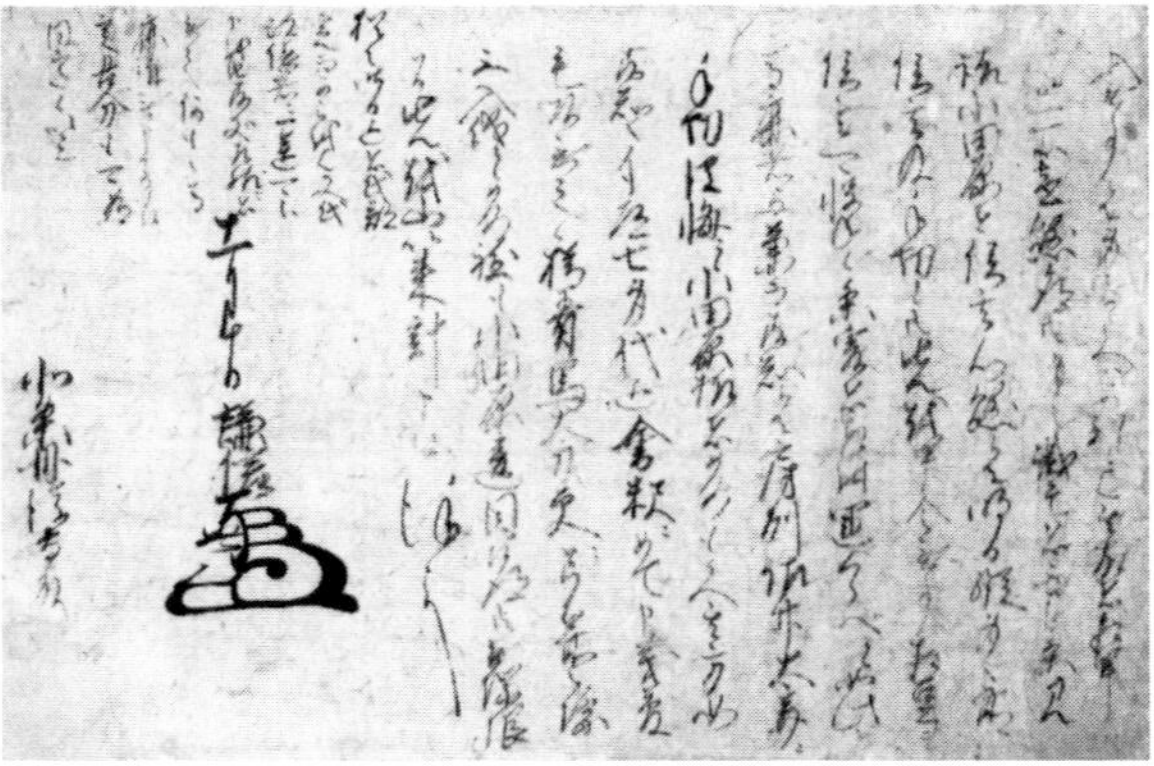

6—北条景広宛て上杉謙信書状（新潟県立文書館提供）6・7行目に「馬鹿」「手切後悔」と見える。

月後、元亀二年十一月十日時点で甲相同盟はすでに締結されていた。この氏政の行動に怒った謙信は、氏政のことを繰り返し「馬鹿《ばか》」と罵倒し、里見義弘・佐竹義重・太田道誉らとの「手切《てぎれ》」を「後悔」している（「新潟県立文書館所蔵文書」）。

一方の信玄は、北条氏と同盟を締結することによって、今度は信長や家康を攻撃しようとしていた。その背景の一つとして、元亀元年十月に家康が信玄との同盟を正式に破棄し、謙信と同盟を締結したうえに、信長と謙信との同盟についても仲介しようと画策したことがあった。しかも信長は、信玄といまだ同盟関係にあったにもかかわらず、これを拒否するどころか積極的に謙信と連絡を取り交わしていた。その背後には足利義昭の存在もあったが、こうした事態に信玄は大きな不満を持つようになっていた。

そのようななか、甲相同盟が復活したため、信玄は本願寺や朝倉義景と結んで、元亀三年十月、ついに軍事行動に踏み切り、美濃岩村城（岐阜県恵那《えな》市）を攻めた。この直前、信玄は信長と義昭に対して謙信との和睦仲介を求め、信長と義昭もこれに応じていたが、その一方で軍勢を三河・遠江へ向け、家康の居城浜松城（静岡県浜松市）を牽制しつつ、二俣城（同）を包囲するという挙に出た。

この行動に怒った信長は、信玄を「前代未聞の無道者」で「侍の義理を知らず」と批判し、「未来永劫《えいごう》」手を結ぶことはないと激昂《げきこう》したが（「真田宝物館所蔵文書」）、信玄の方も家康・信長に対する「三ヶ年の鬱憤《うっぷん》」を散じると怒りをあらわにした（「武市通弘氏所蔵文書」）。こうして、永禄八年（一五六五）以来続いた甲尾同盟も瓦解したのである。これを知った謙信は、「信玄運の極み」であり、「信玄蜂巣に手を指し」て無用のことをしでかしたと驚きの気持ちを表わしつつ、信長・家康と協力して「信玄に汗をかかするべく候」と述べている（「歴代古案」）。

信玄は攻勢を強め、元亀三年十二月二十二日には三方原の戦いで家康を打ち破り、さらに西へと進んでいった。当時信長との関係が悪化していた義昭も、信玄の勢いに触発されて本願寺や浅井長政・朝倉義景などと連携して信長に反旗を翻した。状況は、信玄有利に展開していった。

再度翻弄される東国諸領主

越相同盟の破棄、甲相同盟の復活は、東国諸領主に再度の大きな衝撃を与えた。なかでも、越相同盟成立の立役者であった上野国衆由良成繁は強い不満をもったようで、早速氏政に面目を失ったと強く抗議をしている。成繁に相談することなく、甲相同盟を締結したからである。

そこで氏政は、すぐに使者を派遣するべきであったが、「喉気を煩い平臥」しており、元亀二年

（一五七一）十二月「二十八日に針を立て、正月七日に始めて表へ」出ることができた、甲相同盟締結については「同名・家老の者、旧冬二十七に初めて申し聞かせ」た、などと言い訳をしている。さらに、由良氏を粗略にするつもりはなかったが、今回のことを理解してもらえず敵対することになったとしても、自分の力不足のせいなので仕方ないとも述べている（東京大学文学部日本史研究室所蔵「由良文書」）。結局、由良氏は起請文を交わすことによって改めて北条氏に従属したが、由良氏を始めとした国衆は、北条・上杉という大大名の狭間にあって、再び翻弄されていくのである。

元亀二年末に上野へ出陣した謙信は、翌元亀三年閏正月に厩橋城に在陣し、対岸にある武田方の石倉城（群馬県前橋市）を攻撃し落城させた。これに対し、信玄も正月に西上野へ出陣して利根川を挟んで上杉軍と対陣した。氏政も同盟に従って出陣し、二月に上杉方の厩橋領を攻撃した。こうして上杉氏との抗争は再開された。

北条氏は八月以降、上杉方となっていた武蔵羽生《はにゅう》城（埼玉県羽生市）や深谷《ふかや》城（同深谷市）、下総関宿《せきやど》城（千葉県野田市）などの攻略を目指して軍事行動を重ね、十二月七日には要衝下総栗橋城（茨城県五霞《ごか》町）を落とした。それと前後して、上杉方であった下野佐野昌綱や皆川広勝、壬生《みぶ》義雄《よしかつ》らが北条氏に従属した。一方の謙信も、越相同盟以前と同じように、佐竹氏や里見氏に対してしきりに連携を求めていた。だが、この間勢力を拡大させていた両氏が素直に応じることはなく、微妙な関係が続いていった。

それどころか、北条氏に対抗するため東国諸領主が佐竹氏のもとに結集する動きは続き、以前から佐竹方であった宇都宮広綱に加え、下野那須《なす》資胤《すけたね》や下総結城晴朝なども佐竹方となった。両者は十二月二十九日に下野多功原（栃木県上三川町《かみみかわ》）で激突したが、この時は佐竹方が勝利している。これを耳にした謙信は、「東方之衆《とうほうのしゅう》」（佐竹氏ら）にも勝てない氏政が自分と戦うのだとしたら「腹筋《はらすじ》に候」（おかしくてたまらない）と述べ、氏政を馬鹿にしている（「上杉家文書」）。

だが、謙信は氏政を馬鹿にしている場合ではなかった。元亀四年（天正元、一五七三）になっても北条氏の進出は続き、三月十二日には由良成繁・国繁父子が桐生佐野重綱を攻め、桐生領を手中に収めた。これにより、上杉方の上野における勢力範囲は沼田領・厩橋領のみに縮小してしまった。内心焦ったのか、謙信は再び佐竹義重との連携を模索し始め、同年四月に同盟を復活させた。同月二十四日、謙信は常陸の小田氏治に対して、信玄を追い詰めたらその足で氏政を「蹴倒す」と豪語しているが（「歴代古案」）、事態はめまぐるしく変化し、謙信の形勢は徐々に不利になっていった。

信玄の死と勝頼の家督継承

謙信が佐竹氏と同盟を結んだのとほぼ同時期、元亀四年（天正元、一五七三）四月十二日、宿敵信玄が信濃駒場（長野県阿智村《あち》）にて死去した。武田軍が突然帰陣し始めたという情報は早くから出回り、上杉氏家臣川上富信は、四月二十五日時点で「信玄御越度も実説か」と述べている（「上杉家文書」）。死に臨んで信玄は、自分の死を三年間は秘匿するよう言い渡したといわれているが、結局その情報はすぐさま各方面へ知れ渡ってしまったのである。

信玄の死によって、武田領国は一気に不安定さを増していった。家康は、五月に駿府方面や遠江井伊谷（静岡県浜松市）に侵攻して信玄の死を確信すると、七月には三河長篠《ながしの》城（愛知県新城《しんしろ》市）を包囲し、九月七日にこれを落とした。同時期に、奥三河の奥平定能《おくだいらさだよし》・信昌父子が家康に従属し、飛驒《ひだ》の姉小路《あねがこうじ》自綱《よりつな》も離反した。信長も、七月に義昭を追放すると、八月に越前へ攻め入り二十日に朝倉義景を滅ぼし、続けて近江小谷《おだに》城（滋賀県長浜市）を攻めて九月一日に浅井長政も滅亡させた。信玄の死からわずか数か月の間に、武田氏に従属していた国衆が次々と離反し、同盟関係にあった諸氏が立て続けに没落してしまったのである。

さらに、勝頼は七月に正式に家督を継承したが、そこでも問題が発生していた。実は、それ以前から勝頼と信玄以来の重臣層との関係は、決してよいものではなかった。勝頼は、もともとは諏訪氏であり、本来武田氏の家督を継承するような立場ではないという認識が、広く武田家中のなかにあった。つまりは、勝頼の家督継承に反対する勢力があったのである。そのため、勝頼は重臣層と起請文を取り交わすなどして関係改善を図った。家督を継承したばかりの勝頼は、非常に厳しい状況のなかから当主としての活動をスタートしなければならなかったのである。

勝頼は、甲相同盟の維持を目指し、七月十四日までに氏政と起請文を取り交わしてこれを実現した。対して謙信は、信長・家康と連携して甲相同盟に対する圧力をかけると同時に、佐竹義重に続いて里見義弘との関係の復活を望んだようである。また、太田道誉や足利藤政からも関宿城救援が里見氏に要請された。里見氏は、それまで武田氏と同盟関係にあったため、北条領への侵攻を控えていた。その間、北条方の国衆千葉氏と小規模な衝突こそしていたものの、結局里見氏は武田氏との関係継続を重視し、謙信と結ぶこともなく、北条氏との決定的な対立を避け続けることにしたのであった。

拡大する北条領国

甲相同盟維持を確認した北条氏は、関宿城と羽生城攻めを本格化させた。関宿城主簗田持助や羽生城主木戸《きど》忠朝《ただとも》はすぐさま謙信に援軍を要請したが、謙信は越中出陣による軍勢の疲れを回復させることを優先し、翌天正二年（一五七四）正月の出陣を約束した。正月で積雪があるため、「いつもの土の時分よりは」路次中でたびたび逗留しながら進むことになるため、先に軍資金として黄金二百両を羽生城の木戸忠朝・菅原為繁《すがわらためしげ》に贈っている（「下条文書」）。

その後、二月にようやく越山した謙信は、五日に上野沼田に着陣し、新田領を攻撃するなどして本格的な支援活動を開始した。四月には利根川を挟んで氏政と謙信が対陣し、謙信は羽生城に兵粮《ひょうろう》の搬入を試みたが、家臣の佐藤氏が失敗し、「佐藤ばかもの」と激怒している（「志賀槇太郎氏所蔵文書」）。結局、両者は大きく激突することなく終わり、月末に謙信は帰国してしまった。北条氏は、なおも矛先を緩めず羽生城を攻め立てるとともに、五月からは関宿城や水海《みずうみ》城（茨城県古河市）も攻撃し、佐竹氏らに攻められた下野国衆壬生義雄・皆川広勝らを支援するため小山領・榎本領を攻撃した。北条氏の攻勢はこれで終わらず、七月にも小山領・宇都宮領や関宿城・水海城を攻撃した。これをうけて、佐竹氏らは北条氏との和睦を模索し始めたが、氏政はこれを拒否した。

7—北条氏政画像（早雲寺所蔵）

北条氏は、さらに十月にも関宿城・水海城を攻撃したため、謙信も再度越山し、十一月に武蔵鉢形領・忍《おし》領・松山領・上野新田領・館林領などを相次いで攻撃した。そして、小山秀綱や簗田持助と合流するため小山領へ向かったが、そこで謙信は佐竹義重に対して小山への参陣を求めた。義重は同月二十九日に宇都宮城（栃木県宇都宮市）に着陣したが、謙信との起請文交換をめぐって意見が相違したため、結局参陣することがないまま時がたっていった。佐竹氏は、十月に再び北条氏との和睦交渉を始めたようで、勝頼に仲介を依頼している最中であったため、参陣するわけにはいかなかったのである。怒った謙信は、たとえ「謙信ばかもの」であっても味方同士で争う必要はなく、一点も表裏悪事はないのに、「義重家中衆」が謙信に対して「疑心」を抱くことは、「誠に誠に天魔の執行か」と述べている。さらに、簗田・小山・宇都宮が滅亡してしまったら、太田道誉・梶原政景父子も「提首《さげくび》」にすると怒りをぶちまけている（「上杉家文書」）。

謙信は義重の参陣をあきらめ、関宿城の処置を義重に任せて自らは北条方諸城への攻撃を再開した。ここから謙信の怒濤の攻撃が始まる。下総古河城（茨城県古河市）・栗橋城・上野館林城（群馬県館林市）・武蔵騎西《きさい》城（埼玉県加須《かぞ》市）・菖蒲《しょうぶ》城（同久喜市）・岩付城を次々と攻め、羽生城に入城してこれを破却し、木戸忠朝ら在城衆を引き連れて厩橋城に戻った。

それと同時期の天正二年閏十一月十九日、かつて北条氏康から「一国を取らせられ候にも替えるべからず」（一国を取るに等しい）（「喜連川文書」）と評された関宿城がついに開城した。これにともない、北条氏と佐竹氏・宇都宮氏は正式に和睦し、簗田氏の古河公方足利義氏への帰参が認められた。こうして要衝関宿城を手中に収めた北条氏は、さらなる勢力拡大を目指して各方面へ進出を続けていくのである。

二　群雄割拠の北関東・奥羽

1　佐竹氏の台頭と北関東・南奥羽

佐竹氏の南奥進出と白河氏

常陸《ひたち》を本拠とする佐竹氏は、その地理的な位置からして、南奥とも深い関係にあった。佐竹氏の南奥進出は、義昭の代から本格化した。なかでも激戦地となったのが、白河《しらかわ》氏が支配していた陸奥《むつ》南郷《なんごう》であった。佐竹氏は、岩城《いわき》氏一族の船尾《ふなお》昭直《あきなお》などを従属させつつ白河晴綱と大きく衝突し、天文《てんぶん》二十二年（一五五三）頃に南郷の羽黒《はぐろ》城（福島県塙《はなわ》町）を、永禄《えいろく》四年に寺山城（同棚倉《たなくら》町）を攻略した。永禄八年の義昭没後に当主となった義重も、引き続き白河氏を標的として南奥進出を繰り返した。一方の白河氏は、永禄三年（一五六〇）に隆綱（後に義親と改名）が家督を相続し、父晴綱との二頭政治を行いながら、蘆名盛氏《あしなもりうじ》や那須《なす》資胤《すけたね》と同盟し、佐竹氏の進出を食い止めていた。

その白河氏も、永禄九年九月に佐竹氏と和睦することになった。白河氏は、佐竹氏との協調路線を選択しつつあったのである。翌十年十月、白河氏と隣接する石川晴光《いしかわはるみつ》が出奔してしまうと、その隙を突いて白河氏は十一月に石川一族沢井氏の所領の割譲《かつじょう》を佐竹氏に求めた。だが、沢井氏は蘆名盛氏の傘下にあったため、盛氏の反発を招き、両者の関係は悪化していってしまう。そして、この頃、白河隆綱は義親と改名したようである。「義」は佐竹義重からの偏諱《へんき》と、「親」は南北朝期の結城《ゆうき》親朝《ちかとも》・親《ちか》光《みつ》から取ったものと推測されている。

そのような状況のなか、同十二年末頃に義親は佐竹氏との協調路線を転換し、再び蘆名盛氏・盛隆や田《た》村《むら》清顕《きよあき》・那須資胤らと結んで佐竹氏と対立するようになっていく。元亀《げんき》元年（一五七〇）五月、義親は佐竹方の寺山城を攻撃し、同二年二月には逆に佐竹氏が白河方の滑津《なめつ》城（同中島村）などを攻撃したが、田村軍が撃退している。同年八月にも佐竹方の羽黒城や寺山城をめぐる合戦が行われたが、その主力も三氏であった。同年九月五日には盛氏・義親・資胤が一堂に会し、相互に起請文《きしょうもん》を取り交わして蘆名・白河・那須同盟が締結され、十一月にも蘆名・田村・那須氏間で相互協力関係が改めて確認されている。

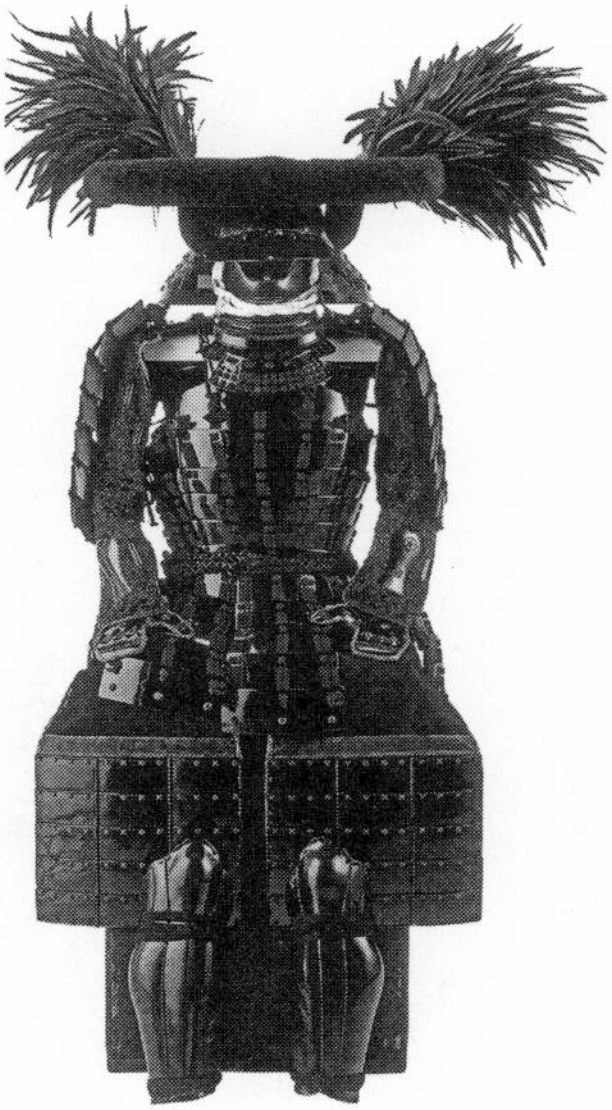

8—佐竹義重着用の甲冑（秋田市立佐竹史料館所蔵）

しかし、元亀三年になって事態は急変した。六月、佐竹義重から繰り返し攻撃を受けていた那須資胤が佐竹氏と和睦して同盟を締結し、蘆名・白河氏との同盟を破棄した。さらに、十二月までには田村清顕も佐竹氏と和睦したのである。こうして、佐竹・那須・田村と蘆名・白河との対立構図が形成されていき、後者は新たな連携先として北条氏を選択していった。

岩城氏と相馬氏

南奥の海道地域を勢力圏としていたのは、大館城《おおだて》（福島県いわき市）を本拠とする岩城氏と、小高城《おだか》（同南相馬市）を本拠とする相馬氏であった。岩城氏は、天文～永禄期に活躍した重隆の時に最盛期を迎えたとされているが、一族の船尾氏や上遠野氏が佐竹氏に従属するなど、次第に陰りが見え始めていた。永禄期になると養嗣子で伊達晴宗の子である親隆（宣隆《のぶたか》）が当主となり、伊達・蘆名両氏の抗争を調停するなどして活躍したものの、その後精神的な病にかかってしまったようで、表舞台に登場しなくなる。代わって、重隆が死去する永禄十二年（一五六九）頃から佐竹義昭の娘である親隆夫人（桂樹院《けいじゅいん》）が文書を発給するようになった。当主の「不例」により、岩城氏は大きく揺らいだのである。

そのようななか、佐竹氏は岩城氏への介入度合いを強めていく。親隆夫人の兄である佐竹義重は、元亀二年（一五七一）六月に親隆の嫡子鶴菊丸《つるぎくまる》（常隆《つねたか》）が若輩であるという理由をつけて大館城へ入った。そして、岩城領の寺領の安堵や訴訟の裁決を行うなど、岩城氏の当主権を代行するようになった。こうして、事実上岩城氏は佐竹氏に従属したのである。天正六年には常隆が当主となったが、義重との協調関係は続き、相馬氏や田村氏と対抗していった。

一方の相馬氏は、天文十八年に盛胤が当主となった。その直後、家臣の木幡《こばた》・青田両氏の争いが起きるなど混乱したが、家中をまとめあげ、永禄・元亀年間から伊達氏と激しく争うようになる。両者はしばしば境目である伊具郡《いぐ》（宮城県角田市《かくだ》・丸森町）で激突したが、相馬氏は金山城《かなやま》（同丸森町）や小斎城《こさい》（同）などを攻略し、伊達郡（福島県伊達市ほか）・信夫郡《しのぶ》（同福島市）方面まで進出することもあり、元亀二年には信夫郡浅川で伊達方の亘理元宗《わたりもとむね》が防戦している。一方、領国南部では岩城氏とも争い、元亀元年には富岡（同富岡町）・木戸（同楢葉町《ならは》）を岩城氏に占領されてしまったため、標葉郡《しねは》境が相馬領の南限となった。

北関東諸氏の動向

下野の有力大名宇都宮広綱は、佐竹義昭の娘を室としていたこともあって、基本的には終始佐竹氏と同盟関係にあり、上杉謙信とも結びついて北条氏の進出に抵抗していた。ところが、北条氏の攻勢の前に永禄九年（一五六六）五月に小田《おだ》・結城・小山《おやま》氏らとともにいったん北条方に降ることになった。永禄十二年に越相《えつそう》同盟が締結されると、広綱は佐竹義重と同調して武田信玄と結ぶようになり、同年十一月には佐竹氏とともに小田氏治攻めに参加するなど、北条氏とも謙信とも距離を置くようになる。

元亀三年（一五七二）秋に皆川俊宗《みながわとしむね》が北条氏に従属すると、北条氏は下野方面への侵攻を強めたが、広綱は佐竹氏とともに反撃をし、同年十二月の多功原の戦いで北条軍を破った。さらに、同月には皆川領を攻撃し、翌年二月にかけて深沢城（栃木県栃木市）など十一か城を攻め落とす戦果を挙げた。これに対して、北条氏は元亀四年（天正元、一五七三）初夏に再度宇都宮領侵攻を計画し、蘆名盛興に背後から佐竹氏を突くよう要請した。北条氏は、実際には下総関宿城を攻撃したため、広綱は佐竹氏と協力してその支援に当たったが、同年九月には北条方の皆川・壬生氏が西方（同）・鹿沼（同鹿沼市）を攻撃するなど、北条氏の脅威は増すばかりであった。

下野北部を勢力圏とする那須資胤は、白河・蘆名氏と同盟を結びつつ、基本的には北条方であり、隣接する宇都宮氏や佐竹氏とたびたび衝突していた。永禄十年には佐竹氏に本拠烏山《からすやま》城（同那須烏山市）を攻撃されたが持ちこたえ、同十一年九月には上那須の諸氏と和睦し、さらに同十二年九月までに佐竹氏とも和睦したようである。しかし、それも束の間の出来事であり、同十三年には早くも千本《せんぼん》領や武茂《むも》領で佐竹氏と戦い、元亀三年正月に佐竹氏は那須領を攻めている。元亀二年十一月頃までは北条方であった那須氏だったが、佐竹氏の攻勢の前に元亀三年六月、再度佐竹氏と和睦し、同盟を締結した。攻勢が強まる北条氏へ対応するため、佐竹氏側が望んだものと思われ、那須氏もこれに同調したようである。これにより、起請文が交換され、那須資胤の娘が義重嫡男徳寿丸（義宣）へ輿入れすることが決まった。

常陸南部を勢力圏とした小田氏治は、菅谷《すがや》氏、信太《しのだ》氏、岡見氏、土岐《とき》氏らを従えていた大名であったが、永禄十二年十一月に佐竹軍により居城小田城を追われてしまった。これにより、氏治は菅谷政貞の土浦城（茨城県土浦市）へ退避したが、翌十三年（元亀元年）正月に信太伊勢守を土浦城に誘い出して謀殺すると、信太氏の本拠木田余城（同）へ移った。そして、佐竹氏へ対抗するために上杉謙信と和睦交渉を開始し、元亀二年十一月に成立させることに成功した。

しかし、元亀三年に越相同盟が崩壊し甲相同盟《こうそう》が成立すると、佐竹氏は氏治への攻撃を再度開始し、元亀四年（天正元年）八月に木田余城《きだまり》を攻撃した。小田氏の劣勢が露わになるなか、岡見氏や土岐氏は次第に自立した権力へと変貌を遂げていくことになる。

その隣国下総では、千葉氏と原氏を中心に、海上《うなかみ》氏、高城《たかぎ》氏、豊島《としま》氏、国分《こくぶ》氏などの国衆が割拠しており、北条氏と里見氏との狭間で揺れ動いていた。なかでも、本佐倉城（千葉県佐倉市・酒々井《しすい》町）を本拠とする千葉氏は、基本的に北条氏に従属していたが、永禄十二年頃には千葉胤富《たねとみ》が嫡子邦胤《くにたね》と北条氏政の娘の婚姻を申し出るなど、従属度合いを深めていった。邦胤は、元亀二年に元服を済ませ、天正元年から二年の間に家督を継承し、同時に氏政娘との婚姻も成就させた。

北関東と南奥羽・越後

関東と奥羽は、地理的には別世界であり、断絶されている側面も当然あるものの、政治・経済・文化芸術などの諸方面において繋がりあい共通するものも多かった。特に南奥から北関東にかけて、さらに越後まで加えた地域は、一つの政治的世界とでもいうべきものであり、近年はそうした視角からの研究が活発になってきている。

戦国期の後半は、南奥と北関東の一体性がよりはっきりしてくる時期であったといえる。その様子については、本書でもたびたび触れていくが、たとえば先述のように、北関東の佐竹氏が南奥への進出を本格化させ、両地域をまたいで支配する政治権力が誕生しつつあったことは重要であろう。米沢の伊達氏や会津の蘆名氏も、越後と境を接していることから、越後の領主と時には敵対し、時には友好関係を結び、また和睦調停を行うこともあるなど、常時深い関係にあった。それに加えて、北条氏など関東の諸領主との連携も進めており、南奥にとどまらない範囲で積極的に活動していた。それは、関東と境を接する白河氏も同様であった。

関東に目を向けると、南奥と境を接する那須氏の動向は、当然ながら白河氏や蘆名氏などの影響を強く受けていた。南奥とは距離的にはやや離れている下総を本拠とする結城氏は、北条氏や上杉謙信との関係など関東での活動が当然ながら目立つが、実は南奥情勢にも関与しており、和睦調停を行うこともあった。

領主の権力構造にも共通点があった。いわゆる「家中《かちゅう》」と類似したものといえるが、「洞《うつろ》」という独特の結合形態を持つ領主層が、十六世紀以降に北関東・奥羽（特に南奥で）、さらに越後にかけて広くみられていた。「洞」とは、領域支配実現のために、一家・一門を中心に周辺の非血縁者をも結集させた一種の擬制的な同族的地縁共同体を意味する言葉である。佐竹氏はその代表的な存在であり、ほかには小山・結城・宇都宮・伊達・岩城・白河・蘆名・最上・南部氏でも確認され、越後の領主にもみられる。彼らの多くは鎌倉〜室町期以来の旧族領主であることも特徴的である。そのため、佐竹氏のような「洞」に基づく権力と、北条氏のような「家中」を形成し「国」的な統合原理を持つ権力は、権力としての性格に大きな質的な差があったとされている。

2　伊達・蘆名・最上氏とその周辺

南奥情勢には、伊達氏と蘆名氏の動向が大きく影響していた。まずは、伊達氏の動向を概観したい。伊達稙宗《たねむね》・晴宗父子が伊達家中を二分し、周辺諸勢力も巻き込んで天文十一年（一五四二）に起きた天文の乱は、同十七年に終結した。これにより、晴宗は本拠を出羽《でわ》長井庄《ながいのしょう》の米沢《よねざわ》城（山形県米沢市）に移し、新たな支配を開始した。同二十二年正月には、論功行賞《ろんこうこうしょう》を一気に進め、知行安堵状を大量に発給した。その控えが、「晴宗公采地下賜録《さいちかしろく》」として残されている。その一方で、稙宗派であった懸田《かけだ》氏を同二十二年七月に滅ぼし、同二十四年には左京大夫、続けて奥州探題に補任された。だが、その後の弘治《こうじ》から永禄年間（一五五八〜七〇）前半については関係史料が少なく、内政・外交ともに実態は不明瞭である。

天文の乱後の伊達氏

そのようななか、永禄七年頃に伊達輝宗が当主となった。輝宗がまず行ったこととして、同九年の蘆名氏との和睦がある。同七年から蘆名氏と須賀川《すかがわ》二階堂《にかいどう》氏が争っていたが、輝宗は二階堂氏を支援して蘆名氏と対立した。だが、次第に両者の間で関係修復を図る動きが出始め、同九年正月に起請文を取り交わして和睦が成立し、以後同盟関係となって南奥の政治情勢の展開を規定していくことになった。

9—伊達輝宗画像（仙台市博物館所蔵）

このほかに輝宗は、同十年に弟の政景を宮城郡（宮城県仙台市ほか）留《る》守《す》氏へ、数年後には同じく弟の昭光《あきみつ》を石川荘（福島県石川町ほか）石川氏へ養子に入れ、同時期に妹を佐竹義重の正室として送るなど、諸方面に対する行動を活発化させた。同十二年には北条氏とも書状のやりとりをし始め、以後たびたび連絡を交わし、緩やかな連携を進めていった。なかでも相馬氏とは伊具郡をめぐってたびたび争っていた。相馬氏の優勢が続き、重要拠点である金山城などを相馬氏に奪われてしまう結果となった。そのため、輝宗は以後相馬氏から伊具郡を奪還することに注力するようになる。

順調な滑り出しをしたかのようにみえた輝宗だが、一方で家督継承当初から父晴宗や中野《なかの》宗時《むねとき》・牧《まき》野《の》久仲《ひさなか》父子ら重臣たちとの対立があったようで、その地位は必ずしも安定したものではなかった。そうした状況に変化が訪れたのは、元亀元年であった。同年四月四日、中野宗時・牧野久仲が謀反を企て、二人は久仲の居城小松城（山形県川西町）に籠城した。輝宗は、すぐさま対応したため、宗時と久仲は堪えきれず相馬氏を頼って落ち延びていった。この乱によって、天文の乱終結以来伊達氏権力の実権を握っていた中野・牧野両氏が没落すると、修験者《しゅげんじゃ》の出身とされる側近遠藤基信《えんどうもとのぶ》を抜擢するなど家臣団組織を一新して、輝宗はその地位を固めていったのである。

蘆名盛氏の活躍

会津黒川城（福島県会津若松市）を本拠とする蘆名氏は、盛氏の代に最盛期を迎えた。盛氏は、大永元年（一五二一）生まれで、武田信玄と同じ年である。天文二十三年（一五五四）までには「止々斎《ししさい》」と称するようになったが、これは出家したわけではなく、あくまで雅号であった。盛氏は、俗に「蘆名四天王」と呼ばれる松本・富田・佐瀬・平田氏ら有力家臣に支えられながら、周辺各地へ進出を繰り返し、当時の奥羽最大の戦国大名となっていった。

盛氏は、永禄六年（一五六三）から七年にかけて隠居し、嫡子盛興に家督を譲ったが、隠居とは名ばかりで、以後も各方面で活動した。なかでも、同九年正月に伊達氏と和睦したことは、周辺地域に大きな影響を与えた。これにより、盛興に伊達家の娘（晴宗の子で輝宗の養女）が嫁いで強固な同盟関係を築いたのであった。翌十年には、上杉領の越後菅名庄（新潟県五泉市）を攻撃しつつ、石川領をめぐって佐竹氏や白河氏らとも対立した。同十一年三月には、信玄の調略により越後の本庄繁長が上杉謙信に対して謀反を起こしたが、盛氏は伊達輝宗とともに繁長を支援して、翌年に和睦を仲介し成立させている。永禄十一年は、同四年に築城を開始した向羽黒山城（福島県会津美里町）が完成した年で

10—蘆名盛氏の居城・向羽黒山城跡（福島県会津美里町）

もあった。盛氏は、隠居した同六・七年には黒川城から移っていたと考えられる。なお、盛氏はたびたび徳政を実施し、造酒禁令を出していたことでも知られている。

その後も盛氏は表舞台で活躍し続けた。元亀元年には、二本松畠山義国と二本松において戦い、家臣の沼沢左近と山内政勝が戦死している。翌元亀二年になると、北条氏政が佐竹義重を牽制するため盛氏に支援を要請してきた。これに応じる形で、盛氏は盛興を岩瀬郡長沼（同須賀川市）に出陣させ、さらに田村清顕とともに佐竹方の南郷寺山城を攻め、勝利を収めた。この時、盛氏は「ただ大切ながら、揺《ゆるぎ》（軍事行動）ほど面白き物はこれ無く候」と述べている（「会津四家合考」）。

それから三年後の天正二年（一五七四）六月、まだまだ若かった盛興が死去してしまった。酒毒であったという。盛興には子がなく、盛氏にもほかに子がなかったこともあり、翌天正三年、二階堂氏からの人質であった盛隆に盛興の未亡人と結婚させて後を継がせ、自身が後見役を務めるようになった。こうして盛氏は、なおも表舞台に立ち続けることになったのである。

最上義光の勢力拡大

出羽国では、羽州探題斯波氏《うしゅうたんだいしば》の末裔で、山形城（山形市）を本拠とする最上《もがみ》氏が勢力を拡大しつつあった。なかでも最上義光《よしあき》の時代にそれは顕著になった。義光は、天文十五年（一五四六）に最上義守《よしもり》の嫡男として生まれた。永禄三年（一五六〇）に将軍足利義輝《よしてる》から「義」の偏諱を受けて義光と名乗り、従五位下・修理大夫《しゅりのだいぶ》に叙任した。そのお礼として、翌四年には馬一疋を義輝に進上し、さらに同六年六月十四日には父とともに上洛し、義輝へ拝謁を遂げ、馬・太刀を献上している。

そのようななか、通説では元亀元年（一五七〇）に義守・義光の間で対立が生じ、内訌《ないこう》が起きたとされてきた。義守は、弟の中野義時を寵愛《ちょうあい》し、家督を義時に継承させようとしていた。それに反発した義光が、義守・義時と戦い勝利し、義守は隠居、晴れて義光が家督を継承したというのである。しかし、近年では中野義時の存在が否定されるようになり、さらに元亀元年に父子が対立したということ自体も否定されつつある。その代わり、詳細は不明ながら、父子は永禄四・五年頃に一度対立をして執事の氏家定直の諫言によって和睦した事実が浮上してきた。これと連動して、義守が隠居前から栄林《えいりん》と名乗っていたこと、元亀元年に至って義光が正式に家督を継承したこと、翌元亀二年に義守が隠居したことなどが明らかになってきている。

家督継承後の義光の動向には不明瞭な部分が多いが、元亀三年に萩生田弥五郎に知行を宛行っていることが確認される。この時期は、家臣団編成に力を入れ、知行制の整備も進めていたものと考えられている。

大崎氏と葛西氏

陸奥の中央部、中奥と呼ばれた地域は、奥州探題の家柄である大崎氏と、鎌倉期以来の有力領主である葛西《かさい》氏が二大勢力として存在し、しばしば争っていた。中新田城や名生城（宮城県大崎市）を本拠とする大崎氏は主として玉造《たまつくり》郡や志田《しだ》郡（同大崎市・美里町）を、登米《とめ》寺池《てらいけ》城（同登米市）を本拠とする葛西氏は磐井《いわい》郡（岩手県一関市ほか）や三陸沿岸部を勢力範囲としていた。だが、永禄・元亀年間（一五七〇〜七三）頃の両氏に関する史料は極めて少なく、不明瞭な部分があまりに多い。

大崎氏は、永禄十年（一五六八）頃に義隆が当主となったようである。同年三月に柳沢文二郎に、十月に氏家千代増丸に知行宛行の判物を発給していることが確認され、新当主としての支配を開始した。家督継承直後には、会津の蘆名盛氏が初めて書状を義隆に送っている。盛氏は、家督継承の祝意を表し、「老子（盛氏）秘蔵」の「刀一腰国信作」を贈っている。また、前代義直の頃から蘆名氏とは懇切の関係にあったようで、義隆の代になっても変わらぬ関係を望んでいた。合わせて、うち続く合戦により盛氏が所有する馬がなくなりつつあったようで、馬一匹を所望している（「新編会津風土記」）。大崎氏と蘆名氏の関係が良好なものであったことがうかがわれる一方、馬の産地としての中奥の存在感を感じさせる。

大崎氏と境を接する葛西氏の当時の当主は晴胤であった。晴胤は、家中の内乱に悩まされながらも、伊達氏や深谷保《ふかやのほ》（宮城県東松島市ほか）の長江《ながえ》氏、黒川郡の黒川氏らと同盟関係を築き、大崎氏としばしば争った。大崎義隆が当主となった永禄十年頃、葛西領国北端の稗貫郡《ひえぬき》（岩手県花巻市）で「稗貫郡破壊」と呼ばれる事件が起き、晴胤自身が稗貫郡に出陣して対処した（「伊達家文書」）。晴胤は、家中の意見により登米へ帰陣したが、黒川晴氏が葛西氏の本拠登米へ出向いて協議をしていることが確認できる。同時期には胆沢郡（同金ケ崎町ほか）でも内乱が起きたようで、葛西氏に従属する柏山《かしやま》氏が三迫《さんのはさま》富沢《とみざわ》氏のもとへ亡命するという事件が起きていた。他方で、晴胤は永禄十二年九月に上洛して足利義昭に拝謁し、数年後には嫡子義重が「義」の一字を拝領している。葛西氏の支配領域内では金や鉄を多く産出していたようで、三陸沿岸の海の恵みや海上交易による利得と合わせて、主要な経済基盤となっていたものと思われる。

永禄末頃の七月九日には、晴胤は大崎方の西野要害（宮城県登米市）を攻撃したようで、同要害の「外城」を攻め落としている。その際、晴胤が大崎氏のことを「当方古敵」と述べていることは、両者の関係を考えるうえで注目される（「菊池文書」）。史料上にはなかなか表れないが、両氏はたびたび激突していたようで、そうした状況はこれ以降も続いていった。

仙道の領主たち

福島県の中通り地域には、中小規模の領主が割拠し、伊達・蘆名・佐竹氏ら大大名の狭間で離合集散を繰り返していた。

石川荘を基盤とした石川晴光は、佐竹・蘆名・白河・田村氏の境目に位置しており、繰り返し侵攻を受けていた。そのような状況のなか、永禄十年（一五六七）五月頃、突如晴光が高野山《こうやさん》への登山を志して出奔するという事件が起きた。晴光は、本拠石川城（福島県石川町）から離れ、高野山へ向かう途中に岩城重隆のもとに滞在したが、石川一族や重隆の制止により高野山行きを断念した。同十二年には復帰したものの、石川領をめぐる佐竹・白河・蘆名氏らによる争奪戦は過熱していくばかりであった。同年から元亀四年（天正元、一五七三）の間に、蘆名・佐竹両氏への対抗策の一環として、晴光は伊達晴宗四男昭光を迎え入れた。しかし、佐竹義重の娘を妻としたことにより蘆名氏の反発を買い、元亀三年五月頃に蘆名氏の攻撃を受けて離城を余儀なくされ、白石城（同浅川町）に移った。その後、晴光・昭光父子は天正元年末に佐竹氏に従属することになり、天正二年十月に帰城を果たした。

三春城（同三春町）を本拠とする田村氏は、永禄末期に蘆名氏と連携して佐竹氏の南奥進出を食い止める行動に出た。元亀元年末までには隆顕から清顕へ代替わりし、その前後に塩松大内義綱を従属させている。元亀二年から三年にかけては、石川領や白河領など南奥への侵攻を繰り返す佐竹氏を蘆名氏や那須氏とともに撃退していたが、元亀三年十二月に佐竹氏と和睦を結び、蘆名氏から距離を取ることになった。

須賀川城（同須賀川市）を本拠とする岩瀬二階堂氏は、永禄七年以降たびたび蘆名氏の侵攻を受けていたが、永禄九年に蘆名氏が伊達氏と和睦すると、同年蘆名氏に従属し、岩瀬郡長沼（同）を割譲した。この時、二階堂盛義の子盛隆が人質に出されたが、彼は当時当主だった蘆名盛興が天正二年に没すると、その後を継いで翌三年に蘆名家当主となった。これにより、蘆名氏と二階堂氏は一体的な存在となっていった。

二本松城（同二本松市）を本拠とする畠山氏は、境目を接する伊達氏としばしば争った。元亀元年、伊達家中の内乱の際に中野宗時らと一味した八丁目城（同福島市）主堀越能登が輝宗軍と交戦したが、その時に畠山氏と大内氏が堀越氏に援軍を派遣している。同年には蘆名盛氏とも争った。天正二年、八丁目城が伊達氏に奪われると、畠山義継が和睦を懇望した。田村清顕の仲介もあって同年七月に和睦は成立し、伊達氏に対して五十騎の軍役を果たすことが取り決められた。畠山氏は、事実上伊達氏に従属したのであった。

3　北奥羽の諸勢力

永禄～元亀期の南部氏の内訌

戦国期の北奥糠部《ぬかのぶ》地域（青森県東部から岩手県北部）において最大の勢力を誇っていたのは、三戸南部《さんのへなんぶ》氏であった。三戸南部氏は、十五世紀末以降、次第に家臣団組織を拡大していったが、その地位は決して盤石なものではなかった。あくまで自立的な領主による一揆的な結合によって成り立つ権力であったのである。周辺には、一戸《いちのへ》・四戸《しのへ》・七《しちの》戸《へ》・八戸《はちのへ》南部氏や石川氏（田子《たっこ》氏）、三戸南部氏と並び立つ権力となりつつあった九戸《くのへ》氏など、なお強大な一族が割拠しており、それぞれ独自の活動を展開していた。

永禄九年（一五六六）から十一年にかけて、下国安藤氏との鹿角《かづの》郡（秋田県鹿角市）をめぐる争いに勝利した三戸南部氏だったが、永禄十二年頃に大規模な内紛が起きてしまう。三戸南部晴政・東政勝《ひがしまさかつ》が浅水城主南慶儀《みなみよしのり》・剣吉《けんよし》城主北信愛《きたのぶちか》と対立し、合戦に及んだのである。晴政は、八戸政栄や七戸氏、四戸氏らと連携しつつ、浅水城（青森県五戸町）や剣吉城（同南部町）、森之腰城（同）などをたびたび攻撃した。浅水城へは城前まで押し詰めて矢を射かけ、森之腰城では「しほり」（柵《さく》のこと）を破壊し、稲穂を積み上げた「にお」を焼き払った。それだけでなく、付近に位置する斗賀の作物を刈り取って川に流したりするなどの消耗戦も行っていた（「南部光徹氏所蔵文書」）。

この紛争の背景には、三戸南部氏の家督問題があったといわれている。三戸南部晴政には実子がなく、石川高信の息子で晴政の娘を娶った従兄弟の信直を養子として家督を継承させようとした。しかし、ほどなく実子鶴千代（晴継）が生まれたため、晴政は信直の廃嫡を企み、信直を支持する南・北氏と対立したというのである。だが、近年の研究では、晴継誕生以前に晴政と南・北氏が対立していた可能性も指摘されている。そうなると、十五世紀末以来、家臣団組織を拡大していった三戸南部氏に反発する家臣が少なからずおり、その不満が爆発したのが当初の紛争だったということになる。

いずれにせよ、三戸南部氏が次第に晴政派と信直派に分裂していったことは確かであり、以後も抗争は続いていくのである。

津軽の情勢

三戸南部氏の内紛が起きていた頃、津軽《つがる》地方では大浦為信《おおうらためのぶ》が勢力を拡大させつつあった。大浦氏は、もとは南部一族で、鼻和《はなわ》郡大浦城（青森県弘前《ひろさき》市）を本拠としていた。為信は、永禄年間（一五五八〜七〇）に死去した大浦為則《ためのり》の猶子であり、死去する少し前に久慈《くじ》氏（武田氏とも）から養子入りし、十八歳の時に家督を継承したとされる。

永禄期頃の南部氏による津軽支配の実態は、一次史料が極めて少なく不明瞭な部分が多い。そのなかで、江戸期の編纂物の比較検討などを通じて、天文年間（一五三二〜五五）には三戸南部安信の弟で信直の父である石川高信が津軽を制圧し、天文十五年頃から津軽郡代ともいうべき地位に就いたと考えられている。その高信を中心に、大浦為信や平賀郡（同平川市）の大光寺氏が協力して支配するという体制をとっていたようである。

ところが、詳細は不明なものの、次第に高信と為信の関係は悪化していってしまう。そして、元亀二年（一五七一）五月、為信が石川城（同弘前市）を攻撃してこれを落城させ、高信を自害に追い込んだ。

11—津軽為信木像（長勝寺所蔵、弘前市立博物館提供）

さらに、和徳讃岐守《わっとくさぬき》が在城する和徳城（同）も攻め落とした。先述したように、ちょうど同時期に三戸南部氏の家督継承問題が起きていたが、その隙を突いて為信は攻撃したと考えられる。三戸南部氏はすぐさま対応し、八月には先陣が石川城近辺まで押し寄せたが、九戸氏が留守を狙って軍事行動を起こしたため、撤退している。大浦氏は、翌三年と思われる三月にも大鰐《おおわに》城（同大鰐町）を攻め、「下館」を落とし「内城」ばかりの状態にした（「南部光徹氏所蔵文書」）。近隣の大光寺城（同平川市）には三戸南部氏家臣の滝本重行が在城し、対峙していた。

これらの出来事は、大浦氏の自立化の第一歩と評価されているが、これで勢力を一気に拡大させていったわけではなかった。以後の情勢は、諸史料によってまちまちであるため不明瞭なのだが、しばらくは南部氏と大規模に争うことはなかったようである。

出羽小野寺氏と大宝寺氏

出羽国の南部では伊達氏と最上氏が有力大名として鎬《しのぎ》を削っていたが、北部では小《お》野寺《のでら》氏と大宝寺《だいほうじ》氏、安藤氏が地域の情勢を左右していた。

小野寺氏は、もともとは雄勝《おがち》郡稲庭《いなにわ》城（秋田県湯沢市）を本拠としていたが、小野寺稙道《たねみち》の代の天文年間（一五三二〜五五）に平鹿郡沼楯城（同横手市）に移り、横手盆地への進出を進め始めた。その子輝道は、永禄から天正期にかけて横手城（同）に移り、稲庭・川連《かわつら》・三梨《みつなし》・西馬音内《にしもない》氏などの一族を領国各所に配置しつつ、各地の領主に一族を養子に入れることで勢力を拡大していった。さらに、北隣の国衆六郷《ろくごう》氏を従属させ、永禄末年頃に大宝寺氏に追われた鮭延《さけのぶ》氏を一時保護し、元亀元年（一五七〇）の湊《みなと》安藤氏に対する豊島氏の反乱をきっかけに檜山《ひやま》安藤氏と由利《ゆり》郡（同由利本荘市ほか）をめぐって対立するなど、近隣情勢にも大きな影響を与える地位を獲得していった。

大浦城（山形県鶴岡市）を本拠に庄内を支配した大宝寺氏は、一族の砂越《さごし》氏との四十年近い争いや後継者争いを経て、大宝寺義増《よします》が当主となった。義増は、有力家臣の土佐林禅棟《とさばやしぜんとう》に支えられながら上杉謙信と結び、村山郡や由利郡へと勢力を拡大していった。しかし、義増は永禄十一年（一五六八）に信玄と結んで蜂起した下越の本庄繁長に荷担して上杉氏と敵対したため、謙信から攻撃を受け降伏してしまう。すると、翌年繁長が降伏するに及んで出家し、家督を嫡子の義氏に譲った。それからまもなくの元亀元年、本庄繁長は義増・義氏父子と協力し、越後揚北《あがきた》（新潟県村上市ほか）の大川氏を攻めた。ところが、この時禅棟は大川氏方につき、義氏に対抗した。禅棟は、大宝寺氏家臣でありながらも室町幕府に接近するなど自立的な動きを強めており、その軋轢《あつれき》がこうした形で噴出したものと思われる。結局、この争いは謙信が仲裁《ちゅうさい》に入り和睦が成立し、翌元亀二年に禅棟が義氏に降伏することで終結した。

両氏のほかにも、周辺には奥羽山脈を隔てながらも小野寺氏と深い関係にあった陸奥和賀《わが》郡（岩手県北上市ほか）の和賀氏や稗貫郡の稗貫氏、横手盆地北方の本堂氏・六郷氏、角館《かくのだて》（秋田県仙北市）の戸沢氏、大曲《おおまがり》（同大仙市）の前田氏、出羽山地を挟んだ由利郡の矢嶋氏・仁賀保《にかほ》氏・赤生津《あこうづ》氏・岩屋《いわや》氏など「由利十二頭」と呼ばれる諸勢力が割拠しており、それぞれが抗争と和睦を繰り返していた。

下国安藤氏と湊安藤氏

出羽北部から日本海側の陸奥にかけて勢力を伸ばしたのは、安藤氏であった。戦国期の安藤氏は、檜山《ひやま》城（秋田県能代市）を本拠とする下国《しものくに》（檜山）安藤氏と秋田湊城（同秋田市）を本拠とする湊安藤氏に分かれていたが、なかでも有力だったのが下国安藤氏であった。下国安藤氏は、蝦夷ヶ島《えぞがしま》を自立的に支配していた蠣崎《かきざき》氏を従属下に置いてアイヌとの交易を行いつつ、日本海交易にも積極的に関与して若狭小浜に代官を置くなど、広範囲に交易を進めて栄えていた。

天文二十三年（一五五四）に当主となった下国安藤愛季《ちかすえ》は、檜山城下の能代の町造りにとりかかるとともに、糠部郡方面への進出を繰り返した。永禄九年（一五六六）には比内《ひない》の浅利《あさり》氏、蝦夷ヶ島の蠣崎氏、出羽の由利衆らと組んで、南部領鹿角郡（同鹿角市ほか）を攻撃して翌年に攻略したが、さらに翌年南部氏に奪還されている。

下国安藤氏は、越後上杉氏や越前朝倉氏とも交流があり、永禄五年頃と思われる朝倉氏家臣一源軒《いちげんけん》沙門宗秀《しゃもんそうしゅう》の書状によると、愛季は脇差などとともに「鉄炮一挺　国友丸筒」が贈られている（「阿保《あぼ》文書」）。一次史料においては、これが奥羽における鉄炮の初見史料である。日本海海運を通じて上方方面と通じていた下国安藤氏だからこそ、最新兵器の鉄炮を早い段階で入手することに繋がったといえよう。

一方の湊安藤氏では、元亀元年（一五七〇）に内紛が起きてしまう。家臣の豊島休心《としまきゅうしん》が湊安藤茂季《しげすえ》に対して挙兵したのである。この内紛は、同じく家臣の永井飛驒が仲介していったん収まったようだが、ほどなく休心は飛驒を毒殺し、秋田湊を攻撃した。続けて、六月に推子山（同秋田市）で両軍が激突し、秋に下国安藤愛季が湊安藤氏救援のために秋田湊へ出陣、その後も由利地方の諸領主が湊安藤方と豊島方に分かれて介入し、小野寺氏も関わってくるなど、事態は混迷を深めていった。翌元亀二年になって、ようやく湊安藤茂季が豊島氏の居城豊島城（同）を攻め落とすことに成功して終結した。

こうして湊安藤氏は内紛を鎮めることに成功したが、この後に茂季は隠居して下国安藤愛季を湊城主に迎えた。これにより、下国・湊両安藤氏の統一（以後、下国安藤氏で表記を統一する）が果たされた。そして、天正五年（一五七七）頃に居城を脇本城（同男鹿《おが》市）に移したという。だが、両家の関係は決して盤石なものではなかったため、後年再び内紛が起きてしまうのである。

12―安藤愛季の居城・脇本城跡（秋田県男鹿市）

三　領国支配の進展

1 領国支配と軍事

家臣団構造

戦国大名を直接的に支えたのは、いうまでもなく家臣団であった。家臣団は、主として一門・親類・宿老層《しゅくろう》、譜代《ふだい》家臣、当主側近・直臣層《じきしん》、在村被官《ざいそんひかん》などからなり、大名の「家中」を形成していた。このほか、大名に軍事的に従属しているものの自立的な領国支配を行っている外様国衆《とざまくにしゅう》も、広い意味でとれば「家中」に含まれていたといえるが、明確な主従関係にある家臣とは異なる存在であった。

各家臣の立場や権限はさまざまであるが、北条氏の場合は「御一家衆」と呼ばれた一門・親類および宿老層が領域支配を分担していたことに特徴がある。佐竹氏も、基本的にはこれと同様といえる。これに対して、武田氏の場合は、一門・親類よりも宿老層が領域支配に関与していた。大名間外交においても、彼ら一門・親類・宿老層は活躍したが、当主側近・直臣層との組み合わせで交渉にあたることが多かった。実務レベルでは側近・直臣層が活躍し、一門・親類・宿老層は家格が高く大身家臣であったので、大名家の「顔」として他大名から認知され、交渉内容を保証する役割を果たしていた。

戦国大名・国衆の多くは、基本的には当主と一門・親類・宿老層との領主連合的な体制であった。しかし、天正期あたりを境に武田氏や上杉氏、下野那須《しもつけなす》・宇都宮《うつのみや》氏、下総結城《しもうさゆうき》氏などの各氏で、それに変化が生じる。一門・親類・宿老層に加えて当主側近・直臣層が積極的に登用されるようになり、豊臣期にかけて次第に後者が台頭していったのである。この現象を、当主専制的な体制への変化とする向きもあるが、取次の役割を担える側近の減少にともなう結果に過ぎないとする説もある。

奥羽《おうう》の伊達《だて》氏も、基本的には同様の家臣団構造であったと考えられるが、独自の家格制も整えられていた。近世の仙台藩では、一門、一家、準一家、一族、宿老、着座、太刀上、召出、平士（番士）、組士という家格が定められていたが、戦国期の天文年間までには「一家」「一族」の制がすでにできあがっていた。「一家」「一族」は、本来は伊達氏と血縁関係がある氏族が該当するはずであるが、実際には血縁関係とは無関係に家臣の家格を表わすものとなっていた。

伊達氏には「一家」「一族」以外にも多くの譜代家臣が存在したが、古くから家政を司る役である「宿老」も存在した。輝宗期の末期には遠藤基信《えんどうもとのぶ》・富塚宗綱《とみづかむねつな》・原田宗政《はらだむねまさ》・浜田景隆《はまだかげたか》らであったが、政宗期には遠藤宗信・原田宗時・高野親兼《たかのちかかね》らが交代または参入した。さらに、北条氏でいう外様国衆にあたる「外様」も存在し、当時は主として「旗下《はたもと》」と呼ばれていた。

このような家臣層とは別に、伊達氏には当主直属の下級家臣団である徒士《かち》衆が存在した。不断《ふだん》衆、名《な》懸《かけ》衆、足軽《あしがる》衆、給主《きつしゅ》衆である。不断衆は、在郷せずに米沢《よねざわ》城に集住し、伊達家当主の側で常勤する衆で、主として鉄炮で武装した。名懸衆は、普段は在郷する有力農民層であり、弓・鑓《やり》・鉄炮で武装したが、弓が主であった。両衆ともに四百人規模であったと推定される。不断衆や名懸衆は、戦時には伊達氏の家臣、なかでも譜代家臣の寄子として付属させられることが多かった。

徒士衆の下には足軽衆と給主衆も存在した。足軽衆は、米沢城に集住した五十弓・五十鉄炮などの旗本足軽衆と、諸郡に在郷する足軽衆に分かれていた。給主衆は、直属の馬上家士でありながら所帯を持たず、各地に在郷するものたちであった。

また、合戦の際には、これらの家臣団に加えて、中間《ちゅうげん》・小者《こもの》といった武家奉公人や多くの雑兵が加わっていたことも忘れてはならない。

検地・貫高制

戦国大名は、村の耕地面積をもとにした郷村《ごうそん》高と、屋敷数をもとにした棟別《むなべち》の二つを、税を賦課するための基本的な基準としていた。これらを確定するための政策として、前者では検地が、後者では棟別改めが実施された。税制の基本は大名によりさまざまで、北条氏は郷村高を、武田氏は棟別を基本としていたことで知られる。

北条氏の検地は、耕地の賦課単位ごとに田・畠の別、面積、名請人《なうけにん》を確定し、町反歩《ちょうたんぶ》制を採用して田・畠ごとに面積を集計した。それに、田一反につき五百文、畠一反につき百六十五文という領国一律の基準貫文高を乗じて、課税基準高の郷村高を銭の単位である貫文による貫高《かんだか》で算出していた。こうして算出された郷村高から、さまざまな控除分が引かれて年貢高が確定し、これらの情報を集成した検地帳が作成され、大名側が保管した。

これに対して、武田氏の検地は、一定の面積に対する播種《はしゅ》量である蒔高《まきだか》で面積を把握し、田畠一筆ごとに上中下の等級をつけ、一斗蒔あたりの貫高換算基準値をかけて郷村高を算出していた。また、奥羽や北陸地方では、苅高《かりだか》が採用されることが多かった。苅高とは、刈り取った稲の収穫量を単位としてはかった村高のことで、伊達領国ではおおよそ百苅が一段、貫高に換算すると二百文となっていた。

戦国大名の検地は、村側からの申請に基づく指出検地《さしだしけんち》が基本で、太閤検地のように実測をしていないとされがちだが、実際には北条氏の場合「田畠踏み立て辻」などのように実測をしている様子がうかがわれ、単なる指出ではなかった。

一方の棟別改めは、村内の屋敷地を調査して棟別銭を賦課・免除する対象・所有者を確定する作業である。屋敷の単位は、間口《まぐち》を表わす間で表示された。棟別改めの台帳も、大名側が保管した。

さて、こうして出された郷村高は、大名が家臣に所領を与える際の所領高としても機能していた。郷村高・所領高は、東日本では貫高で示されることが多かった。戦国大名は、貫高を基準値として、家臣への知行安堵《ちぎょうあんど》・宛行《あておこない》、年貢高・諸役・軍役《ぐんやく》負担量などを決めていた。こうした貫高制は、戦国大名の領国支配の根幹ともいえるものであった。

先述したように、北条氏は町反歩制を採用し、田畠一反ごとの基準貫文高を設定して統一的な貫高制を成立させていたが、こうした例はまれであった。たとえば、甲信・東海地方では、甲州枡《こうしゅうます》や下方《しもかた》枡《ます》など大名が尺度基準に指定した枡・俵と基準貫文高との対応関係が定まっており、北条氏のようなやり方ではなくても、また今川・武田・徳川と支配する大名が変化しても、問題なく統一的な貫高制を成立させていた。

年貢・公事体系

税を取る、取られるという関係は、支配・被支配の関係を考えるうえで本質的な問題である。戦国大名は、どのような税を徴収したのだろうか。

戦国大名の年貢・公事《くじ》体系については、やはり北条氏について詳細が判明している。検地を経て確定される年貢高に基づいて収取される年貢のほか、反銭《たんせん》・懸銭《かけせん》・棟別銭・正木《まさき》棟別銭・城米銭《じょうまいせん》などの役銭、陣夫役《じんぷやく》・大普請役《おおふしん》・押立公事《おしたてくじ》などの夫役、竹木・萱《かや》・縄などの物資そのものなど、さまざまな公事が課された。このうち、天文十九年（一五五〇）の税制改革後の反銭は田貫高の八パーセント、懸銭は畠貫高の六パーセント、棟別銭は一間あたり三十五文となっていた。役銭の実際の収取方法については、配符という文書を百姓に渡して納入が命じられる。百姓は、奉行人へ納入し、皆済《かいさい》の請取状を受け取って、それを小田原へ提出する、というものであった。

公事は、また、地域によって固有の年貢・公事もあり、たとえば駿河湾に面した伊豆国西浦地域では、「番肴銭《ばんこうせん》」「船方番銭《ふなかたばん》」「節季銭《せっき》」「流鏑馬銭《やぶさめ》」などの役銭や、「塩鯛」「鮟鱇《あんこう》」「海老《えび》」など海産物の現物、それ以外の「立物年貢」なども課されていた。

奥羽の伊達氏の場合も、領国に広く賦課する段銭・棟別銭・諸公事が財政の基本であった。なかでも、やはり段銭は重要であった。伊達氏の史料には、天文七年作成の段銭帳と、天正《てんしょう》十二年（一五八

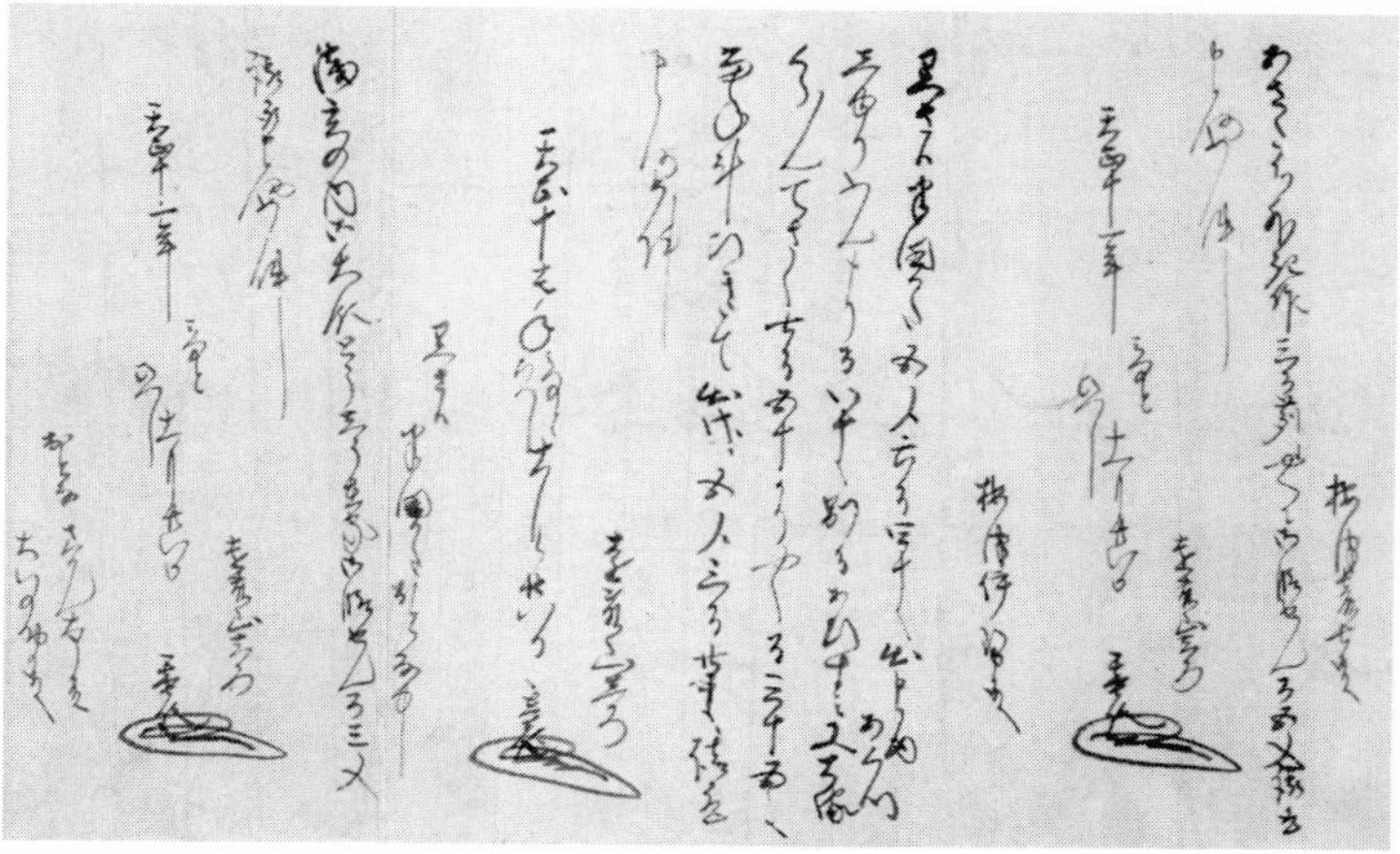

13―伊達氏の段銭請取状（白石市教育委員会提供、「遠藤家文書」）

四）十一月二十六日付けの下長井段銭帳、同十三年十一月二十五日付けの北条段銭帳、同十五年十一月の上長井段銭帳という四冊の段銭帳があり、その徴収の実態をうかがい知ることができる。

天正期の段銭帳に記された高は、天文期の段銭帳の高を「本段銭《ほんたんせん》」として、その三分の一となっている。段銭の納入は数度に分けて行われるもので、十一月下旬から十二月中旬頃までに三分の一を納入することが多かった。上記天正期の三冊の段銭帳は、いずれも十一月に作成されており、納入された分を納入日ごとに実務担当者が発給した請取状の写しを記載したものと考えられている。近年発見された「遠藤家文書」のなかには、天正十一年の段銭請取状が大量に存在しており、翌年の下長井段銭帳とほぼ同内容であることが確認できる。実務担当者も判明しており、下長井の場合は伊達氏重臣遠藤基信であったが、翌十二年には片倉景綱へ交代している。

請取状の宛所は、地頭給人層や郷村、その乙名《おとな》中、特定の乙名個人などであり、実際の納入業務は郷村・百姓が行っていた。そのため、伊達領国でも村請制が少なくとも天文期までには広範囲に成立していたと考えられている。

大名の家臣である地頭領主も、当然ながら年貢公事を収取していた。天正十一年段階の伊達氏家臣湯目氏の場合は、在家から年貢二貫文と段銭一貫文、「小役」と呼ばれる諸公事を収取していたことが確認される。

諸身分集団の編成

百姓以外の諸身分集団の編成のあり方についてもみておこう。戦国大名・国衆は、城下町や宿・町・市の運営を一部の有力商人・商人頭を通じて行い、彼らの持つネットワークを利用して商人を統制しつつ、領国内外における経済活動を行っていた。有力商人は、御用商人と呼ばれることも多い。今川氏では松木氏・友野氏、上杉氏では蔵田氏、佐竹氏では深谷《ふかや》氏、宇都宮氏では庭林《ていりん》氏が御用商人といえる存在である。

北条氏の場合は、小田原城下町において、商人頭で宮前下町の奉行も務めていた賀藤《かとう》氏が著名である。賀藤氏は、少なくとも天正期には武蔵、上野、上総、下総からやって来る商人たちの問屋を務めており、賀藤氏を通した商人の統制を行っていたことが推測される。それだけでなく、賀藤氏は城下町の清掃・維持管理や他地域からの来訪者のチェックを行っており、さらに小田原に人質として提出されていた上総国衆正木時長の監視まで担っていた。

会津の商人簗田《やなだ》氏は、広範囲の商人を統括する「諸商人おやかた」という立場にあったとされ、「商人さばき」という自律的な法世界のなかで紛争解決を行っていたことで知られる。「商人さばき」の範囲は、関東から京都、さらには遠く豊後《ぶんご》にまで及ぶものとされている。その実態は不明瞭であるものの、蘆名《あしな》氏や伊達氏は、関所の設置や関銭徴収の特権などを与えて保護し、彼らのネットワークを利用して地域内外の経済活動の統制を行っていた。蘆名氏滅亡直後の天正十七年七月、伊達政宗は簗田藤左衛門尉に対して安堵状を与えているが、そこでは会津中で「市町」を立てること、簗田氏は「諸商人おやかた」なので「諸商売」は簗田が申し付けること、「諸商人」が会津で「山賊・盗賊」にあったときには五〇〇文の礼銭を支払い、荷物を無事に通すこと、諸関所での通行税を免除することを認めている（「簗田家文書」）。

大名・国衆は、日常生活のほか、城館の普請や武器・武具の製造など、軍事面でも必要不可欠な存在である職人層の編成も進めた。職人層の多くは、棟梁を頂点として独自に編成されており、領国内外問わず広範囲に活動していたが、たとえば北条氏の場合は、そうした棟梁に給分を与えて「職人衆」として掌握していった。『北条氏所領役帳』には、多くの職人衆がみられるが、そのうち「大鋸《おが》引《びき》」「石切《いしきり》」「番匠《ばんしょう》」「鍛冶《かじ》」「切革《きりかわ》」などは軍事方面での奉公を期待されたもの、「紙漉《かみすき》」「笠木《かさぎ》」「青《あお》貝師《がいし》」などは日常生活に関わる奉公を期待されたものと思われる。

宗教勢力の編成も進められたが、そのなかでも東日本の広範囲で活動していた山伏《やまぶし》の編成のあり方は特徴的である。山伏は、出羽三山や日光の山伏の活動が活発であったが、特に関東では、熊野三山《くまのさんざん》検校《けんぎょう》を兼ねた聖護院門跡《しょうごいんもんぜき》を頂点とした本山派修験の力が強かった。聖護院門跡は、十五世紀後半頃から、各地の有力修験寺院（頭山伏）を領域内の山伏を統括する「年行事職《ねんぎょうじしき》」に補任し、それを通して各地の山伏の統制を図っていった。

ところが、十六世紀後半になると、地域の修験寺院は大名・国衆との結びつきを強め、そうした職も聖護院門跡ではなく大名・国衆によって安堵《あんど》されるように変化していった。北条氏の場合は、玉滝坊《ぎょくりゅうぼう》や不動院といった北条氏との繋がりが深い修験寺院を筆頭にして、領国各地の山伏を統制しつつ、使者としての活動などの奉公を要求するようになっていった。

軍勢の構成と軍制改革

北条氏や武田氏、上杉氏など東国の諸大名は、共通して永禄年間頃に軍制改革を実施していたことが知られる。その背景は必ずしも明確ではないが、戦争の大規模化・広域化との関連が指摘されている。改革の詳細は、各大名が作成した「着到帳《ちゃくとうちょう》」「軍役《ぐんやく》定書《さだめがき》」などの軍役関係史料から知ることができる。

北条氏の場合は、知行高《ちぎょうだか》五貫文につき軍役一人が賦課されることが基本で、知行高百貫文につき騎《き》馬《ば》三騎、二十貫文前後だと家臣自身が馬上侍《ばじょうさむらい》（騎馬一騎）に割り当てられることになっていた。騎馬一騎は他の兵種の三人分と換算しており、最小の部隊は「一揆合《いっきあい》」と呼ばれる馬上侍（自身）と鑓兵の二人軍役で構成されるものであった。

北条氏の軍隊は、戦闘員である「馬上（自身）」「大小旗持」「歩弓侍」「歩鉄炮侍」「鑓（長柄《ながえ》）」、戦闘補助員である「指物持」「鑓持」「歩者」「乗替」の最大九種類から構成されていた。戦闘員のうち、「馬上（自身）」以外の四兵種は、実際の戦場では主人である大名家臣のもとから離され、改めて鑓衆・弓衆・鉄炮衆のように武装別の軍隊に集団化され、各指揮官のもとで行動することになっていた。一方、戦闘補助員は、「馬上（主人）」の供回りとして主人とともに行動していた。軍隊の構成は、騎馬兵と鑓兵の組み合わせが基本であったが、永禄期以降は弓兵・鉄炮兵の導入が積極的に行われ、より複合的な軍隊構成へと変化していった。また、指物や甲《かぶと》の前立て、軍装の色など武装の統一も進めていった。武田氏や上杉氏も、さまざまな違いはあれども、基本的には同様であった。

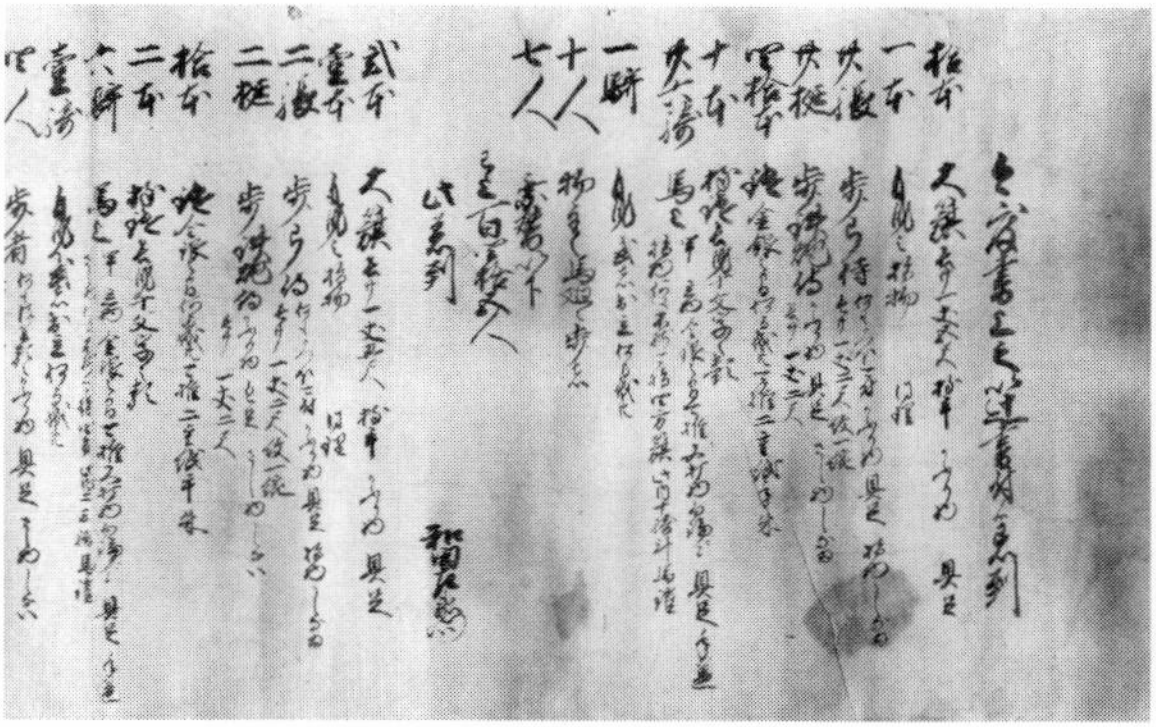

14—北条氏の着到帳（北条氏政軍役割付状〈第５巻〉、個人蔵、茨城県立歴史館寄託「井田文書」）

奥羽の戦国大名には「軍役定書」のようなものはほとんど残っていないが、伊達氏については関連史料から軍隊構成をある程度うかがうことができる。天正二年頃の着到人数を記した記録には、家臣ごとの軍隊構成が記されており、「馬上」「弓」「鑓」「鉄炮」「野臥《のぶし》」がみられ、やはり「鑓」が一番多い。また、伊達氏は天正十七年（一五八九）四月に「野臥日記」を作成している。「野臥」とは、伊達氏により城普請や戦闘要員として動員された郷村・町の百姓・町人、その名子《なご》・下人などの民衆のことで、地域ごとに把握されていた。郷村・町の在家・小字ごとに野臥となる民衆の氏名が記され、一人一人に対して身体的強壮の度合い（あるいは経済状況とも）を反映した「上」「中」「下」のランクを付し、兵としての評価をしている。伊達氏も、天正初期には軍制の整備をしていたといえよう。

東日本と鉄炮

戦国後期に登場した新たな武器といえば、鉄炮である。鉄炮は、永禄《えいろく》・元亀《げんき》年間（一五五八〜七三）には列島各地で実戦に使用され始め、次第に鉄炮衆が組織されるようになった。天正年間（一五七三〜九二）には生産・使用例ともに爆発的に増加し、大規模な鉄炮戦が行われるようにまでなっていた。また、各地を遍歴する専門技術を身につけた砲術師も数多く存在し、大名に抱えられて指南役を務めることもあった。

鉄炮の研究は、海外との交易が盛んで、かつ生産地を抱え数多く流通した西日本を中心に展開されてきたが、東日本の鉄炮事情はどうだったのだろうか。

『北条五代記』によると、永正七年（一五一〇）に中国から鉄炮が伝わり、享禄元年（一五二八）に北条氏綱が小田原城下の玉滝坊から献上されたとしている。また、『三河物語』では、永正五年の三河岩津城（愛知県岡崎市）攻めの際に鉄炮が使用されたとしている。これらは、あくまで編纂物なので、信憑性に問題があるといわざるをえないが、いわゆる鉄炮伝来より前に中国・朝鮮などで使用されていた手銃が入ってきていた可能性自体はあるとされている。

しかし、いわゆる鉄炮が東日本に普及し始めたのは、天文末期から永禄初期である。北陸地方の上杉領国では、永禄二年に上杉謙信が上洛した際、足利義輝から鉄炮とともに「鉄炮薬方并調合次第」を贈られている（「上杉家文書」）。翌年には居多《こた》神社（新潟県上越市）へ鉄炮の発砲を禁じる制札が出されている。よって、それ以前にすでにある程度普及していたことがわかる。

関東では、上野国衆横瀬《よこせ》（由良《ゆら》）成繁《なりしげ》が、天文二十二年（一五五三）に足利義輝から「鉄放一挺」を贈られているのが最古の事例である（「安川由良文書」）。北条氏の文書上での鉄炮の初見は永禄三年であり、翌四年には小田原城内にすでに五百挺あったようである。さらに、同五年には「大鉄炮」が登場している（「逸見文書」）。

鉄炮の入手方法については、西日本からの輸入が基本であったと思われるが、領国内でもある程度生産していたと考えられる。天正十四年二月、北条氏は「中筒」を鋳造するために、大磯の土を小田原へ運ぶよう命じており、同十七年十二月にも須藤・山田氏ら鋳物師《いもじ》を動員して「大筒」二十挺の鋳造を命じている（「相州文書」）。

火薬の原料となる塩硝《えんしょう》は、日本国内ではほとんど入手できないものであるため、海外からの輸入に大きく頼っていたが、それでも土硝法と呼ばれる製造方法が広がり、各地で生産された。下野唐沢山城（栃木県佐野市）主北条氏忠は、天正十七年に家臣の小曽戸《こそと》丹後守《たんごのかみ》に、年貢の一部の四貫八百二十九文を塩硝で納めるよう命じているが、これも土硝法によるものと思われる。

鉄炮玉は、鉛玉《なまりだま》が基本であるが、鉛も輸入に大きく依存しているため、入手困難で珍重された。そのため、東日本では鉛玉以外にも銅玉や鉄玉、土玉もかなり多かった。豊臣軍により落城した伊豆山中城（静岡県三島市）や八王子城（東京都八王子市）では、多くの鉄玉や土玉が出土している。

奥羽では、先述したように、永禄五年頃に越前朝倉氏から「国友丸筒《くにともまるつづ》」が下国安藤愛季に贈られた史料が初見である。この時はまだ贈答品に止まっていたと思われるが、その後元亀年間の出羽庄内大宝寺氏の関係史料に鉄炮衆や塩硝・鉛が登場する。奥羽において、鉄炮は日本海側から広まっていった可能性が高く、元亀年間には実戦投入されていたと指摘できる。

奥羽の大名のなかでは、天正期の伊達氏関係の史料に鉄炮が大量に登場する。伊達氏は、当主直属の御不断衆や名懸衆を鉄炮で装備させ、米沢城下の譜代町人も「御町鉄炮」として活躍しており、その数は常時四、五百挺に達していた。

火薬である玉薬も、米沢城内の「御鷹屋」で御不断衆らにより製造されていた。伊達輝宗が天正二年に記した「伊達輝宗日記」には「薬刻み候」「薬包み候」と、天正十五〜十八年に記された伊達家公式記録である「伊達天正日記」にも「御亭にて薬固め申され候」「御鷹屋にて御鉄放薬包み申し候」などと登場する。また、「御鉄炮磨かせられ候」というように、鉄炮のメンテナンスも行われていた。

なお、天正十六年の郡山合戦《こおりやまがっせん》では、伊達政宗が「大鉄炮」を使用している。独自の技術で造ったものと思われるが、「裂け申し候」とあり、すぐに壊れてしまっている（「伊達天正日記」）。

2　城館と地域社会

本拠の城

戦国期の後半から織豊期にかけては、列島各地に無数の城館が築かれ、また築城技術も発展していった。城館は、政治や軍事の面のみならず、当時の経済や文化などを考えるうえでも、特に重要な遺跡であるため、さまざまな観点からの研究が進められている。その種類や構造もさまざまで、戦国大名や国衆の本拠の城をはじめ、領国各地に設けられた支城、領国境目を守る城、交通管理の城、戦時の一時的な陣城、民衆の避難所としての「村の城」などが築かれた。

北条氏の小田原城は、本拠の城の代表例である。二代氏綱が本拠にして以来、拡張に拡張を重ね、最終的には戦国期の日本最大級の城となったことで知られる。北条氏の小田原城の中心部は、近世小田原城の中心部と異なり、丘陵部の八幡山古郭周辺とされてきたが、すでに氏綱の時代から近世本丸周辺部が中心部であったことが判明してきている。

続く氏康の時代の小田原城は、永禄四年（一五六一）に上杉謙信に、同十二年に武田信玄に相次いで攻められたが、その頃は近世二の丸の蓮池付近までが城域となっていた。これ以降、小田原城は改修につぐ改修が行われ、天正十五年（一五八七）までには丘陵部までを取り囲んだ外郭（三の丸外郭）が完成していたとされる。この頃になると、秀吉との対戦が現実味を帯びてきたため、同年からは「相《そう》府大普請《ふおおぶしん》」（「岡見文書」）と呼ばれる大改修をさらに行い、天正十八年の小田原合戦直前までには周囲九キロメートルに及ぶ惣構（大外郭）を完成させた。また、随所に畝堀《うねぼり》・障子堀《しょうじ》や角馬出《かくうまだし》、横矢《よこや》を設けるなど、複雑・技巧的な縄張が施されていった。

戦国期小田原城の最終形態は、小田原合戦時に作成され、毛利家に伝存した複数の絵図からもうかがわれる。中心部は「本城」「新城」「一丸」の三つの曲輪から成り立っており、「大ヤくら」「石くら」などの施設があった。三階建ての櫓も複数存在していたようで、「天守」も存在していた可能性が指摘されている。近年、近世の本丸隣にある御用米曲輪《くるわ》の発掘調査により、巨大な庭園遺構が発見された。氏政・氏直期のものと推測され、これまでに知られている戦国大名の庭園とは異なる独特なもので、注目されている。

奥羽の大名の本拠として、伊達氏の米沢城をみてみよう。近世の米沢城と同位置と考えられるうえに、発掘調査による所見がないことから、その構造は不明瞭な部分が多い。しかし、「伊達輝宗日記」、「伊達天正日記」から戦国末期の様子をある程度うかがうことができる。まず、中心部に「本城」

（「御館」「館」）があり、隣接して政宗が家督相続以前にいた「御西館」、やや離れて政宗の母保春院《ほしゅんいん》が住んでいた「御東」があった。片倉景綱、原田宗時、伊東重信、遠藤宗信、小梁川泥蟠斎《こやながわでいばんさい》など重臣層の屋敷も「本城」近辺に集まっており、それぞれ堀で囲まれていて、城の一部を構成していた。「本城」には、「大手門」「北門」「南門」「搦手《からめて》」の各門があり、「大手門」は二階建てであった。また、「芝か留」と呼ばれた芝土居《しばどい》もあった。「本城」内の建物としては、「御鷹屋《おたかや》」「亭」「懸作《かけつくり》」「御内館」「御二階」「対屋《たいのや》」「厩《うまや》」「鳥屋《とや》」「中御み軒」があり、このうち「御鷹屋」が政宗の生活する主殿であった。このほか、「御池」「御泉水」「御庭」「御的場」「御裏」「入水」などの施設も確認できる。

重要支城

大名・国衆は、領国各地に支城を設けて支城領を形成し、一族や重臣を配して領国支配を行った。その様子がもっともよくわかるのは、やはり北条氏である。

北条氏の支城としては、北条氏照《うじてる》の居城滝山城・八王子城、北条氏邦《うじくに》の居城鉢形《はちがた》城、玉縄《たまなわ》北条氏の居城玉縄城（神奈川県鎌倉市）、伊勢宗瑞《いせそうずい》が本拠とし後に領国西部の要として北条氏規《うじのり》が入った韮山《にらやま》城、北条氏忠の居城唐沢山城、北条氏房《うじふさ》の居城岩付《いわつき》城、重臣大道寺政繁《だいどうじまさしげ》が配された河越城（埼玉県川越市）・松井田城（群馬県安中市）、重臣遠山氏が在城し後に北条氏政の直轄となった江戸城（東京都千代田区）など、重要な支城だけでも枚挙に暇がないほど多数存在している。これらの支城は、いずれも戦国期を通じて改修され、大規模で複雑・技巧的な縄張が施されており、岩付城では、小田原城の「惣《そう》構《がまえ》」に類似する「大構《おおがまえ》」も築かれた。

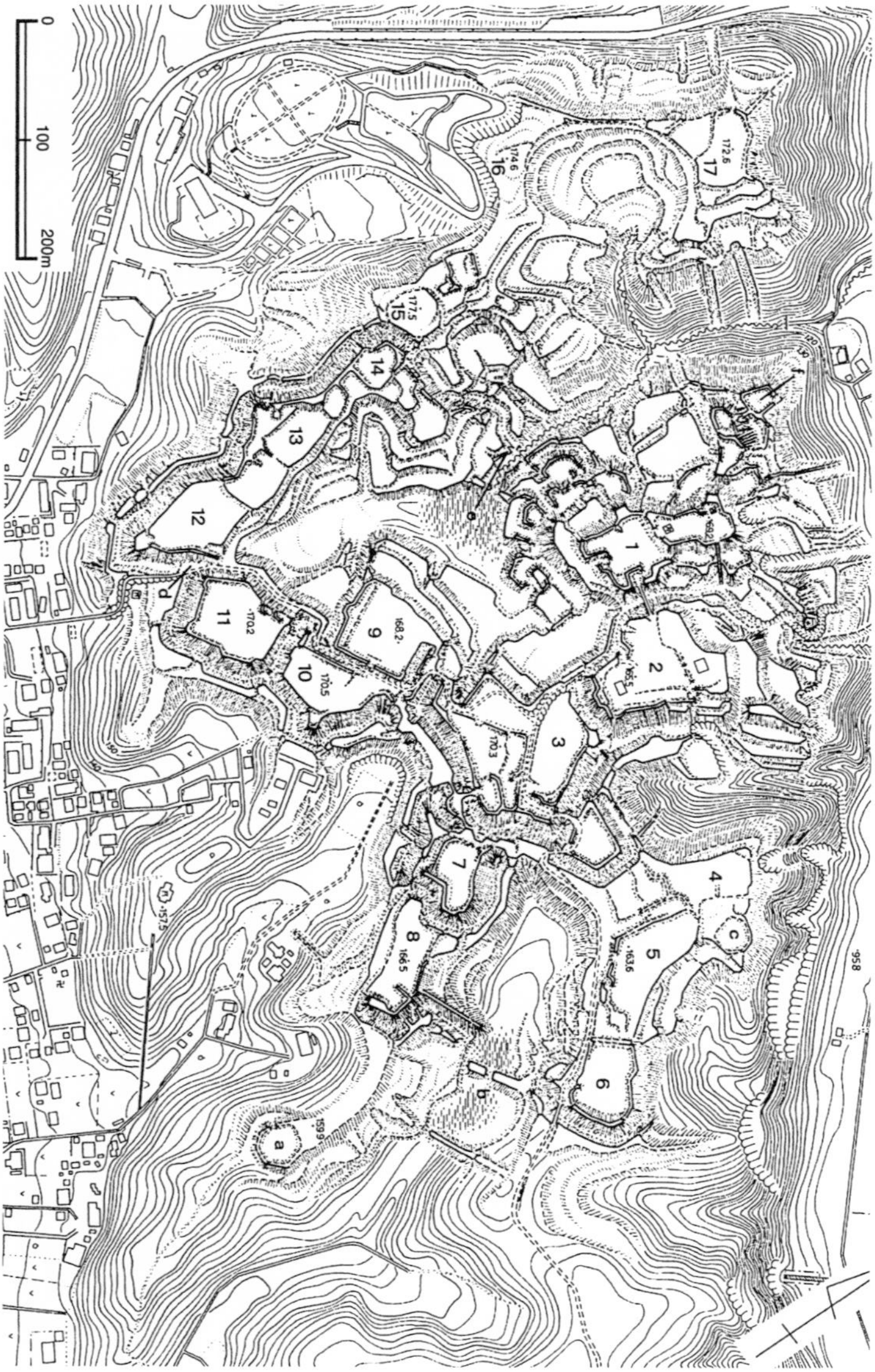

15—滝山城縄張図（西股総生氏作図）

支城の代表例として、北条氏の滝山城を挙げよう。滝山城は、もとは国衆大石氏の城館で、小さな曲輪を多く配してコンパクトな設計となっている現在の「本丸」（右図の1）周辺がその範囲であったと考えられる。その後、大石氏に入嗣した北条氏照の本拠となり、北条氏の重要支城として拡張と改修がされていった。現存遺構は、天正後期に氏照が本拠を八王子城に移す直前には完成していたものと思われる。

広大な城域は、自然地形を活かしながら長大な横堀で囲まれており、側面射撃のために塁線を折り曲げる横矢が多用されている。また、虎口《こぐち》も単純な平入り虎口だけでなく、食い違い虎口や桝形《ますがた》虎口が随所にみられ、「二の丸」（右図の3）には虎口の前面に設けられた出撃用の曲輪である馬出が大小複数みられるなど、極めて複雑・技巧的な縄張《なわばり》構造となっている。

これら支城と本拠との関係をうかがわせる考古学的な遺物が、北条氏の城館から出土している。それが、小田原産の手づくね成形かわらけである。これは、京都のかわらけを模倣して小田原で作られたもので、関東では小田原北条氏だけにみられる特徴的なかわらけである。二代氏綱が導入し、北条氏滅亡とともに姿を消しているため、北条氏の関与が強く、北条氏当主との直接的な関係を示す遺物とされている。このかわらけは、八王子城、鉢形城、岩付城、本佐倉《もとさくら》城、津久井城など、北条氏の支城のなかでも一族・譜代重臣が城主の重要城館、そのなかでも主郭や宗教的色彩の濃い曲輪でのみ出土することに特徴があり、一部には金箔も施された。さらに、このかわらけを模倣したロクロ成形かわらけが作成されていたことも判明している。このように、遺物の面から本城と支城の政治的な関係が垣間見えるのである。

境目の城

領国が拡大していくにつれ、領国の境界である境目をいかに維持管理するかが、各大名に共通した課題となっていった。そのなかで、戦国期後半になると、いわゆる境目の城と呼ばれる城館が各地に築かれていった。

一口に境目の城といっても、大規模で領域支配の拠点となっている城の場合もあれば、比較的小規模で軍事的な役割が高い城、関所の機能を主とする非常に小規模な城の場合もある。いずれも複雑・技巧的な縄張を持つ場合が多く、街道と密接な関係を有し、交通を管理するという点では共通している。境目の城は、敵との最前線に位置するため、そこでの在城・在番は特に過酷な任務であり、城兵の逃亡や防備の緩みなどが相次いだ。

甲相国境に近い相模津久井城《つくい》は、国衆から譜代家臣化した内藤氏の居城だが、武田氏や徳川氏との境目の城としての性格も併せ持っていた。天正十二年（一五八四）には、後述する「城掟《しろおきて》」が北条氏から発せられ、北条氏の馬廻衆《うままわりしゆう》山角定勝《やまかくさだかつ》が派遣された。定勝には、城主である内藤氏とよく相談したうえでの維持管理の徹底が命じられた。当時、境目の諸城の防備に緩みが出ていたようで、北条氏は「大事の境目妄《みだ》りに候えば、国家の危うきに候」と危機感を強めていた（「馬の博物館所蔵文書」）。境目の城の危機は、領国全体の危機に直結すると認識されていた。

上杉氏の境目の城である荒砥城《あらと》（新潟県湯沢町）は、越後《えちご》・上野《こうずけ》の国境に位置し、小規模ながら角馬出・枡形を備えた技巧的な縄張をもつ、関所的な境目の城の典型例である。天正六年の御館の乱時に上野から来る敵を防ぐために築かれ、栗林政頼が在城した。荒砥には「荒砥関所」も設けられており、両者が一体となって境界管理にあたっていた。

奥羽でも数多くの境目の城が存在したが、なかでも伊達氏の檜原城《ひばら》（福島県北塩原村）と蘆名氏の柏木城《かしわぎ》（同）は、その代表例である。両城とも、米沢と会津を結ぶ街道上に位置していた。天正十三年に蘆名氏攻めに踏み切った伊達政宗は、檜原城に家臣の後藤信康らを長期間在番させた。一方の蘆名氏は、会津の大塩に柏木城を築いてこれに対抗した。柏木城の直下には、現在も米沢—会津間の街道が通っているが、戦国期当時は城内を通るように付け替えていたと考えられる。こうした街道を城内に通すという方法は、北条氏の足柄城や山中城などにもみられるもので、大名領国境目の城館と交通管理の実態がよくわかる好例である。

城下の宿・町と「宿城」

十六世紀後半になると、本来は城館とは異なる空間であった城下の宿・町も城館の一部として取り込まれ、土塁や堀に囲まれて外郭を構成するようになっていった。史料上で、「宿城《しゆくじよう》」や「町曲輪《まちくるわ》」、あるいは「内宿《うちじゆく》」（家臣居住域である「根小屋《ねごや》」に相当）・「外宿《とじゆく》」などと呼ばれるものである。籠城戦《ろうじようせん》の時には、真っ先に攻撃対象となる場所であり、そのためしばしば史料上に登場する。領主側からすれば、城下およびそこに居住し活動する民衆の取り込みということになるが、逆からみれば領主に自らの安全保障を要求した結果ともいえる。

北条氏の滝山城では、直下に東西に街道が走り、それに沿って「内宿」にあたる城に付属する町場があり、さらにその外側に「外宿」ともいうべき横山、八幡、八日市の三宿が存在していた。「内宿」「外宿」自体に土塁や堀は確認できないが、街道の所々がカギ形に曲がっており、防御機能を果たしていたと考えられる。このような「内宿」と「外宿」は、関東地方で幅広くみられる。

そして、こうした「宿城」が巨大化したものが、北条氏の小田原城や岩付城にみられる大規模な「惣構」「大構」であった。「惣構」「大構」ともに城下町とその周辺をまるごと堀と土塁で囲んでおり、さらに城館との空間的な一体化を図ったものとなっている。規模こそ小さいが、同様のものは、常陸の城館でも多くみられる。

「宿城」は、奥羽でも広くみられる。宮城郡の松森城（宮城県仙台市）は、城下に内町・下町の地名が残り、東西の直線道路に沿って町並みが広がり、東端はカギ形に折れ曲がっていた。さらに、江戸期には内町を囲むような形の「前沼」という水堀があった。これらは戦国期には成立していたと考えられ、まさに城に付随する「宿城」の典型的な姿といえる。

柴田郡の前川本城（同川崎町）に付随する本屋敷遺跡は、発掘調査によって十六世紀末の城下町の実態が判明した貴重な遺跡である。町の東西に幅約六メートルの直線道路が通り、両側に短冊状地割の屋敷地が設けられ、東西両端が大規模な堀で画されていた。

絵画史料からも「宿城」の様子は確認できる。慶長初年に描かれた越後国郡絵図には多くの城館が描かれている。村上城（新潟県村上市）をみてみると、山上に城本体があり、山下に直線道路が通る町場が広がっているが、全体が柵で囲まれ木戸もみられる。大規模な堀や土塁こそ描かれていないが、一つの「宿城」の姿を描いたものといえよう。

東日本の築城技術

城館は、規模・構造ともにまさに千差万別で、一言では言い表せないバラエティに富んだものである。そうしたなかでも、十六世紀後半の東日本、特に南奥・関東・甲信越・東海地方では、複雑・技巧的で曲輪間の階層差が明確な、求心的な縄張構造を持つ城館が増えていったということはできる。

個々の技術としては、近世城郭でよくみられる横矢や枡形虎口、馬出が多用されるようになったことも指摘できる。なかでも馬出は特徴的で、大きく角馬出と丸馬出に分かれる。北条氏の城館では角馬出が、武田氏の城館では丸馬出が多くみられることは有名である。また、北条氏の城館では、堀内障壁を備えた障子堀・畝堀も多く取り入れられたことが知られる。ただし、いずれの技術も両大名領国に限らず一定の広がりをもって使用されており、戦国期以前から存在するものが多かった。そのなかで、丸馬出は戦国後期になってから出現したもので、西日本ではほとんどみられない東日本に特徴的な技術といえる。丸馬出は、徳川氏の城館でも多用され、近世になると譜代大名の居城にしばしばみられるようになる。また、一つの曲輪を中心に馬出を複数配するという構造が滝山城や諏訪原城

（静岡県島田市）などでみられるが、これは豊臣政権の聚楽第や広島城など、いわゆる聚楽第型城郭の構造と類似している。そのため、東日本の築城技術が西日本に伝播した可能性も指摘されている。

一方、東日本のなかでも北奥羽では、個々の曲輪（「館《たて》」）が独立して寄せ集まった形の群郭式城郭が、戦国末期に至るまで数多く存在した。八戸南部氏の居城根城（青森県八戸市）や北畠氏の居城浪岡《なみおか》城（同青森市）はその代表例である。個々の曲輪は実に広大で、曲輪間は長大な堀や土塁《どるい》で隔絶されている。群郭式城郭の構造自体は、列島各地でもみられるが、関東などでみられる城館とは様相を異にしており、むしろ南九州の城館との共通性が高い。また、枡形虎口や馬出などの技巧的な技術こそ多くはみられないが、伝統的に横堀を多用しており、二重・三重に巡らす城館も多い。

当時の史料用語からも、複雑化する城館の様子をある程度うかがうことができる。縄張に関する用語は、「本城」「実城《みじょう》」「中城」「外城」「宿城」など「～城」というものや、「本曲輪」「二曲輪」「外曲輪」などの「～曲輪」、「虎口」「戸張《とばり》」、「馬出」「屋敷」「構」「惣構」「大構」などがみられる。このうち、「本城」など地域を越えて使用される用語がある一方で、「曲輪」は十六世紀後半から出現した用語で、主として東日本で用いられた。奥羽では、「曲輪」を「館」や「構」と表現することが多い。

先述したように、城下の宿を城域の一部として城郭化した「宿城」も、十六世紀後半からみられるようになる。「戸張」は、北条氏や上杉氏などの史料で登場する虎口とほぼ同義語である。「惣構」「大構」は、小田原城や岩付城・韮山城にみられる特殊な用語である。小田原城のような城下町全体を堀・土塁で取り込む「惣構」は、以後全国の城館で模倣されるようになり、近世城館の「惣構」の一つの祖型となったといわれている。「馬出」の事例も少なく、天正後期の鉢形城と厩橋《まやばし》城でみられるのみである（「諸州古文書」「後閑文書」）。一方で、「横矢」や「枡形」は一次史料には一点も登場しないという特徴も指摘できる。

16―八戸南部氏の居城・根城跡（青森県八戸市博物館提供）

城館の重要な構成要素である石垣も、史料用語としてはほとんど登場しない。だが、西日本の巨大寺院や織豊系城郭にみられる石垣とはレベルの差はあるものの、東日本でも石垣・石積みは実際に多くみられる。武蔵八王子城や鉢形城、上野金山城、信濃山家《やまべ》城（長野県松本市）などは、その代表例である。八王子城や金山城では、石垣の最下段をやや出っ張らせて垂直に積み上げる「アゴ止め」と呼ばれる工法で築かれている石垣がみられる。陸奥でも、会津の向羽黒山《むかいはぐろやま》城や鶴峯《つるみね》城（福島県猪苗代町）、柏木城、田村領の木村館（同郡山市）などで石垣・石積みがみられ、蘆名氏・田村氏時代の所産と考えられる。伊達領国でも、年代はやや下る可能性があるが、前川本城や名取郡の豊後館（宮城県仙台市）などで石垣・石積みがみられる。石垣・石積みは、防御機能もさることながら、権威を見せつける化粧としての意味合いもあったと考えられている。

城館の維持管理と在番制

戦国後期は、領国の拡大や戦争の大規模化・広域化にともない、同時にたくさんの城館を維持管理していく必要性が生じていった時期でもあった。なかでも大名領国の境界に位置する境目の城は、敵方への最前線に位置し、真っ先に攻撃対象とされることもあり、いかに問題なく維持管理していくのかが、どの大名でも大きな課題となっていた。

北条氏の場合、普請役は家臣である給人の知行高に応じて賦課される知行役と村・百姓たちに賦課される公事の二種類があり、いずれも村請・郷請であった。これは武田氏、上杉氏などでもおおよそ共通していたようで、多少の差異はあれども、各地の大名で普請体制が整えられていた。風雨などで城が破損した場合も、領内の村がメンテナンスの責任を負っていたことで知られる。

このような基本的な体制を整える一方で、永禄期以降になると新たな維持管理体制が登場する。それが、在番制の整備と「城掟」の発令である。在番制とは、常駐する城主や城代の軍勢のほかに、領国各地から派遣される在番衆がローテーションで城を守備する制度のことである。在番中には、城の守備だけでなく番普請も行っていた。主として境目の城で実施され、一定期間で番衆の交代が行われることが多かったようだが、長期化することもあった。在番制は、在番衆を派遣する側に多大な負担を生じさせ、大名側は在番衆の確保に苦心していた。

在番制の発達と関連して登場するのが、「城掟《しろおきて》」である。「城掟」とは、城郭の維持管理方法を記した城内法である。古くは文明年間（一四六九〜八七）の周防大内氏の史料にみられるが、永禄から天正期において北条氏・武田氏・上杉氏関係史料に多くみられるようになる。在番制により、さまざまな地域の軍勢が共同で守備することになったため、城の維持管理や守備体制に乱れが生じる可能性が高まっていった。そうした状況に対して、大名はこうした掟を定めることによって城館の円滑な運営を目指していたと思われる。

「城掟」の内容はさまざまだが、城内の施設・備品・植生の維持・管理方法や城の門限、城内外の出入りに関する規則、火の用心や守備方法などが記されていることが多く、さらには飲酒、博打《ばくち》、双六《すごろく》、乱舞《らんぶ》、高声《たかごえ》、謡《うたい》、小唄《こうた》なども厳しく禁止していた。だが、裏を返せば、こうしたことが日常的に行われていたのが、当時の城の実態だったといえる。多くの城を維持管理し続けないと領国全体の危機に直結してしまうのが戦国時代であったが、あらゆる城を日常的に維持管理することは、事実上不可能であった。

城破り・破城と「古城」

そのため、戦国期には無数の城館が築かれる一方で、廃城となる城館も数多かった。領国の拡大や戦略の変化、維持管理負担の増大、家臣団統制、停戦・和睦・国分《くにわけ》など、さまざまな理由によって整理・統合されていったのである。

廃城の際には、多くの場合、城破《しろわ》り（破城《はじょう》）と呼ばれる破却行為をともなったことが知られている。元亀三年（一五七二）閏正月、上杉謙信は武田方の上野石倉城（群馬県前橋市）を攻め、陥落後に謙信は三日間同城に在城して戦後処理にあたったが、その間に城を「平等」に「破却」し、六日には厩橋城に戻っている（「山川雅史氏所蔵文書」）。これとほぼ同時期、甲相同盟が成立したが、それによって国分が実施され、北条氏の駿河興国寺城と平山城が武田方に引き渡されると、武田氏は対立関係の象徴であった平山城を破却している。こうした事例は、枚挙に暇がない。

破却というと、城全体を徹底的に破却するかのように思えてしまうが、ほとんどの場合はごく一部のみの破却にとどまっていた。城破りは、城としての生命を終える儀式でもあり、基本的には城の象徴的な部分を破却さえすれば十分であった。

田村氏家臣橋本顕徳《あきのり》の居城とされる陸奥木村館では、桝形虎口の石積みが意図的に崩され埋められていたことが発掘調査から判明している。城破りは、出入り口である虎口を破却する場合が非常に多い。その城を象徴する箇所を選んで破却することで、人々に廃城となったことを視覚的に訴えたと考えられている。

こうして多くの城館が「古城」と化したのだが、部分的にしか破却されていなかったため、再利用可能な状態で各地に存在した。そして、「古城」は主として戦時にさまざまな形で実際に再利用されていた。島原の乱時の原城（長崎県南島原市）のように、一揆によって再利用されることもあった。天正十年（一五八二）三月、織田信長は甲斐武田氏を滅ぼしたが、その直後に北信濃において、織田氏による新たな支配に反対する一揆が、国衆芋川親正《いもかわちかまさ》らを中心に勃発した。この時、一揆勢は「大蔵の古城」（長野市）に立て籠もって抵抗している（『信長公記』）。

城館・街道の変遷と地域社会

各地に設けられた拠点城館は、しばしば領国内外に及ぶ広範囲の地域を結ぶ街道とセットで整備され、周辺地域の構造を大きく変えていった。

北条氏の重要支城滝山城・八王子城があった八王子地域は、その典型例である。滝山城下には横山・八日市・八幡の三宿があったが、これらはもともと八王子地域の西側、滝山城以前の拠点であった由井《ゆい》城や椚田《くぬぎだ》城（東京都八王子市）周辺に存在していた町場であった。北条氏照は、当初は由井城を本拠としていたが、永禄年間（一五五八〜七〇）になって上杉謙信の脅威にさらされるようになると、八王子地域の東寄りに新たに滝山城を取り立てた。それにともない、由井城の城下にあった八日市、椚田城の城下にあった横山、その近辺にあった八幡の三宿を滝山城下に移転させたのである。同時に、この地域を南北に貫通する主要道も、滝山城下を通るように付け替えられ、小田原と鉢形を結ぶ主要道として整備した。

上杉謙信の脅威がなくなると、今度は西から武田信玄や豊臣秀吉の脅威にさらされるようになり、再び八王子地域の西側の重要性が増し、八王子城が新たな拠点として取り立てられた。北条氏照は、天正十年代前半には滝山城から本拠を移したと考えられるが、その際に滝山城下にあった横山・八幡・八日市の三町を移転させ、主要道の付け替えも再度行われた。

このように、隣国からの脅威を背景に、城館と町場が移転されると同時に、広域を貫く主要道も付け替えられ、領国規模での地域社会の変化を引き起こしていたのであった。領主による主導的な城下町の形成ということになり、西日本の自立的な町の姿とは異なるものである。

城館と街道の変遷は、奥羽でも起きていた。陸奥宮城郡において長らく重要拠点となっていたのは、陸奥国府を眼下に望む留守氏の居城岩切城（宮城県仙台市）であった。元亀元年（一五七〇）、留守政景は家中紛争に勝利して岩切城から東北方向に四キロほど離れた利府城（同利府町）に移ったが、両城の城下ともに中世を通じて陸奥の南北を貫く主要道であった奥大道《おくだいどう》が走っていた。奥大道の重要性は、戦国後期まで大きな変化はなかったようである。

ところが、天正十六年の大崎合戦をきっかけに、交通体系に変化がみられ始める。合戦に敗れた伊達政宗は、大崎領へ通じる北方の黒川郡との境目の城として、岩切城の西方に位置する松森城を取り立てた。宮城郡から黒川郡へ通じる主要道は奥大道であったが、それとは別に松森を経由する南北道の重要性が急上昇し、二つの主要道が併走する状況になったのである。その後、奥大道の重要性は次第に低下していき、利府の地位が低下して利府城は廃城となった。一方で、仙台築城とも関連して松森経由の南北道が主要道の地位を獲得していき、これをベースにやや道筋を変えて近世奥州街道が整備されていった。

3　領国経済の構造

戦国期の後半には、城館に付随した城下町が地域経済の拠点として発展していった。城下町にもさまざまなパターンがあり、一概には言えないが、基本的にはもともと都市があった場所の近辺に城館が築かれ、実質的な城下町として機能するパターンが多かった。城を中心に家臣団の屋敷や町場・寺社が広範囲に広がり、多元的で分散的な構造となっていた点に特徴がある。一方、先述したように、十六世紀後半になると城館との一体性を強めて「宿城」と化する場合も多かった。

東日本の城下町

戦国期東日本を代表する城下町である小田原も、もともとは松原神社の門前町など既存の町をもとにしたものであった。戦国期には門前の「宮前町《みやのまえちょう》」（「宮前上町」「宮前下町」）を始め、「今宿《いまじゅく》」（欄干橋《らんかんばし》町）、「新宿《しんしゅく》」などが史料上にみられるようになる。また、北条氏照邸を始めとした一族・重臣・家臣団の屋敷が周囲に広がっていた。近世以降には「小笠原町」「山角町」「上幸田」「下幸田」などの町名が登場するが、いずれも戦国期に居住していた北条氏家臣の名字を冠したものであり、当時の城下町の構造を推測させるに足るものである。なお、発掘調査の成果によると、北条氏時代の小田原城下町は、正方位を基軸とした方格地割による都市プランとなっていた。そのため、小田原城・城下町は、室町期の守護所の系譜上に位置づけられると評価されている。

小田原には、商職人も多数集住していた。「宮前町」には問屋で商人頭であった賀藤氏が、「今宿」には中国出身の薬種商である陳外郎《ちんういろう》家が居住しており、現在も外郎の店舗が構えられている。「山角町」西隣の板橋には、石切善左衛門や紺屋津田藤兵衛が居住していた。甲州道沿いの近世「須藤町」には職人頭で銀細工師の須藤惣左衛門が、「新宿」には鍛冶・鋳物師の山田次郎左衛門や神事舞大夫の天十郎が、近世の「山角町」には畳刺の弥左衛門が居住していたことが確認できる。さらに、松原神社とその別当の修験寺院玉龍坊を始めとした寺社も数多く存在した。

奥羽の代表的な城下町である伊達氏の米沢では、天正期には「大町」、「柳町」、「南町」(「大学町」)、「四郎兵衛町」(「東町」。後の「肴町」)、「中町」(後の「立町」)、「粡《あら》町」(「新町」。後の「荒町」)という、いわゆる「御譜代町《ごふだいまち》」の前身となった商人町がすでに成立しており、定期市である「日町」が開催され、常設の店屋を持つものも現われていた。また、城を構成する重臣層の屋敷以外にも、「谷地小路」などの侍町も周辺に展開しており、伊達家の祈願寺である定禅寺などの諸寺社も城下町に存在していた。

蘆名氏の向羽黒山城とその城下町も巨大なものであった。城の直下に付随して「三日町」「六日町」「十日町」「上《うわ》町」「高田町」「本郷町」「宗頤《そういん》町」「野伏《のぶせ》町」などが、さらに阿賀川の対岸に「荒町」などが地名として残っている。永禄十一年(一五六八)に記された「巌館銘《がんかんめい》」という史料によると、「実城」「中城」「外構」があり、周囲には町屋が二千余軒あったと記されているが、それをうか

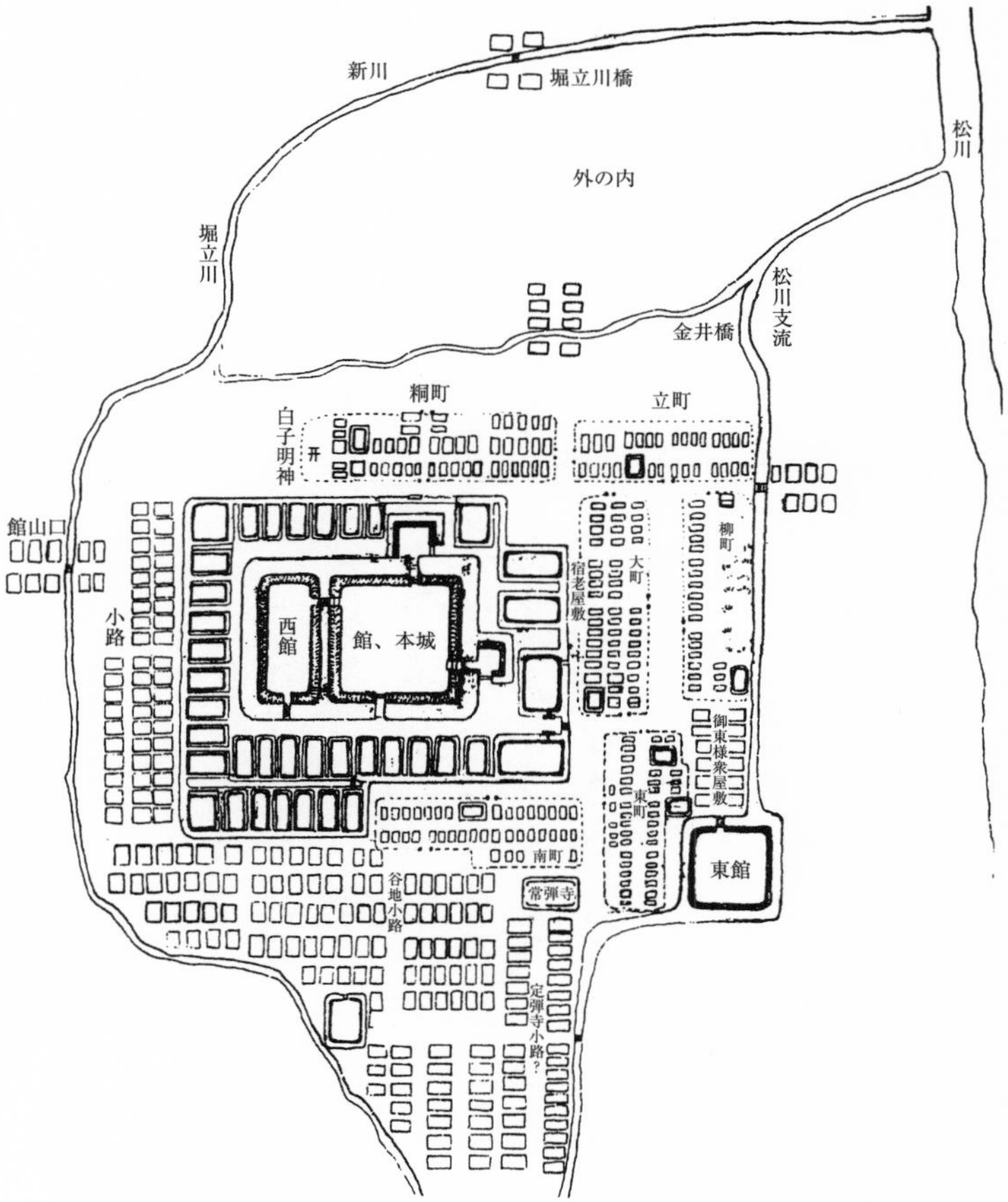

17—天正期の米沢城・城下町推定図（米沢市 1997 より転載）

がわせるのに足るものである。

城下町の支配の実態については、武蔵松山城とその城下町である松山本郷宿・本郷新宿の事例に詳しい。本郷宿に対しては、北条氏や上田氏が借銭・借米返済請求の禁止、諸役免除などを内容とした市に関する掟を発し、保護・統制をしていた。その本郷だけでは手狭になったため、天正十三年には松山城の直下に新宿が設けられた、上記と同様の掟が定められた。

このように述べると、大名側が一方的に宿を支配していたようにみえるが、そうではない。たしかに、本郷新宿には松山城主上田《うえだ》憲定《のりさだ》から代官岡部越中守が派遣されていたが、市の開催中に商人間で紛争が起きた場合、武家奉公人は介入せず、「町人さばき」で解決するとも規定されていた（「武州文書」）。岩崎対馬守・池谷肥前守・大畠備後守ら問屋商人を中心とした、町人衆による自治的な運営が認められていた。大名による保護・統制と町人の自治との関係のなかで、全体として都市支配が行われていたのであった。

伊達氏の米沢城下町では、先述したように近世の御譜代町の原型がすでにできあがっていた。各町は町を統括する検断と町衆から成っていたが、なかでも有名なのが、仙台の大町検断《おおまちけんだん》青山氏の祖先である大町検断矢内和泉であろう。彼は、商業活動を行うとともに、戦時には馬上侍として活躍するなど、伊達氏権力と直結していた。その町衆も「御町鉄炮」という伊達家直属の鉄炮隊として組織されていた。また、大町には質蔵もあったため、金融活動も行っていたようである。

宿・町・市

戦国大名は、既存の宿《しゅく》・町を保護し、領国の交通・流通網の整備を行っていたが、戦国後期、特に天正期になると、各地に新宿が誕生していった。新宿は、伝馬役を負担する市町としての属性を持つ場で、在郷に成立した新宿と、城下に成立した新宿の二類型があった。在郷の新宿は、既存の宿・町の有力者である有徳人《うとくにん》を中心に、地域の民衆が主体となって町立て・開発を大名に要求し、それをうけて大名が上から政策的に組織化して成立した。主として荒地の開発によるもので、周辺の荒地のさらなる開発の拠点にもなっていった。

一方、城下町でも新宿が設置されたが、そのほとんどは大名主導によって建設されたものであった。先述した北条氏の本拠小田原にも新宿は存在していたが、佐竹氏の本拠常陸太田や下野宇都宮など、各地で同様の事態が起きていた。

こうした宿・町では市、特に六斎市《ろくさいいち》が開かれ、移動する商人や周辺の村人たちが集まり、周辺地域経済の拠点となっていた。市以外での商売は、基本的には禁止されており、違反者は処罰されることになっていた。武蔵鉢形領の秩父地方では、近隣の六斎市が開催日をずらすことによって、その地域周辺のどこかで毎日市が開かれている状態を作り出し、秩父盆地経済圏ともいうべきものを形成していたことが知られる。

また、市は時には「楽市」と称されることもあったが、新宿が「楽市」となるケースが多かった。東日本において史料上にはっきりと登場するものとしては、武蔵世田谷（東京都世田谷区）・白子《しらこ》（埼玉県和光市)、相模荻野(神奈川県厚木市)、駿河大宮、遠江小山(静岡県吉田町)が挙げられる。「楽市」は、従来は市場の既得権益を打破し自由な商売を可能にし、近世城下町を生み出す原動力となった画期的な政策とされてきたが、実はそこで示されている諸政策は、一般的な市場法と大差ない。近年は、「楽市」となった時期や地域的特性を踏まえて再考され、恒久的な政策ではなく臨時的なものであること、「楽市」の内容もさまざまであること、個々の地域特有の問題を前提としつつ、大名が「楽市」と強調することで個々の問題の解決を図ったものであったと指摘されている。

このほかにも、やや特殊な宿があった。伊達政宗は、天正十五年(一五八七)三月十三日に「安積《あさか》宿」(福島県郡山市)の普請を開始し、その後数年間たびたび利用している(「伊達天正日記」)。この宿は、単なる宿ではなく、大名が軍事上の必要性に基づいて政策的かつ短期的に設けた宿である可能性が高い。

交通網の整備と伝馬制

各地域は、当然ながら広範囲に広がる他地域との経済活動を日常的に行い、それによって存立していた。そうした地域と地域を結んだのが、街道であった。ここでは、大名が整備に積極的に関わった広域を結ぶ主要道について概観したい。

関東においては、南北交通に関する研究が盛んである。北条氏の小田原からは、領国西部を縦貫する「山の辺の道」が主要道として整備され、それと連動する形で北条氏照の居城滝山城、北条氏邦の居城鉢形城などが設定されたと考えられる。

戦国後期になると、交通の要衝としての江戸の重要性が高まった。江戸は、戦国前期からすでにさまざまな街道の起点となっていたが、なかでも北関東へ向かう主要道として整備されたのが「川越街道」「鎌倉街道上道下野線」および「鎌倉街道中道支線」であった。前者は、江戸から川越、松山、村岡、太田金山を経て足利、佐野、小山へと出る街道、後者は江戸から岩付、関宿を経て小山へと出る街道であった。小田原合戦を前後して、豊臣秀吉は小田原―会津間の街道を大規模に整備したが、それもこうした戦国期における街道整備の達成を前提にしたものであった。

奥羽においては、奥大道《おくだいどう》が中世を通じて南北交通の大動脈としての地位を保っており、沿道には城館が集中した。このほか、伊達領国における主要道が明らかになっている。伊達氏の本拠米沢と旧本拠桑折《こおり》西山（福島県桑折町）・梁川（同伊達市）付近を結んだ「新宿《にいじゅく》通」「湯原《ゆばら》通」を始め、米沢と新たに伊達氏の重要支城となった信夫郡大森城（同福島市）を結ぶ「板屋通」、大森城から会津猪苗代《いなわしろ》へと至る「土湯《つちゆ》通」、米沢と越後・会津を結ぶ街道などが整備され、頻繁に利用されていた。「新宿通」には関所があり、天正十五年正月に伊達政宗は代物（銭貨）・具足《ぐそく》・玉薬・塩硝の通行規制を命じている。領国内の街道上には領主らによって関所が設置され、通行を監視し、役銭を徴収していた。

地域と地域を結んだのは、街道だけではない。当然ながら水運・海運も整備された。関東では、江戸が江戸湾や太平洋海運の拠点となっており、利根川や荒川などの河川交通も盛んに利用された。常総地域でも内海を通じた交流が盛んに行われた。奥羽においては、越前朝倉氏から下国安藤氏へ鉄炮

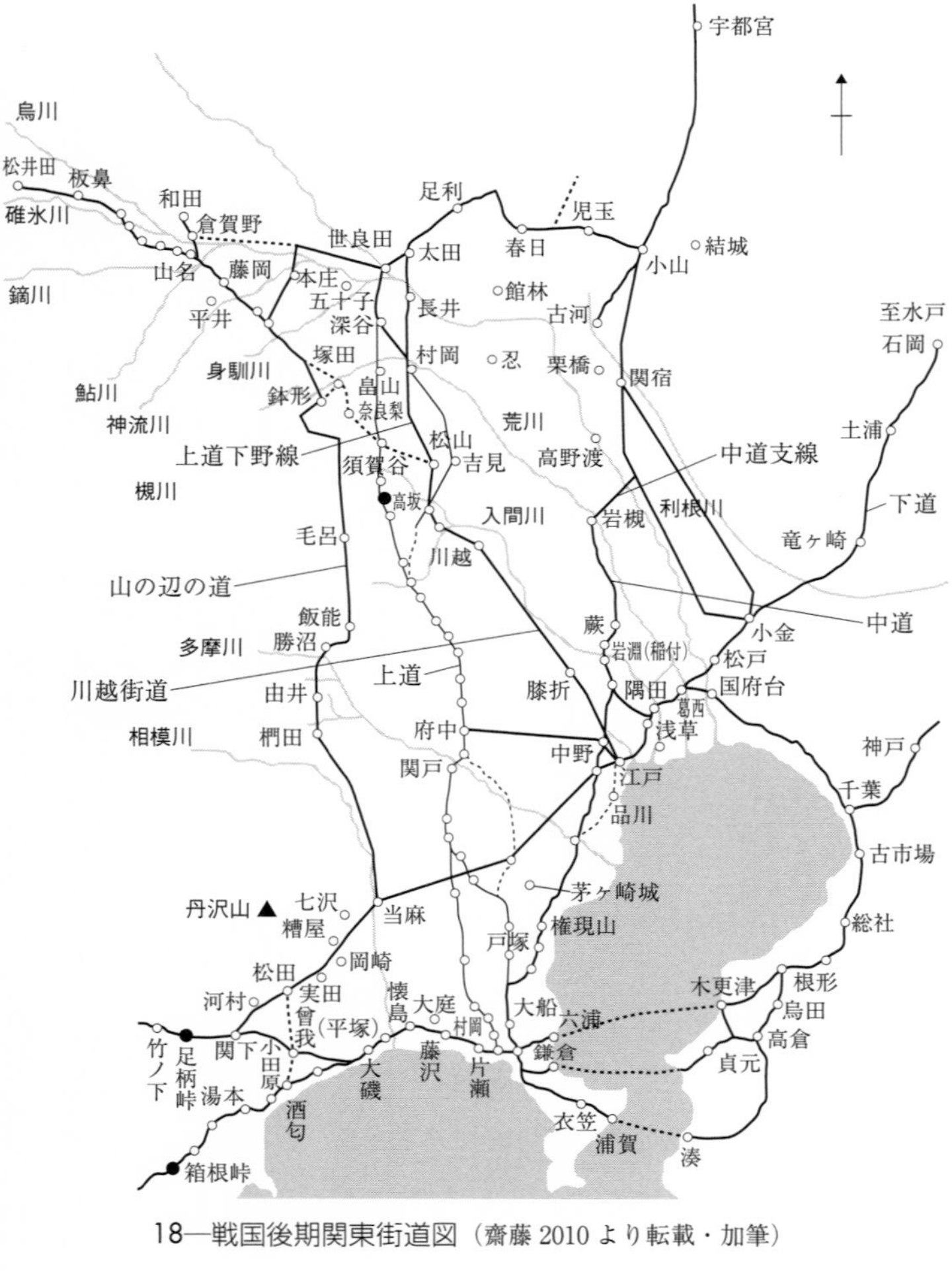

18—戦国後期関東街道図（齋藤 2010 より転載・加筆）

が贈与された事実一つをとっても、日本海海運を通じた京都方面や蝦夷地《えぞち》との交流がなお活発に行われていたことがわかる。太平洋海運を通じた三陸沿岸から南奥・関東との交流、阿武隈《あぶくま》川や北上川、最上川などの大河川を通じた交流は頻繁に行われ、大名から村落レベルまでさまざまな人々が利用し活動していた。

街道の整備とともに、伝馬制《てんませい》も整えられていった。北条氏の伝馬制は、二代氏綱期には始まっており、小田原から領国各地を結ぶ宿宛てのものが多い。その対象となったのは商職人や僧侶、使者で、物資の運搬にもしばしば用いられた。永禄年間（一五五八〜七〇）以降になると、伝馬手形に「常調」印が捺されるようになった。武田氏も、天文期には制度化しており、「伝馬」印を捺していた。天正三（一五七五）・四年には、甲斐・信濃・駿河に対して詳細な伝馬定書を出して、一層の整備を図っていた。北条・武田・今川領国では、伝馬使用料が六町一銭で基本的に統一されていた。奥羽では、伝馬関係史料は少ないが、伊達氏関係の史料にも天正末期になって伝馬手形や過書が登場するようになる。

水運・海運に関しては、北条領国の伊豆・相模において浦伝制が整備された。大名間同盟が成立している時期には、伝馬や船が国境をまたいで通行する制度も整えられていた。

貨幣流通

経済活動に欠かせないもののなかに、貨幣がある。中世日本が中国の貨幣経済圏に含まれていたことは有名であるが、戦国期になると列島各地で独自の貨幣流通秩序が次第に形成されていった。

戦国期の関東では、多種多様な銭貨が流通していた。北条領国では、永楽銭《えいらくせん》などの精銭《せいせん》のほか、「京銭《きょうせん》」「大かけ」「大ひゝき」「打ひらめ」「われ銭」「新銭」「古銭」などと呼ばれる中銭・悪銭も大量に流通しており、北条氏は撰銭《えりぜに》規定により貨幣流通秩序を保とうとしていた。ところが、早々に精銭不足を引き起こし、永禄十一年（一五六八）頃から永楽銭のみが他の銭種よりも高い価値を有する超精銭と設定された。もっとも、現実の収取や商取引では永楽銭のみというわけにはいかず、依然として雑多な銭貨が流通し、金や米などの現物納も増えていった。

同時期、畿内で忌避された永楽銭が伊勢商人らにより関東へ運ばれ、それが広く受け入れられた結果、伊勢から関東にかけては永楽銭基準通貨圏になったとされる。ただ、永楽銭の精銭化は関東一円に広がったわけではなく、佐竹領国などは圏外であった可能性が高い。なお、より畿内に近い東海地方の徳川領国では、やはり永楽銭が高価値を与えられ基準高とされていたが、一方で通用銭であるびた銭が数多く流通していた。

奥羽では、南奥と北奥で貨幣流通のあり方が異なっていたようである。「塔寺《とうでら》八幡宮長帳」によると、永禄十年段階で会津地方では「永楽」が流通・使用されていた様子がうかがわれ、南奥も関東と同様に永楽銭基準通貨圏に入っていたとする説がある。こうしたこともあってか、豊臣政権が奥羽仕置を実施した際に、検地や知行の基準としたのは永楽銭であった。そして、実際に永楽銭が収取されていた。

ところが、この実際に流通していた永楽銭は、実は「永楽通宝」のみを指すのではなく、当時の奥羽の通用銭＝びた銭一般を指すものであったという。その一方で、収取の基本台帳・帳簿上で「永楽銭」と表現されたものは、あくまで計算の基準とするために空位化された精銭としてのそれであった。この二つの「永楽銭」が併存していたのが、奥羽仕置《おううしおき》段階の南奥であったのである。

一方の北奥羽では、十六世紀末の出羽仙北地域において「当郡銭」なる銭が流通していたことが確認できる（「反町色部文書《そりまちいろべ》」）。また、他地域とは異なり、模鋳銭《もちゅうせん》や無文銭《むもんせん》が大量に出土する傾向にあるという。模鋳銭や無文銭は、北奥羽を除く他地域では忌避された、いわば「悪銭」であったが、十六世紀末の北奥羽では、それらの銭貨が大きな違和感なく受容されていたことになる。こうした独自の銭貨流通秩序は、西国との取引上の必要性や関係性によるものではなく、むしろ蝦夷地との交易関係によって形成されていった可能性も指摘されている。

なお、銭貨は時に鉄炮玉に鋳直されることもあった。武田氏は、富士浅間神社に対して鉄炮玉を鋳造するため賽銭《さいせん》のなかから悪銭を供出するよう命じている。山梨県上野原市の長峰砦で出土した鉄炮玉は、銭とほぼ同じ成分であったことが判明しており、実際にそのようにして鉄炮玉が作られていたことをうかがわせる。

銭貨以外の貨幣では、一五七〇年代から徐々により高価値な金の普及が目立つようになる。武田領国において甲州金が製造され、ある程度流通していたことは有名である。金は北条領国や里見領国でも広く流通していたとみられ、商取引や贈答、収取や貸借の場などでしばしば使用されていた。主要な産金地である奥羽でも、贈答品や恩賞などに金が用いられることがあったが、貨幣としての使用実態は不明瞭な部分が多い。

鉱山と産金・製鉄

十六世紀後半は、各地で鉱山の開発・採掘が進んだ時代であった。世界遺産にもなった石見銀山は、その最たるものであるが、東日本でも各地で産金銀や製鉄が行われた。産出量が激増するのは豊臣期以降だが、その端緒は戦国期にあった。

金に関しては、奥羽が昔から日本における主要な産地であり、基本的には砂金採取が主たるものであった。ところが、十六世紀後半になると、甲斐・駿河・信濃の金山が早い段階から開発されるようになり、砂金採取のみならず全国的に発展した採鉱・精錬上の技術を用いて産金を行った。

著名な鉱山としては、甲斐の黒川金山（山梨県甲州市）、湯之奥《ゆのおく》金山（同身延町）、駿河の富士金山（静岡県富士宮市）、安倍《あべ》金山（同静岡市）などが挙げられ、信濃でも南佐久や諏訪などに武田氏時代の採掘を伝える金山が複数存在している。伊豆の土肥《とい》金山（同伊豆市）も、天正五年（一五七七）頃から本格的な採掘がされるようになったという。金山には金山衆《かなやましゅう》がいて、大名による支配を受けながら産金や諸商売に従事した。また、金山衆は金堀衆《かなほりしゅう》として城攻めにしばしば動員されており、武蔵松山城や駿河深沢城攻めなどで金堀衆が城を掘り崩して攻撃している。

奥羽でも、豊臣期以降、産金量は爆発的に増え、仙台藩や盛岡藩なども産金に力を入れていたが、戦国期の産金事情については史料が少なく、詳しいことはわからない部分が多い。しかし、たとえば伊達氏の本拠出羽米沢周辺でも、天正末期の段階で「金ほり」が行われていたことが確認できる（「伊達家文書」）。また、天正十九年（一五九一）八月段階で、浅野長吉家臣の浅野正勝が「葛西金掘るところ多く」百姓が「毎日の営みを続け」ていると述べていることから、奥羽仕置以前の段階ですでに磐井（岩手県一関市ほか）・本吉《もとよし》（宮城県南三陸町ほか）・気仙《けせん》郡（岩手県陸前高田市ほか）などの葛西地域で産金がある程度行われ、百姓の稼業になっていたことがうかがわれる（「伊達家文書」）。その直後の文禄期になると、豊臣政権による金山支配が本格化し、葛西地域の産金に関する史料は激増する。伊達氏は、砂金掘りの免許札である本判を掘子に交付し、本判役金《ほんばんやくきん》を徴収するようになった。

鉄の生産についても史料は決して多くないが、奥羽の状況はある程度垣間見ることができる。天正十六年九月一日、伊具郡金山城主の中島宗求《なかじまむねもと》が、伊達政宗に「鹿」とともに「鉄」を進呈している（「伊達天正日記」）。この「鉄」は、鉄炮とも考えられるが、伊具郡周辺には中世の製鉄遺跡が多く存在しており、鉄を生産ないし入手していた可能性が高い。また、浜通りでは、少なくとも元和年間には亘理郡（宮城県亘理町・山元町）から宇多郡（福島県相馬市・新地町）にかけての海岸線で砂鉄が採取されており、それを利用して仙台藩領の伊具郡丸森の筆甫《ひっぽ》村で製鉄が行われ、年貢として仙台藩に納められていたことが確認できる。そのため、戦国期も同様な製鉄が行われていた可能性が高いといえよう。

中奥や北奥も、近世には全国的に知られる鉄の一大産地となっているが、戦国期にもすでにある程度の生産が始まっていた。現在の宮城県大郷町周辺では、葛西氏の時代に製鉄が行われ、「御山の御役」として「くろがね」が上納されていたという（「残間家文書」）。また、岩手県一関市の大籠地区には、永禄年間に中国地方から伝わった技術で製鉄が行われ始めたという伝承が存在している。奥羽では、産金や製鉄が人々の重要な生業の一つとなっていた様子がうかがわれる。

陶磁器の生産と流通　日常生活をするうえで、食器や調理具・貯蔵具などとして用いる陶磁器類は欠かせないものであった。国産の陶磁器にはさまざまなものがあったが、なかでも全国的に流通したものの代表が、瀬戸美濃製品である。瀬戸美濃製品自体は古くから存在していたが、戦国時代になると、それまでの窖窯《あながま》から発展した大窯《おおがま》が登場したことにより、飛躍的に生産量が増え、伊勢商人などを通じて東日本にも大量に流通していった。瀬戸美濃製品は、天目《てんもく》茶碗・小皿類・擂鉢《すりばち》の三器種が基本であるが、十六世紀後半には茶陶関係の器種も盛んに生産された。

尾張・美濃を領国とする織田信長は、瀬戸物の保護・流通に積極的に関与していた。永禄六年に諸郷商人による瀬戸物の売買を保護する制札を出し、天正二年（一五七四）正月十二日には窯大将の加藤市左衛門尉に対して、「瀬戸焼物釜」は以前のように在所でのみ焼き、他所での窯は一切立てってはならないと命じている（「多治見《たじみ》市所蔵文書」）。

瀬戸美濃の大窯製品は、生産地である窯跡や消費地である城館跡などの発掘調査によって、大窯第一段階（一四八〇～一五三〇年）、第二段階（一五三〇～六〇年）、第三段階（一五六〇～九〇年）、第四段階（一五九〇～一六一〇年）の四時期に大別できる。本書で扱う時期では大窯第三段階が該当するが、当然ながら生産されてから消費されるまでにはタイムラグがあるため、その前段階の製品も流通・消費されていた。また、時期や地域によって流通量に差があり、天正十八年落城の八王子城御主殿では、遺物出土量の七割方は貿易陶磁であることから、貿易陶磁が瀬戸美濃製品の代替品として流通していたことがうかがわれる。

19—八王子城跡出土の瀬戸美濃産陶磁器　①丸皿・②擂鉢・③天目茶碗（八王子市教育委員会提供）

十六世紀末になると、瀬戸美濃の技術が広がり、天正末期に徳川家康の領国遠江で初山《しょざん》窯（静岡県浜松市）・志戸呂《しとろ》窯（同島田市）が、前田利家の領国越中で越中瀬戸窯（富山県立山町）が誕生し、奥羽仕置後には蒲生《がもう》氏郷《うじさと》が会津大塚山窯（福島県会津若松市）の創設に関与した。なかでも初山・志戸呂製品は、東海から南関東にかけて瀬戸美濃製品の補完品として流通したもので、初山製品は大窯第三段階後半、志戸呂製品が大窯第三段階末期から生産が始まったとされ、家康の深い関与が想定されている。実際、家康は天正十六年閏五月十四日、志戸呂に在留する「瀬戸の者等」に対して、分国中の

「焼物商売の役等」を免除しており、志戸呂製品の流通に関与している（「加藤文書」）。初山・志戸呂製品は、八王子城からも一定数出土していることが知られているが、北条氏は徳川氏と同盟関係にあったため、いち早く入手した可能性がある。

常滑焼《とこなめやき》も代表的な陶磁器であり、壺《つぼ》・甕《かめ》・片口鉢《かたくちばち》などが生産され流通した。本書で扱う時期に該当する編年は11型式（十六世紀前半）・12型式（十六世紀後半）である。常滑焼は、関東で多く出土し、東北では少ない。両地方とも10型式までの出土量は多く、11・12型式となるに従って減っていくが、瀬戸美濃製品や貿易陶磁などが代替製品として流通していたことによるものと考えられている。

北条氏関係の史料には、備前焼《びぜんやき》に関するものも残っている。上野《こうずけ》国衆和田《わだ》信業《のぶなり》は、天正十四年に小田原にいた家臣の石原作右衛門に対して「備前物」を持参して帰国するよう伝えている（「石原家文書」）。上方方面から海路小田原に備前焼が入り、さらに領国各地へ広がっていく様子がうかがえる。

軍需物資と戦争経済

戦国期の戦争は、さまざまな軍需物資に支えられていた。なかでも、「腹が減っては戦はできぬ」という諺を出すまでもなく、兵粮《ひょうろう》は戦争の行方を左右する重要な物資であった。だが、戦国期の兵粮は、食糧としての側面だけではない、複雑な様相をみせていた。

大名により年貢・公事として収取された食糧は、蔵に収められて兵粮（実質的には米）として管理されていた。また、大名は主として地域の中核的な都市や市場で兵粮を大量に買い付け、戦場へ補給する体制を整えていた。兵粮は、兵士たちの自弁による場合ももちろんあったが、大名による組織的な管理・補給がなされていたのであった。さらに、兵粮を敵地で略奪することも少なくなく、しばしばその略奪合戦が繰り広げられていた。

兵粮は、もちろん軍勢の食糧（＝モノ）として消費されることが多かったが、実は物資の購入手段・交換手段や利殖手段（＝カネ）として消費されることもまた多かった。たとえば、蔵に収められた兵粮は、そのまま食糧としての消費を待つばかりではなく、戦時でも平時でも物資を調達するための資金として利用された。また、諸方面に売られたり貸し付けられたりして、利子により兵粮そのものを増やす取り組みもしばしば行われた。

こうしたことから、大名は兵粮の管理・統制に力を入れたが、北条氏は領国が危機的状況になると、領国内のすべての食糧を兵粮と同一視するようになっていった。秀吉襲来の直前、北条氏は在地の人々が当面必要な分の食糧以外をすべて兵粮とし、地域の拠点城館に運ぶよう命じていた。「兵粮」と称することにより、その行為を正統なものとしてアピールしたのである。こうした事態は、北条氏が同じく領国の危機に際して、「御国のため」といって非戦闘員である民衆を領国防衛に動員しようとしたことと、共通したものといえよう。

兵粮とともに重要な軍需物資として挙げられるのが、竹木《ちくぼく》である。竹木は、城館・陣所の建物や塀・柵、各種武器・武具などの材料として必需品であり、渡河の際に使われる船橋の材料としても必要不可欠であった。そのため、大名は領内の竹木を保護し、また育成を奨励した。北条氏は、領国各地に直轄の「立山」「立野」や「公方藪《くぼうやぶ》」を設定し、植林も行いつつ竹木の育成を図ると同時に、各地の郷村の「藪主」にも竹木の育成と納入を命じていた。また、寺社が所有する竹木については、寺社の荘厳を保つために積極的に保護していたが、緊急時には徴発を命じることもあった。

戦争の時代であった戦国時代は、経済も戦争と密接に関わって展開していたのである。

四　十六世紀後半の東日本社会

1　過酷な戦国社会

頻発する自然災害・飢饉　自然災害は、戦国社会にも当然ながら襲いかかっており、人々はたびたびその被害を受けていた。そのため、大名はもちろん村町もその対応に常に苦慮していた。

下総古河城《しもうさこがじょう》の周辺は、渡良瀬川《わたらせがわ》の洪水にしばしば悩まされていたが、天正十一年(一五八三)には過去二十年にはなかったほどの大洪水に襲われた。洪水は、古河城内には達しなかったものの、城下はもちろん近辺の関宿《せきやど》・幸嶋《さしま》などの堤をことごとく押し切ってしまい、近隣の郷村に甚大な被害が出て、通路も断絶する有り様であった。そのため、古河公方足利《くぼうあしかが》家の当主となっていた氏姫《うじひめ》が近隣の栗橋城に避難したり、北条氏直《うじなお》と徳川家康の娘の祝言が延期になったりするなどの影響も与えた。徳川家康の家臣松平家忠が執筆した「家忠日記《いえただにっき》」に登場する三河の広田川も、しばしば洪水を起こしており、松平家忠は毎年のように堤を修築している。

火山の噴火もあった。武田氏が滅亡した天正十年の二月十四日に、浅間山《あさまやま》が噴火したことは有名である。浅間山の噴火は、当時東国で異変が起きる前兆とみられていたといい、武田氏を攻める信長は大吉事として大いに喜んだという。まさに、武田氏の滅亡を予感させるものに足る出来事であった。ただ、この時の噴火が、人々の生活や生産に甚大な影響を与えたのかどうかは定かではない。

大規模な地震は、時に政治史の展開に大きな影響を与えた。秀吉と家康の関係が悪化した天正十三年十一月には、天正大地震が起き、特に秀吉の領国に甚大な被害が出て、伊勢長島城（三重県桑名《くわな》市）では火災が発生し天守が消失している。この直後、秀吉は徳川領国への出兵を中止するが、その一因となった可能性が指摘されている。天正十七年にも駿河で大きな地震があり、長久保《ながくぼ》城（静岡県長泉《ながいずみ》町）や興国寺城の塀や二階門が破損している。

こうしたうち続く自然災害や戦争などの影響により、戦国社会はたびたび大規模な飢饉《ききん》に見舞われた。天正六年頃から八年の房総《ぼうそう》の状況を、安房《あわ》妙本寺（千葉県鋸南《きょなん》町）の日我《にちが》は「二三年もってのほか飢饉致し、上下万人詰まり候て過半飢え死」と述べている（椙山林継《すぎやましげつぐ》氏所蔵文書）。ちょうど里見氏天正の内乱が起きていたころであり、戦争と飢饉の関係が垣間見える。会津の心清水八幡《こころしみずはちまん》神社（福島県会津坂下《あいづばんげ》町）に残された「塔寺八幡宮長帳」によると、永禄十年（一五六七）に大飢饉があり、飢え死にしたものが多数に上っていた。同十三年（元亀元、一五七〇）には稲作に虫害が発生し、大風による被害もあった。元亀四年には干ばつがあり、蘆名《あしな》氏により徳政が実施されている。

陸奥屈指の曹洞宗《そうとうしゅう》寺院として有名な奥の正法寺《しょうぼうじ》（岩手県奥州市）に伝わる「正法年譜住山記」にも、災害関係記事が所々にみられる。永禄四年には稗貫《ひえぬき》郡（同花巻市）で疫病が流行、同七年は「大富貴」だったが、同八年は長雨と霜により十一月から飢饉が発生し、人民牛馬が際限なく餓死した。翌九年も飢饉となったが、同十年は再び「夏ヨリ富貴」となり、同十二年も「天下富貴」であった。天正十五年は、四月から六月まで大雨が降ったため作物が熟さなかったが、九月になって実がなり、翌十六年の四月五月は低温であったが、秋には潤ったという。この記録によれば、必ずしも飢饉ばかりであったわけではなく、豊作と飢饉が繰り返されていたことがわかる。

戦国大名の諸政策や戦争、村町の諸活動も、こうした自然災害や飢饉との関係から捉え直されつつある。繰り返された上杉謙信の越山も、食えない領国民を食わせるために行われた側面があり、戦争と飢饉の悪循環が発生していた。一方で、徳政の実施や税の減免、荒地の開発、大規模な築堤事業など、大名・村町ともにさまざまな対策を施し、過酷な社会を生き抜いていった。

止まぬ村落間相論

戦国期に限ったことではないが、地域社会ではさまざまな紛争が日常的に多発していた。紛争の原因もさまざまだが、権利・権益の奪い合いはもちろん、先ほど述べた社会一般の戦争・飢饉状況も大きく影響していたと考えられている。

天正十二年（一五八四）には、出羽庄内《でわしょうない》の北目村と下塔《しもと》村・下野沢村（山形県遊佐町）との間で山境相論が起きている（「菅原文書」）。北目側は庄内の大名大宝寺義興《だいほうじよしおき》に訴状を提出し、下塔・下野沢側からも陳状が提出された。これにより、双方から地元の事情に詳しい「古人」が出て証言し、「正理憲法の筋を糺し」て審理が行われ、義興は「北目長中」に対して北目山を山境にすることを命じた。郷村の「長」＝おとな百姓が主体となって訴訟を行っていた様子がうかがわれる。

北目村は、野沢村とも平地で境界争いをしていたようで、義興により北目川が境とされた。ところが、その二年後に野沢村は、大宝寺家中の有力者である東禅寺《とうぜんじ》氏永《うじなが》と組んで反故《ほご》にしたようで、義興は以前の戦乱の際に北目村が味方してくれたことを踏まえて、再度北目川を境にすると伝えている。村同士の争いが、大宝寺氏という権力を二分する争いに発展していっている様子がうかがわれる。

「家忠日記」にも、村落間相論がみられる。天正六年二月、松平家忠領内の永良村（愛知県西尾市）の村人が、南隣の家武村（同）にある「御領所」＝徳川氏直轄領の「ゑたけ山」に侵入してしまう事件が起きた。これを問題視した家武村側は、永良村に下手人の差し出しを要求するとともに、早速徳川氏へ訴えた。その後、徳川氏により理非糾明が行われ、その裁決により事なきを得ている。天正八年三月にも、家忠と鵜殿《うどの》八郎三郎の所領の間に位置する足子山（同蒲郡市・幸田町）をめぐって相論が起き、四月五日にやはり徳川氏の法廷に持ち込まれた。その結果、以前と同じように「峰切り」とすることで合意している。

このような村落間相論は、領主同士の対立へと発展しやすく、相手が他の大名領国である場合は、さらに大名間戦争へと発展していく可能性すらあった。そのため、こうした紛争をいかに未然に防ぎ、解決し、安定した秩序を形成していくのかが、大名・国衆らに求められた重要な使命であった。

都市・寺社での紛争

商人同士による都市での典型的な紛争として、天正十四年（一五八六）に起きた相模当麻宿（神奈川県相模原市）での相論が挙げられる。当麻《たいま》下之宿《しものしゆく》の有徳人《うとくにん》である関山氏と上之宿の落合氏が、問屋営業権をめぐって激しく対立し、北条氏のもとへ訴訟を起こしたのである。

原告は関山氏の方で、紆余曲折《うよきよくせつ》がありながらも代々商人問屋を務めてきたが、天正十四年三月から落合氏が勝手に商人問屋を始めてしまい、一か月のうち十五日分の権利を奪われたと主張した。一方の落合氏は、上之宿が衰退して伝馬役《てんまやく》が務められないため、話し合いにより権利を譲り受けたと主張し、平行線をたどった。結果的には関山氏の勝訴となったが、宿は流通にともなう富が集積する場であるとともに、伝馬役の負担も大きかったため、その恩恵や負担をめぐる争いが絶えず起きていたのである。

寺社においても、内部でさまざまな対立があった。一例として、安房妙本寺を中心とした日蓮宗の動きをみてみよう。先述したように、西国へ下向し門流秩序の再建を行った日我は、永禄七年（一五六四）中頃に妙本寺に戻ったが、翌八年に小泉久遠寺《こいずみくおんじ》（静岡県富士宮市）代官日義《にちぎ》が北山本門寺（同）の住職となるという事件に直面した。この事件は、門流秩序を再度動揺させかねない重大なものであり、早速日我は日向の門徒中に起請文《きしょうもん》を提出させて対応している。

その問題が未解決のなかの永禄十年、六十歳になった日我は、日侃《にちかん》に住職を譲り隠居の身となった。だが、これに不満を持つ層が多く存在したようで、西国と駿河・房総の門徒・旦那による地域的な対立も相まって、日侃の地位は不安定なものであった。そのため、日侃は、永禄十三年に隠居を表明したり、地元の金谷城（千葉県鋸南町）主正木時盛からの指南《しなん》を得たりすることで、こうした事態を乗り切ろうとしていたようである。

日我と対立した日義が住職となった北山本門寺は、寺号「本門寺」をめぐって西山本門寺（静岡県富士宮市）と対立していた。そのような関係が続くなか、天正九年三月に西山本門寺の訴えを受けた武田氏が、北山本門寺の寺宝を略奪し没収するという事件が起きている。その背景には、商人としての属性を持つ旦那《だんな》間の対立もあった。直後に武田氏が滅亡したため、問題の処理は徳川氏により行われ、最終的には天正十一年末までに北山本門寺への返還を命じることで決着した。このように、寺院内部・寺院間の対立に地域の商人や大名権力も介入し、地域社会に大きな影響を与えることがあったのである。

大名間戦争による地域の被害

戦争による被害をもっとも日常的に受けていたのは、大名領国境目《さかいめ》地域であった。地域を襲ったのは、敵の軍勢による略奪行為や破壊活動の類であり、時には味方であるはずの軍勢からも同様の被害を受けることもあった。

略奪行為や破壊活動の類は、史料上では「濫妨狼藉《らんぼうろうぜき》」と一言で表わされることが多く、「忍び」「夜盗」「朝駆け」「乗り込み」「小様《こよう》の行《てだて》」などと表現されることもあった。主として軍事情報の遮断・獲得、物資・兵粮の確保を目的に行われるものであったが、物の略奪だけでなく人の略奪も日常的に行われ、戦時性暴力も含まれていたと思われる。大名も、自軍の兵士を完全にコントロールすることは不可能であり、兵士による自己目的化した略奪行為・破壊活動の類は後を絶たなかった。このほか、

「草《くさ》」「草調儀《くさちょうぎ》」と呼ばれるゲリラ戦法もあったが、これも略奪行為・破壊活動の類を含めたものであった。

田畠を荒らす行為も、軍勢の常套手段《じょうとうしゅだん》であった。敵方の耕作を不能にしたり、刈り取った作物を自軍の兵粮《ひょうろう》に転用したりしたのである。天正四年（一五七六）五月に越山した謙信は、赤石（群馬県前橋市）・新田《にった》（同太田市）・足利（栃木県足利市）で「誠に綺麗に田畠共に七尺」も掘り返し、渡良瀬川から新田・足利への用水を切り落とし、桐生《きりゅう》の田畠も掘り返すなど、各所を「亡郷《ぼうごう》」にする挙に出ている（「田中文書」）。天正九年に北条氏政が駿河深沢城を攻めた際には、「彼の表の作毛、相州一国の鍬持ちを集め、悉く残る所なく穿鑿」している（「思文閣古書資料目録」）。このような行為は、地域を問わず頻繁に行われており、飢饉の原因の一つとなるなど、地域社会に甚大な被害をもたらした。

こうした被害を受けた村々は、耕作を放棄して村ごと逃散《ちょうさん》することもあり、困窮した村人たちの欠《かけ》落《おち》も相次いだ。北条氏と武田氏の境目となっていた駿河の泉郷（静岡県清水町）では、百姓窪田十郎左衛門の関係者が相次いで欠落している。具体的には、永禄十年（一五六七）には伊豆弥《み》勒寺《ろくじ》（同伊豆の国市）に女梅とその子が、同十二年九月には伊豆狩野内立野（同伊豆市）に善三郎父子三人が、元亀元年（一五七〇）六月には武蔵府中（東京都府中市）に丹《たん》という者が、同年八月には同じく弥勒寺に女乙が、それぞれ欠落したのである。そこで北条氏は、元亀二年四月に泉郷の給人である庄康正《しょうのやすまさ》に人返状を発給して対応にあたっている。泉郷周辺地域では、この後も欠落が相次いでおり、過酷な境目地域の様子を物語っている。

境目から遠く離れた地域も、こうした厳しい状況と無関係ではいられなかった。境目地域を維持するには、境目現地で人員や物資を確保することでは足りず、離れた位置にある領国内部の村から人員や物資を送ることも多かった。直接的な戦禍を被っていたわけではないが、こうして領国内の村も結局は収奪の対象とされ、疲弊していったのである。

禁制・制札

村町や寺社は、ただただ戦争の被害を受けていただけではない。被害から逃れようと主体的にさまざまな活動をしていた。そのことを端的に示す史料が、禁制《きんぜい》である。禁制とは、制札や加倍《かばい》などとも呼ばれ、ある特定の行為を禁止する禁令・法規を定めたものだが、戦国期においては主として軍事行動にともなって大名・国衆などから交付されるものである。宛先の大半は村町・寺社だが、領主宛ての場合もある。内容としては、乱暴狼藉や竹木伐採、放火、陣取、兵粮徴収などを禁止するものが多く、末尾には違反者がいた場合は速やかに処罰する旨が記されている。禁制自体は、中世を通じて存在するが、戦国期になってから激増するものである。

禁制は、かつては大名・国衆による治安維持政策の一環として捉えられがちであった。しかし、実際には戦争による被害を未然に防ぐため、交付される側の村町・寺社側が主体的に大名・国衆に申請し、決して安くはない礼銭《れいせん》・礼物《れいもつ》を出して獲得するものであったことが明らかにされている。

禁制の獲得は、戦争被害の防止とともに、進軍する大名・国衆に対して味方化することを表明する

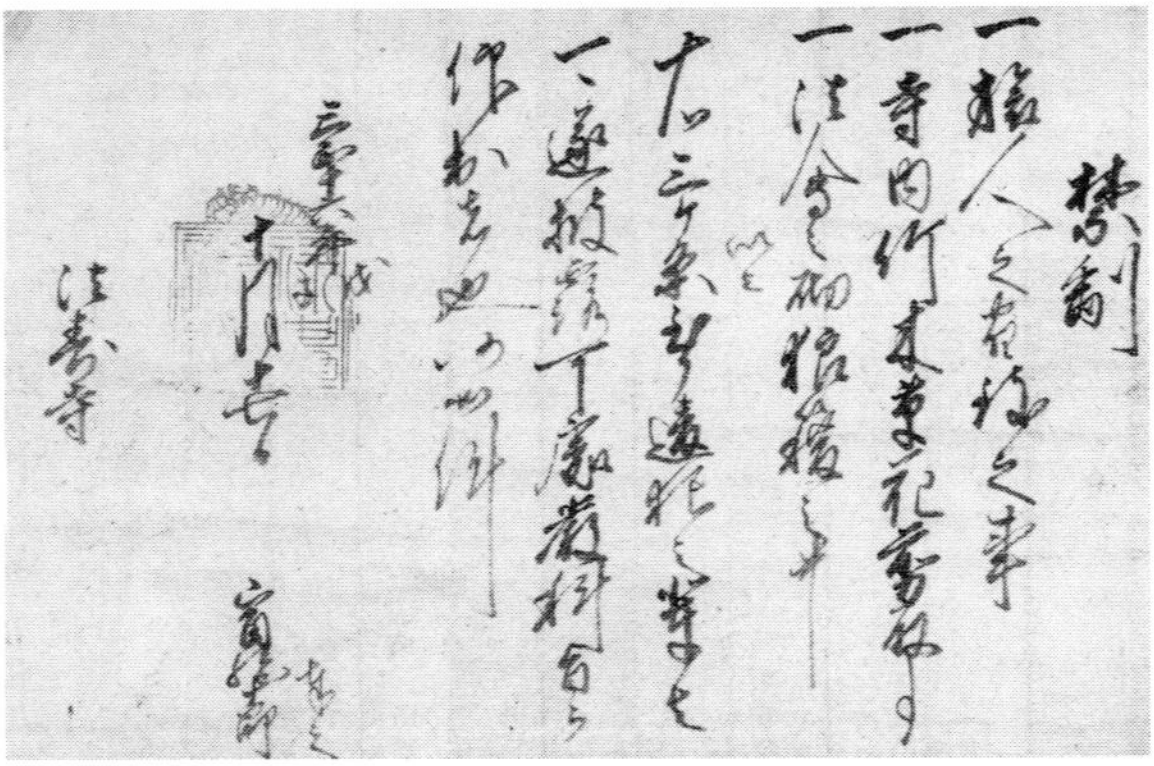

20—北条氏の禁制（大阪城天守閣所蔵、小田原市教育委員会提供「法寿寺文書」）

意味も持っていた。たとえ味方になっても、兵粮・陣夫などの負担はのしかかってくるが、敵対認定され略奪にさらされるよりはよかったものと思われる。ただし、味方化したとしても、それだけで安心することはできなかった。たとえ禁制を獲得できたとしても、それが実際に効力を持つかどうかは、村町・寺社側の自前の武力にかかっていたのである。禁制の違反者を実際に撃退したり捕縛・連行したりするのは、村町・寺社側の仕事であった。これは、裏を返せば、禁制を獲得し味方化することで、彼らの武力行使が正当化されたことになるのである。

ところで、戦国期の東日本においては、関東・甲信越・東海地方では禁制が多くみられるが、奥羽ではほとんどみられないのも特徴的である。奥羽では、奥羽《おうう》仕《し》置《おき》の際に豊臣政権によって大量に発給された形跡があるくらいで、史料の絶対数の少なさだけでは説明がつかないであろう。そもそも、奥羽にはそのような文化がなかったのか、あるいは禁制の申請・発給のプロセスから考えるに村町・寺社の自立性が関東などと比較して相対的に弱かったのか、詳細は不明だが、追求していく余地はある。
なお、禁制は、紙の文書での発給だけでなく、木札・板で発給される場合もあった。木札・板の場合は、制札と呼ばれることが多く、戦争関連以外にも楽市令などの都市法の公布にも用いられていた。こうした木札・板の制札は、近畿地方では室町幕府の様式に則り縦長に作成されていたが、東海地方や関東地方など東日本では横長に作成されていたことも明らかになっている。この横長の制札が、江戸時代の高札に繋がっていくのだという。

半手・半納・半済

禁制の獲得とともに、境目の村町がとった代表的な方策が、いわゆる「半手《はんて》」と呼ばれるものである。

半手とは、敵対する双方の大名に年貢・公事を折半して納めて両属する村町（寺社もなる場合がある）のことであり、「半済《はんぜい》」「半納《はんのう》」とも呼ばれる。これにより、双方の大名からの収奪や攻撃の危険性を回避するとともに、双方から軍事的にも中立するのである。「半手」の村は、奥羽の史料には登場しないが、内房《うちぼう》地域や西上野《にしこうずけ》、相模津久井領、常陸牛久《ひたちうしく》周辺、越中など各地で確認できる。

村町が「半手」となるかどうかは、双方の大名の承認が必要で、彼らの戦略上の思惑も当然あったが、本質的には村町の主体的な行動により成立するものであった。天正九年（一五八一）三月、北条領国の下野小山《おやま》領の中里郷（栃木県小山市）は、敵対する結城領国との境目に位置していた。そのため、中里郷は、小山領を支配していた北条氏照に対して年貢・公事の「半手」を「侘言《わびごと》」し、正式に認め

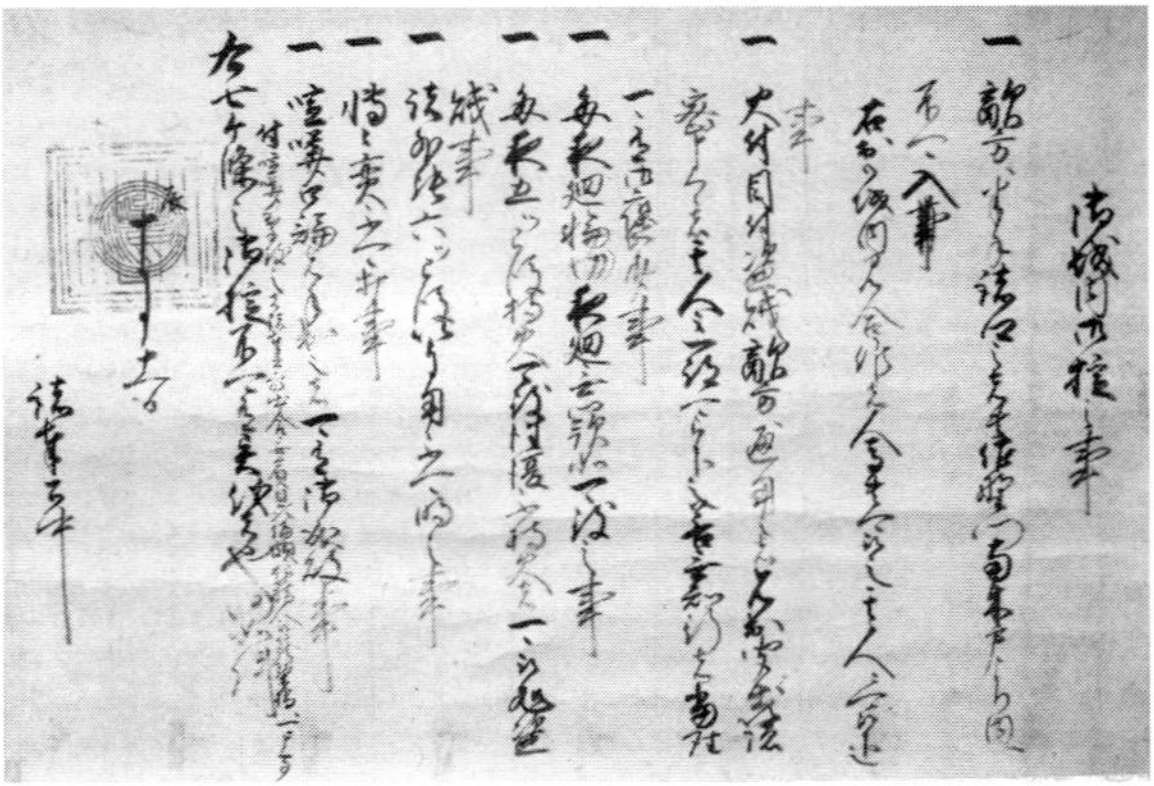

21―下総古河城の「城掟」（成田山霊光館所蔵「喜連川文書」）
2行目に「半手」が見える。

られた（「小山市文書館所蔵橋本家文書」）。おそらく、結城《ゆうき》氏にも申請して認められたものと思われる。

くわえて、「半手」となる村町は、交通の要衝や流通の結節点に位置する場合が多い。それはつまり、そうした村町が物資の集積地だったことを意味する。そのため、「半手」となることによって、自分の村町を守るだけでなく、物資を必要とする周辺地域社会全体の成り立ちを担う役割を果たしていたのではないかとも考えられている。

「半手」は、境目地域における「平和」領域である一方で、両属であるがゆえの危険性や不安定さもあった。天正十年、北条氏政は、武田氏の動向を西上州の「半手の郷」を通じて収集するよう氏邦に命じているが（「武州文書」）、これも「半手」が敵方と交流しているからこそ、敵方の情報を仕入れるルートになっていたことを示す。そのため、「半手」は、敵でも味方でもないものとみなされた。下総古河城の「城掟《しろおきて》」には、「敵方へ半手諸郷の者共」は「佐野門南木戸」より内側へ入れないことになっていた（「成田山霊光館所蔵喜連川《きつれがわ》文書」）。明らかに、領国内のほかの村町と差別される村だったのである。

ところで、境目に位置するすべての村町が「半手」になれたのかというと、そうではないらしい。西日本では、敵対する双方の大名に、年貢・公事を二重に支払う「二重成《ふたえなし》」も実際に行われていた。「二重成」は、東日本の史料にはほとんど登場しないものの、常にその危険性と隣り合わせの村町も多かったものと思われる。

2　ひとびとの交流

東国への旅、西国への旅

戦国期は、列島各地に大名領国が形成され、領国の境目が厳重に管理されていく一方で、人々は大名領国を越えて広範囲を移動して活動していた。まずは、当時の旅の様子をみてみよう。

備前の大村家盛という武士は、天文二十二年（一五五三）に相模鎌倉の妙本寺（神奈川県鎌倉市）、武蔵の池上本門寺（東京都大田区）、甲斐《かい》の身延山《みのぶさん》（山梨県身延町）への参詣のため、旅に出た（「参詣道中日記」）。同年三月八日に京都に着き、十四日に京都を発って十七日には美濃井ノ口（岐阜県岐阜市）に着いている。そこで家盛は、斎藤道三の威勢の良さに触れつつ、その居城稲葉山城を見て「城一段見事」と感想を述べている。さらに尾張《おわり》、三河《みかわ》、遠江《とおとうみ》、駿河《するが》と下り、二十九日に伊豆《いず》三島に到着、箱根ではなく北条（韮山《にらやま》）経由で伊豆半島を横断して三十日に伊東（静岡県伊東市）に出ている。その間の道はことのほか深山だったが、石道であったという。道がある程度整備されている様子がうかがわれよう。四月一日に小田原に到着し、三日についに目的地の一つである鎌倉比企谷《ひきがやつ》妙本寺に到着した。六日にはもう一つの目的地である池上本門寺を参拝し、九日に池上を出発して箱根経由で沼津・吉原へ出て、十五日に最後の目的地である身延山久遠寺に参拝している。

このように、大村家盛は道中で名所旧跡の見物を楽しみながら、大きな障害に当たることもなく、スムーズに旅をしていることがわかる。また、各地の宿泊地には宿屋や宿坊があり、宿主の名前が記されている。これらの宿主がすべて家盛の知人であるとは到底思えない。家盛のような旅人が金銭を支払いさえすれば利用できるシステムができあがっていたようである。実際、醍醐寺《だいごじ》のある僧侶が京都から奥羽へ下った際に記した記録である「永禄六年北国下り遣足帳《けんそくちょう》」にも、ほぼ一定した宿賃や駄賃・船賃が記されている。

同じく醍醐寺僧の堯雅《ぎょうが》は、永禄年間（一五五八〜七〇）にたびたび関東・奥羽へ下向しているが、元亀元年（一五七〇）と天正四年にも奥羽まで下向している（「堯雅僧正関東御下向四度之記」）。元亀元年六月に醍醐寺を発った堯雅は、信濃・下野を経て翌元亀二年四月二十日に会津田島の薬王寺（福島県会津田島町）で印可《いんか》（師僧が弟子に与える許可）、二十九日に田村大元帥明王《たむらだいげんみょうおう》（同三春町）別当で印可、五月九日と二十四日に相馬領歓喜寺（同相馬市）で印可し、松島（宮城県松島町）を見物して六月二十日に岩城《いわき》八茎《やぐき》薬王寺（福島県いわき市）隠居に印可し、常陸を経て元亀四年十月に宇都宮に滞在した。天正四年も六月に醍醐寺を出発し、翌天正五年三月六日に岩城八茎寺を訪れ、八月に下総流山《しもうさながれやま》（千葉県流山市）へ向かっている。激烈な戦争が各地で勃発しているなか、寺僧たちの旅は比較的スムーズに行われていたのであった。

日蓮宗富士門流の本山で、戦国大名里見氏とも深い関係にあった安房妙本寺の住持日我は、永禄四年からの四年間、西国へ下向している。末寺である駿河小泉久遠寺、和泉堺の本伝寺（大阪府堺市）、そして日我の出身地である日向《ひゅうが》を訪れ、定善寺《じょうぜんじ》（宮崎県日向市）と本永寺（同宮崎市）の紛争を調停するなど、広範囲を移動して門流秩序の回復・維持に尽力していた。

人々が旅をする際には、村はずれにある村堂や神社が、気兼ねなく寝泊まりできる場として利用された。新潟県阿賀町の護徳寺観音堂や平等寺薬師堂の柱・梁《はり》・嵌板には、各地からやってきた人々による数多くの永禄〜文禄期の落書きが残されている。その出身地は、中条・加治《かじ》・安田・菅名《すがな》・新潟などの越後国内にとどまらず、近隣の会津黒川、さらには上野・常陸・下総などの遠方のものもいたことがわかる。旅人や牢人《ろうにん》が多いが、その目的もさまざまで、「当口一見」のために訪れたものや、会津から出羽へ出稼《でかせ》ぎに行っていたものなどもいた。

使者・飛脚の往来

戦国時代に限ったことではないが、正確な情報をいち早く得ることは、大名たちにとっても非常に重要なことであった。その際に各地を走り回って活躍したのが、使者や飛脚であった。使者や飛脚《ひきゃく》は、時に敵によって殺害・捕縛《ほばく》され、携えていた文書を奪われてしまうことがしばしばあり、危険な役目でもあった。

使者は、情報を記した文書を届けるだけでなく、さらに口頭で詳細を伝える役割を果たした。また、時には重要な案件について相手方と交渉する役割が課されることもあった。そのため、使者には弁舌巧みで相手にとって顔なじみの者が人選され、担当方面もある程度定められたようで、同一人物が繰り返し派遣されることが多かった。

たとえば、出羽の最上義光《もがみよしあき》によって使者として派遣された家臣として、貴志《きし》壱岐守・寺崎民部少輔《みんぶしょうゆ》（庄内・由利《ゆり》の諸氏）、伊良子《いらこ》大和守（小野寺氏）、石垣河内守・加藤源右衛門尉（伊達氏）、新関藤左衛門尉（大崎氏家中石川氏）、寒河江外記（豊臣政権）などが挙げられる。このうち、貴志壱岐守・寺崎民部少輔・伊良子大和守は、同じ相手・方面へ繰り返し派遣されていることが確認できる。やはり、担当方面がある程度定まっており、顔なじみのものが派遣されていたことがうかがわれる。

家臣だけでなく、僧侶・修験者もしばしば使僧として派遣された。僧侶は読み書き能力や弁舌に長けた者が多く、宗教者としての「無縁性」もあって、使者としてはうってつけであった。越相同盟交渉の際に活躍した北条氏側の使者である天用院は、代表的な使僧だろう。初めて対面した上杉方の史料によると、彼は石巻康敬の弟で当時五十歳ほどであり、「いかにも仁なる御出家」で「上戸《じょうご》」であると評している（「本間美術館所蔵文書」）。初対面ながら相手にこのように評され、なおかつ酒に強い人物だったからこそ、使者として人選されたのだろう。

諸国を行き来していた商人や芸能者も、しばしば使者としての役割を果たした。京都の商人坂東屋《ばんどうや》道有《どうゆう》は、以前から奥羽方面、なかでも伊達氏のもとへしばしば来訪し、商売を行っていたが、秀吉の時代には伊達政宗への使者としても派遣され、政権への従属・上洛をめぐる交渉に重要な役割を果たした。道有は、政宗主催の茶の湯にも招待され、そうした場でも交渉が行われていたものと思われる。また、天用院とともに派遣された勝田八右衛門は猿楽師《さるがくし》であった。

このように外交に直接携わるような高いレベルの使者とは別に、情報をいち早く伝えるための飛脚・脚力が各地を駆け巡っていた。特にスピードが要求される場合は「早飛脚」とも表現された。飛脚を務める人物は、下級家臣や僧侶、夫役によって動員された民衆が主たるものであった。

渡り歩く武士たち

戦国時代は、俗に「渡り奉公人の花時」といわれる。武士たちの流動性は非常に高く、お互い切磋琢磨してたくましく生きていた。彼らの多くは、残念ながら当時の史料上にはほとんど登場しないものの、自らの戦歴を晩年に記した「戦功覚書」と呼ばれる史料が数多く残されており、そこから知られざる彼らの活躍ぶりをうかがい知ることができる。

上野里見郷（群馬県高崎市）の土豪層出身と思われる里見吉政は、その典型例である。吉政は、最初

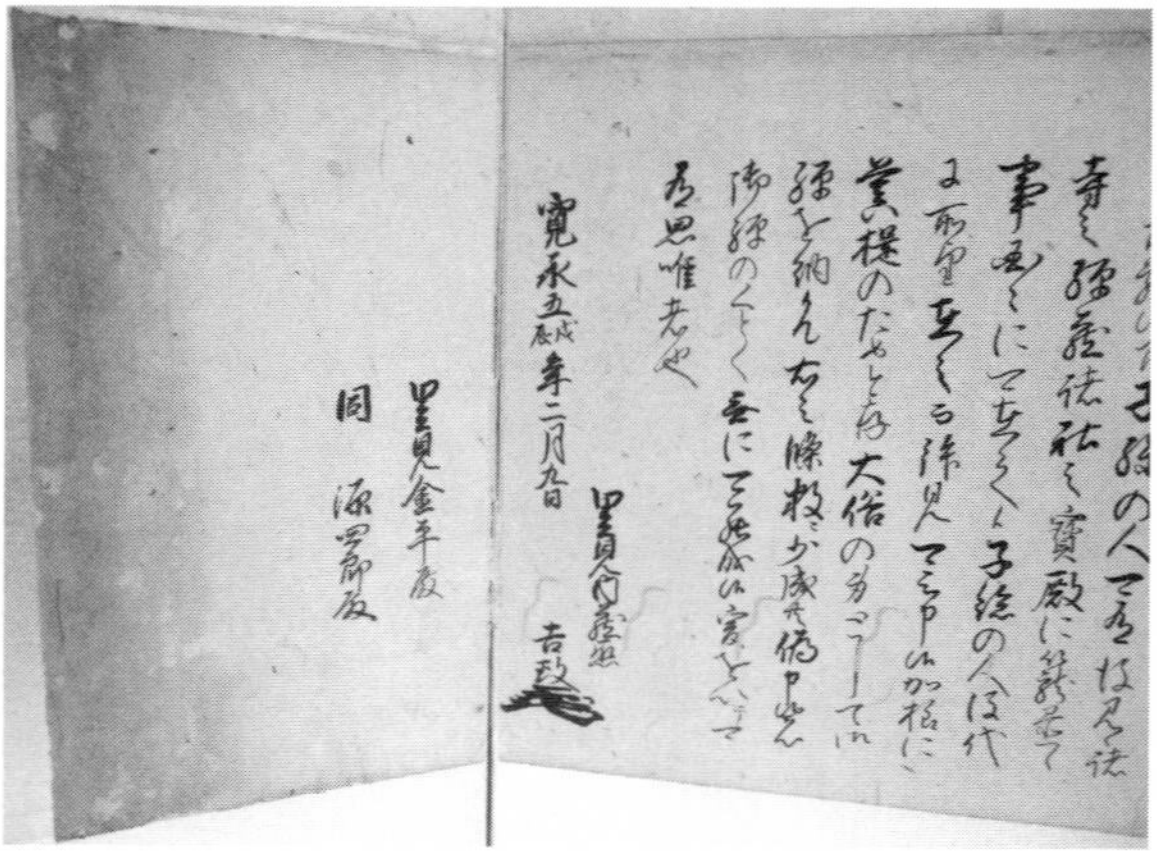

22—里見吉政戦功覚書（館山市立博物館所蔵）

は国衆長野氏の被官だったと思われるが、天正五年（一五七七）までに北条氏照に仕えており、その後は北条氏邦、滝川一益、上野国衆安中氏を経て、一時期上方に牢人して秀吉の九州攻めに従軍したようである。天正十八年の小田原合戦の時には浅野長吉軍に加わり再び関東に下るが、家康関東入国後は井伊直政に仕え、そのまま井伊氏家臣として九戸《くのへ》御陣《ごじん》や関ヶ原の戦いを経て彦根へ移り、最終的には千石の知行高を有する藩政初期の重臣として活躍した。吉政は、自らの人生を「修業」と表現しているが、まさに己の実力でもって諸家を渡り歩き、時には失態を犯し、時には大活躍するなど、戦国時代を一生懸命生き抜いていたのである。

もう一人、北陸や奥羽で活躍した栗山宗左衛門という武士も紹介しよう。彼は、初め越中木船城（富山県高岡市）主石黒左近に仕え、天正七年から織田方として上杉氏との戦いに参加していた。その後、石黒左近のもとを離れて佐々《さつさ》成政《なりまさ》に召し抱えられ、天正十二年の能登末森城（石川県宝達志水町）

攻めなどで活躍した。翌年八月に成政が秀吉に降ると、新発田《しばた》重家《しげいえ》、蘆名義広、伊達政宗と主君を変え、天正十八年の奥羽仕置を経て木村吉清に仕えた。その後の足取りは不明であるが、元和年間（一六一五～二四）頃に彦根藩井伊家に仕官しようとしていたことがわかっている。天正年間のうちに六回も主人を変えている宗左衛門も、まさに渡り歩く武士の典型例といえよう。

戦国大名の軍勢は、彼らのような渡り歩く武士たちを受け入れて、初めて成り立つものであった。表舞台にはほとんど登場しない彼らのような存在が、戦国期の戦争を根底から支えていたのである。

移動する商職人、遍歴する宗教者

次に、商職人や宗教者が大名領国を越えて活動していた様子をみてみよう。伊達氏関係の史料には、先述した坂東屋道有をはじめ、多くの商人が登場する。

天正二年（一五七四）には中村甚二郎が伊達輝宗に、天正十六年十二月には奈良屋平二郎が伊達政宗に、商品や商品が入った「御櫃《おひつ》」を見せている。いずれも上方の商人と思われる。

彼ら著名な商人以外のさまざまなレベルの商人も、伊達領国内外を行き来していた。天正十五年三月、米沢から五、六人の商人が厳しい警戒態勢をくぐり抜けて伊達領檜原《ひばら》を通り越し、さらに蘆名領大塩を経て黒川へ至り、再び米沢へ戻ってきている。政宗は、彼らの情報が讒言である可能性を指摘しつつも、さまざまな情報を得ていたのである。また、天正十七年五月に伊達政宗は、一方では佐竹氏が侵攻してくるとの情報を支城である郡山城から得ながらも、須賀川から米沢へ毎年やってきている商人の話として、佐竹軍の出陣はないとの情報も同時に得ている。彼らがもたらす情報は、時に大名の戦略にも影響を与えるほど重要なものであったことがうかがわれよう。

職人層については、特定の大名・国衆に奉公するものがいる一方で、いまだ遍歴するものも多く、他の大名・国衆に奉公して活動することも多かった。たとえば、北条氏の石切職人として著名な石切善左衛門と左衛門五郎は、善左衛門がそのまま北条氏に仕える一方で、左衛門五郎は後に武田氏に仕えており、同じ一族で複数の大名領国にまたがって活動していた。彼らは築城にも携わっていたことから、職人層の移動によって築城技術が大名領国を越えて流通していった様子もうかがうことができる。

商職人と同様、寺社勢力も実にさまざまなネットワークを張り巡らせており、寺僧・神官らによる活発な交流が行われていた。先述した醍醐寺堯雅や妙本寺日我はその代表例だが、彼らよりももっと下層の名もなき宗教者たちも各地を遍歴《へんれき》し、時に領主のもとへ参上して交流していた。

「家忠日記」には、多くの遍歴する宗教者の姿がみえる。天正六年十二月と同十年四月には伊勢御師が来訪している。伊勢御師《いせおんし》は、御札の配布や祈禱の実施を通して伊勢神宮への信仰を広めていったものたちで、村山家や龍大夫《りゅうだゆう》家などが活発に活動していた。天正十四年四月には、勧進を行いつつ高野山への参詣や納骨を勧める高野聖が来訪し、土産として杉原《すいばら》紙・筆・墨・扇・沈香《じんこう》を献上している。修験者である山伏もたびたび来訪していた。天正六年二月、同十一年十一月、同十五年九月には、京都の愛宕神社から愛宕山伏が家忠のもとへ来訪している。

十六世紀になって再度活発化する六十六部廻国聖《かいこくひじり》の活動も、遍歴する宗教者という点で注目される。六十六部とは、日本六十六か国をめぐり、各国の著名な寺社に六十六回書写された法華経を一部ずつ奉納することを目的とする廻国の巡礼行者、廻国聖のことをいう。

島根県大田市の大田南八幡宮の鉄塔には、十六世紀代に納められた経筒が大量に残されているが、そのなかには小田原北条氏二代目当主北条氏綱が大永八年（享禄元、一五二八）七月日付けで亡き妻養《よう》珠院《じゆいん》に代わって納経した経筒や、今川氏の家臣岡部久綱が奉納した天文十一年（一五四二）十一月日付けの経筒も含まれている。そのほか、関東・奥羽各地からも廻国聖が訪れていたことが確認される。先述した新潟県の護徳寺観音堂にも、元亀三年（一五七二）に六十六部聖が書いた落書きが残されており、各地にその痕跡がみられる。

奔走する女性たち

戦国の世では、女性もさまざまなかたちで活躍していた。政略結婚は、その代表的なものであり、それによって形成された血縁関係のネットワークが、大名・国衆間の動向を規定することもあった。また、女性自身が主体的に動き、時に政治を大きく動かす重要な役割を果たすこともあった。

関東では、由良《ゆら》国繁《なりしげ》の妻で由良国繁・長尾顕長兄弟の母である妙印尼《みょういんに》の活躍が有名である。天正十一年（一五八三）十一月、国繁・顕長が北条氏に身柄を拘束され小田原に送られてしまったことを契機に、残された家臣たちは北条氏に反旗を翻したが、その際に家臣団をまとめあげ指揮していたのが妙印尼であった。天正十三年正月までに金山《かなやま》城・館林城が北条氏に接収された後も、彼女は秀吉や家康と結びついて旧領回復運動を展開し、小田原合戦後の由良氏の存続に大きく貢献した。

天正十年に古河公方足利義氏が没すると、嫡子不在ということもあり、当時八歳の娘の氏姫が跡目を継いだ。同十八年の小田原合戦後には、古河城から退去させられたものの、秀吉から下総鴻巣《こうのす》（茨城県古河市）で三百三十二石の所領を与えられ、小弓公方《おゆみくぼう》系の足利国朝と、後にその弟頼氏と結婚した。政務は連判衆《れんぱんしゅう》が行っていたものの、氏姫も翌十九年には「局」の黒印を使用して社領寄進を行うなど、所領支配を実質的に行っていた。

奥羽では、伊達政宗の母で最上義光の妹である義姫（保春院《ほしゅんいん》）の活躍が際立っている。保春院は、米沢城の「御東《おひがし》」に居住していて「御東様」と呼ばれていたが、天正十六年に政宗が義光と争った際には、領国境目の中山（山形県上山市《かみのやまし》）まで出輿し、八十日間ほど居座って両者の和睦《わぼく》成立に尽力したことは有名である。義姫は、独自の所領を持ち、寺領の寄進を行うなど、所領支配も行っていた。

岩城親隆の妻で佐竹義重の妹である桂樹院は、先述したように親隆が「不例」で政務をとることが不可能になった後、息子の常隆が成人し家督を継承するまで、当主権を代行していた。佐竹氏の強い影響のもとで、彼女は遅くとも天正四年段階で表舞台に登場し、「岩城当郡主源氏女」（「薬王寺文書」）として同六年八月から印判「親隆」を使用し、家臣への知行宛行や寺領安堵・寄進などの政務を行った。同年十二月には常隆の発給文書が現れ始めるが、いまだ十二歳ということもあり、以後もしばらくは彼女が後見役を務めていたものと考えられている。

彼女たちは、地位ある武家の女性であるが、無名の女性たちもさまざまな形で史料上に姿を現している。天正十三年七月に行われた岩付城主北条氏房の婚姻行列には、「女騎《じょき》」がいたことが知られている（「内閣文庫所蔵豊島《と》宮城《しまみやぎ》文書」）。天正十四年、鉢形《はちがた》城の秩父《ちちぶ》曲輪《くるわ》のメンテナンスに関する「掃除《そうじ》掟《おきて》」が出され、秩父衆それぞれの担当箇所が定められた。そのなかで、風雨の時はいつでも担当者自らが登城して修復にあたることになっていたが、陣番たる担当者が不在の時には、その者の「妻・下女」にまで協力が求められていた（「諸州古文書」）。

また、籠城《ろうじょう》戦の様子を記した史料にも女性はしばしば登場するが、たとえば天正十三年の陸奥小手森城（福島県二本松市）攻めの際に伊達政宗は「女・子供・犬まで撫で切り」にしたと述べている（「佐藤文右衛門氏所蔵文書」）。宣教師ルイス・フロイスの『日本史』には、九州において籠城した女性たちが武器を手に取り戦っていた様子が記されているが、単に逃げ込むだけでなく、時に戦闘にも参加していた姿を垣間見ることができる。

東日本と唐人・アイヌ

近年の戦国史研究は、日本列島の枠に止まることなく、グローバルな視点からも行われつつある。アジアと濃密な交流をしていた大友氏などをアジアン戦国大名と呼ぶ研究も登場してきているが、西日本に比べ東日本は、北奥羽と北方世界との関係以外は、

23—八王子城跡（東京都八王子市）出土の①レースガラス・②白磁端反皿・③染付皿（八王子市教育委員会提供）

海外との交流という面はあまり注目されてこなかったといえる。しかし、東日本も当然ながらアジアや北方世界の一員であった。

北条氏の本拠小田原や三浦半島、伊豆諸島、東海地方の徳川領国には、唐舟《からぶね》がたびたび来航し、多くの文物をもたらした。各地の城館跡を発掘するとよく出土するのが、中国産の染付《そめつけ》・白磁《はくじ》・青磁《せいじ》などの貿易陶磁である。貿易陶磁は、日常用品としてのみならず、権威を表わす威信材として用いられることも多かった。文献史料でも、その流通の様子をうかがうことができる。北条氏政は、遠方から来たものとして、一族の氏邦に「青磁皿」二箇・「茶碗」三十、上野国衆富岡氏に対して「青磁皿」百枚・「砂糖」・「茶碗」三十を贈っている（『日本書蹟大鑑』十一・「神奈川県立文書館所蔵原文書」）。また、この時期になるとヨーロッパ勢力の進出とともに文物も流入するようになった。天正十四年（一五八六）頃には北条氏照が伊達政宗へ「唐錦《からにしき》・南蛮笠《なんばんがさ》」を贈っているし（「伊達家文書」）、関東の内陸部にある八王子城ではベネチア製のレースガラスが出土するなど、銭貨も含め、モノという面ではこの時期も海外との濃密な交流があったといえよう。

ヒトの面でも、多くの交流があった。先述したように、小田原城や河越城などの城下町には「唐人町」が形成され、浜松城下町にも唐人が屋敷を構えていた。「唐人三官」や「唐人五官」などと呼ばれる唐人たちが、北条氏や徳川氏から諸役免許の特権を得て領国内で商売に従事していた(「北条五代記」「古簡編年四」)。また、唐人出身である陳外郎《ちんういろう》とその一族・被官とされる宇野氏は、北条氏の商人的な家臣となり、諸方面で活躍していたことで知られる。

彼ら唐人の行動範囲は、関東にとどまらず、奥羽にも広がっていた。白河氏のもとへは、北条氏から使者としてたびたび唐人が派遣されている。「伊達輝宗日記」には佐竹領国(常陸)からやってきた唐人が登場し、双六を打ったり、米・イカ・経机を販売したりしていた。また、「伊達天正日記」にも常陸から「大唐人」が来訪し、天正十七年には政宗の前で花火を見せたり歌を歌ったりしている。いずれも常陸から唐人が来訪していることは興味深い。

一方、奥羽は、いうまでもなく北方世界・アイヌ民族と密接な関わりがあった。アイヌ文化は、サハリン南部から東北地方北部にまで広がっていたとされる。それは戦国期においても同様で、蝦夷《えぞ》ヶ島の渡島《おしま》半島や北奥羽では、倭人とアイヌという二つの異なる民族が混在していたことがわかっている。つまり、北奥羽や蝦夷ヶ島の戦国期権力は、彼らを一つの基盤として成り立っていたということになる。

実際、北奥羽の中世遺跡を発掘すると、アイヌ関係の遺物が大量に出土する。浪岡《なみおか》城や大光寺城、

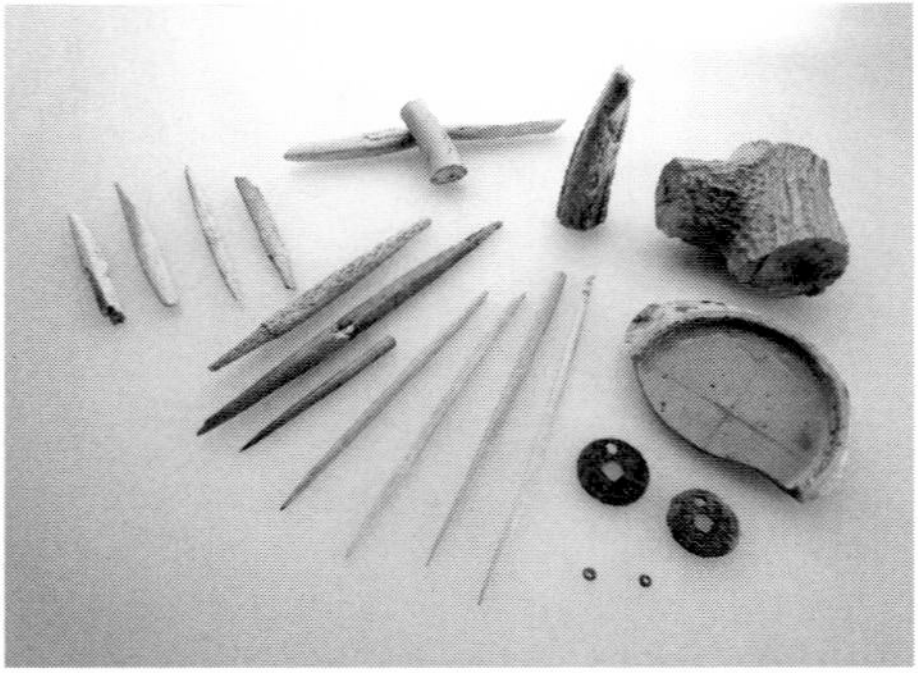

24―三戸南部氏の居城・聖寿寺館跡（青森県南部町）出土のアイヌ関係遺物（南部町教育委員会所蔵、小川忠博氏撮影）

聖寿寺館（青森県南部町）、根城などの中世城館跡からは、アイヌに特有の遺物であるガラス玉や中柄（アイヌの短弓の部品）・骨鏃、シロシと呼ばれる記号が刻まれた陶器などが出土している。なかでも、中柄や骨鏃は武器の一部であることから、アイヌの人々がそうした城館内に居住ないし一時的に滞在することがあり、北奥羽の戦国期権力のもとで戦闘に参加していた可能性が指摘されている。天正十九年の九戸《くのへ》政実《まささね》の乱時には、豊臣方の蠣崎《かきざき》氏の軍勢のなかにアイヌの兵士がおり、毒矢を使った攻撃をしていたともいわれている。

その一方で、アイヌ関係の遺物が出土するのは南部氏、北畠《きたばたけ》氏、安藤氏の城館に限られており、現在のところは津軽氏関係の城館跡からの出土はないという。そのため、新興勢力である津軽氏はアイヌとの共生関係を構築せず、むしろ争う立場にあったのではないかという説も登場している。

3　文化・芸術・宗教

戦国大名が領国を円滑に支配するためには、政治的・軍事的・経済的な力は当然のことながら、文化的な力も欠かせないものであった。なかでも年中行事は、大名と家臣との関係を再確認する機会として重要な意味を持っていた。

領主の年中行事

東日本における年中行事の実態を示す貴重な史料として、「色部《いろべ》氏年中行事」はあまりに有名であろう。永禄から天正期における越後国衆色部氏の、特に正月を中心とした行事の詳細が記されている。正月一日は、色部氏の「御親類・御家風衆」が参上し、「椀飯《おうばん》」の儀式が行われた。「椀飯」は三日、四日、七日も行われ、家臣団はもちろん寺社や商職人、百姓も招かれ、それぞれ酒肴を持参して献上した。「椀飯」の際の席次は厳密に決められており、家中の序列が可視化されていたが、彼らの身分によっては、色部氏当主から直に「御礼」を受けたり御酌を下されたりすることもあった。三日には書き初めの起源とされる吉書始めがあり、青龍寺の住職を招いて神事・勧農・年貢に関する三か条が記され読み上げられた。同日には、門松や飾り餅が早くも片付けられたが、その後も多くの出仕者があり、さまざまな行事が続いた。

天正十二年（一五八四）に伊達輝宗が記した「正月仕置之事」には、当時の伊達家の正月行事が詳しく記されている。元日から御礼衆《おれいしゅう》がやってきて式三献《しきさんこん》が行われ、二日には買い初《ぞ》めと書き初めが行われた。買い初めは、現在も盛大に行われている仙台初売りの起源とされている。三日には「野へ出候」とあり、鷹野始《たかのはじ》めと思われる。これは後に「野始」と呼ばれ、江戸時代に恒例行事として定着していった。四日は朝風呂に入り、茶の挽《ひ》き初め、七日は七種連歌、八日は心経会、十一日は談合始め、十四日は乱舞《らんぶ》始めなど、さまざまな行事が目白押しであった。

「伊達天正日記」にも、正月の様子が詳しく記されている。天正十五・十六年の正月は、元日に貝吹き初めと鉄炮放し初めが行われ、三日に鷹野始め、七日に連歌と俳諧があり、八日に心経会《しんぎょうえ》、十一日に御談合始め、十四日に乱舞始め、十八日に御懺法《ごせんぼう》が行われていた。こうした行事が行われるなか、領内各地から多くの御礼衆がひっきりなしにやってきている。

天正十七年の正月については、次節でみるように、米沢城の政宗のもとへ参賀した家臣や寺社による祝賀献上物が詳細に判明しているが、その数は所帯持で四四九人、徒侍で四二六人に及んでいる。これだけ多くの家臣や寺社が毎年のように政宗のもとを訪れ、食料品や武器類を献上していたのである。

贈答品と食文化

現代でもそうだが、贈答品のやり取りは、人と人の関係を構築するうえで重要な行為の一つである。それは戦国時代も同様であり、領主から民衆レベルまで、さまざまな贈答品のやりとりが行われた。

領主レベルの贈答品としては、武家にとっての必需品である馬や鷹、刀剣などの武具のほか、飲食物や地域の特産品などが挙げられる。ここでは、「伊達天正日記」を中心に、当時の贈答品や飲食物の一端をみてみたい。

数ある贈答品のなかでも、鷹の価値は非常に高かった。なかでも奥羽は鷹の産地として有名で、信長や家康もたびたび奥羽へ鷹を求めて使者を派遣していた。その種類も豊富で、性別・年齢によって名前も異なっており、兄《しょう》鷹・弟《だい》鷹・若兄鷹・黄鷹・若黄鷹・山帰《やまがえり》大鷹、熊鷹、ハイタカ、隼、巣鷹などが登場している。また、実際に獲物を獲得した鷹は「○○取の鷹」として重宝されたようで、目赤鶴を取った鷹は伊達政宗から秀吉に贈られ、秀吉はその御礼に名刀「鎺国行《はばきくにゆき》」を贈っている。同時期の「家忠日記」では、このほか「このり」「つみ」という鷹もみられる。

奥羽の馬も、鷹と同様に非常に高い価値があり、珍重されたことはいうまでもない。他大名への贈答はもちろん、政宗や家臣の間でもたびたび贈答されていた。栗毛の馬、黒の馬、黒のしだ馬、河原毛の馬、月毛の馬、雲雀《ひばり》毛の馬、芦毛の馬など、さまざまな種類の馬が登場しており、政宗は時に鑑賞したり乗り心地を確認したりしている。

飲食物の贈答からは、当時の食文化を垣間見ることができる。飲み物は、圧倒的に酒の登場回数が多い。東日本では、伊豆韮山で製造されていた江川酒が大変有名で、北条氏がしばしば贈答品として利用していた。また、茶の湯が流行したこともあり、茶もよく登場する。「家忠日記」では、茶摘み

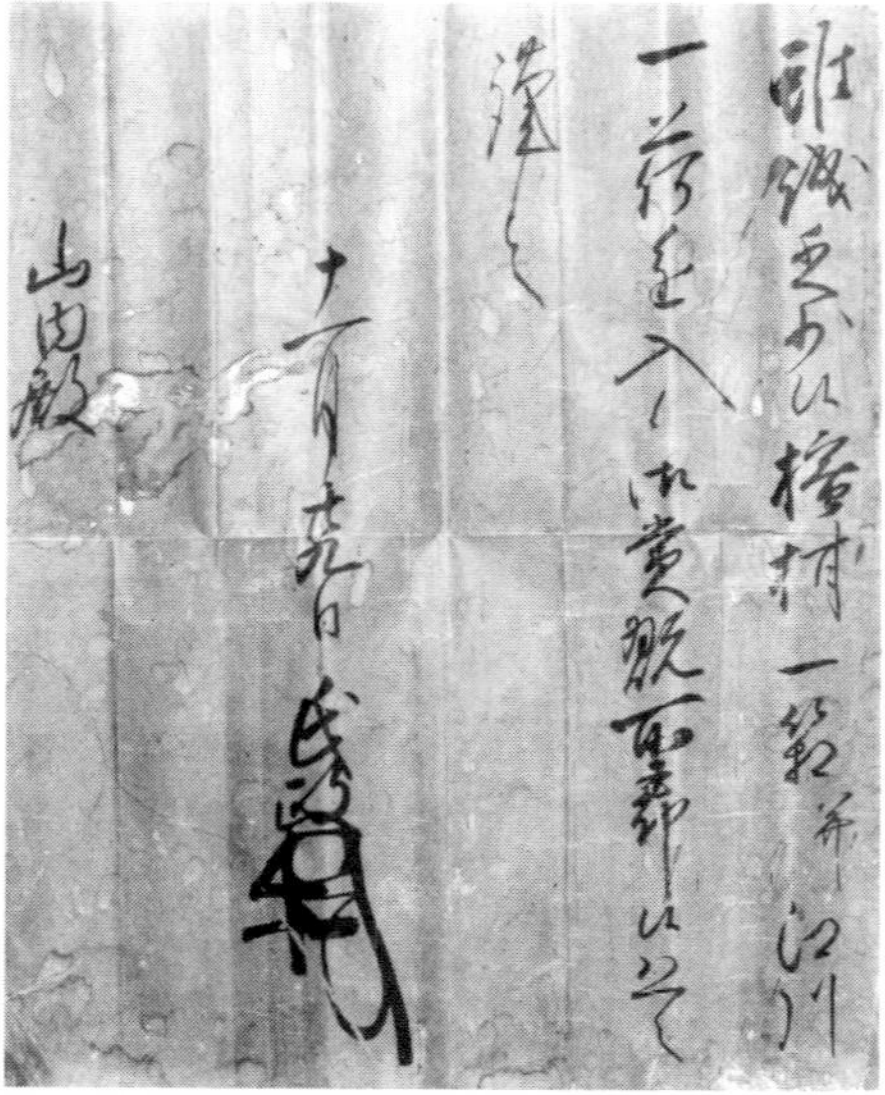

25―北条氏政から上杉謙信に江川酒を贈る書状（米沢市上杉博物館所蔵「上杉家文書」）

が行われている様子も描かれている。

食べ物では、鳥類が多くみられる。雁《がん》、鴨《かも》、鷺《さぎ》、鶴、尾長、鶏《にわとり》、菱食《ひしくい》、雉、白鳥、鶉《うずら》、雲雀《ひばり》などが登場する。これらは、基本的には食用であったと思われるが、なかでも白鳥は高級品として知られていた。

魚類では、鮭《さけ》、鮒《ふな》、鮎《あゆ》、鱒《ます》、鯛《たい》、鰈《かれい》、鰹《かつお》、鱈《たら》、鮗《このしろ》の干物などが登場する。なかでも鮭の登場回数が多い。鮭は現在でも東北地方の名産品であり、阿武隈川や広瀬川、北上川などで取ったものと思われる。名取郡（宮城県仙台市・名取市ほか）の国衆で広瀬川周辺を領していた粟野氏は、毎年のように初鮭を献上している。鮗の干物は蝦夷地から来たもので、北方の産物の流通状況もうかがうことができる。「家忠日記」では、鯨《くじら》、鮎、鱸《すずき》、鯉、鮒なども登場するが、なかでも鯉と鮒は大量に捕られており、家忠自ら網を仕立てていた。

前節で触れた天正十七年（一五八九）正月の米沢城参賀に関する史料には、これ以外にも実にさまざまな食べ物が記されている。具体的には、根深葱、塩引き、鮑《あわび》、イカ、海苔《のり》、螺《にし》、大根、干魚、鰊《にしん》、柿、ゴボウ、麺子《めんす》、ヒジキ、蛤《はまぐり》、海鼠《なまこ》、栗、豆腐《とうふ》、セリ、ホッキ貝、山芋、かやの実、鰈、鮒、マコモ、芋、ホヤなどである。なかでもセリやホヤは現在でも仙台周辺でよく食べられているもので興味深い。このほかにも松茸、てんずし、湯付、かうの菓子、生き猯《むじな》などが、「家忠日記」には、瓜、茄《な》子《す》、夕顔、山桃、大角豆《ささげ》、胡桃《くるみ》などもみられる。

なお、「伊達天正日記」には、家臣の牛越上総・鈴木元信による鮭・白鳥の「包丁《ほうちょう》」がたびたび行われている様子が記されている。これは、貴人・客人の目の前で魚や鳥をさばく儀礼的な意味合いを持つ調理であり、一種のパフォーマンスであった。主君である政宗は、しばしば「振舞《ふるまい》」を家臣たちにしているが、そうした共同飲食は主従関係を再確認する場でもあった。

東日本の武士と芸能

武士に必要なものは、何よりも武芸の鍛錬であろうが、為政者たらんとするものは、同時に幅広い教養を身につけておく必要もあった。そのなかでも、さまざまな芸能に通じることは、家中の結束を強め、国衆や他大名・客人らとの良好な関係を築く意味でも必要不可欠なものであった。

「伊達輝宗日記」や「伊達天正日記」には、伊達家周辺での芸能関係の記事が実に多くみられる。特に多いのが、能と茶の湯である。能は、しばしば「乱舞」と表現されているが、これはテンポの速い舞のことをいう。政宗も能の稽古に励んだようで、天正十五年（一五八七）一月十五日には弟小次郎に太鼓を教え、五月十七日に矢内和泉邸で能の稽古を始めている。しばしば行われる「御乱舞」では、政宗自身が太鼓を打つこともあり、多くの家臣たちが参加し、時に酒も入って大いに盛り上がった。関連して、囃子《はやし》や謡《うたい》もしばしば行われた。

越前出身の神子大夫や京都で活躍していた深見父子・篠屋甚三らの能役者たちもしばしば来訪しており、政宗らとともに能を演じた。能の演目としては「船弁慶」「善界《ぜがい》」「卒塔婆小町」「老松」「自然《じねん》居士《こじ》」「殺生石《せっしょうせき》」「難波」「実盛」などがみられる。また、伊達家には加納弥兵衛という太鼓の名人がいたようで、蘆名盛氏は会津に来訪した彼に養嗣子盛隆を指導させている。盛隆は、後に「鼓数寄《つづみすき》」といわれるまでに成長している（「浜崎文書」）。

茶の湯も非常に盛んで、城中はもちろん、重臣の屋敷や寺院などでもしばしば開催され、特に天正十六年には二十回以上行われている。同年十一月二十八日には、原田宗時邸にて亭主と客が炉に順次炭をつぐ「廻り炭」も行われている。家臣たちも茶の湯を嗜んでおり、同年十二月十八日には重臣小《こ》梁川泥蟠斎《やながわでいばんさい》が自邸にて政宗に「当世の茶の湯の稽古」をするほどであった（「福島美術館所蔵文書」）。松平家忠は、同じく天正十六年の十一月に京都の宗元という茶人の指導のもと、「茶の湯座敷」を居城である深溝城内に造営し、翌月完成させて早速多くの客人を招いて披露している。翌年正月には駿府において石川康通らから茶の湯に招かれ参加しており、地域を問わず茶の湯は流行していた。

天正十六年正月二十一日には、片倉景綱・原田宗時・七宮伯耆《しちのみやほうき》が鹿踊りを披露している。鹿踊りとは、現在も宮城県・岩手県各地で行われている芸能で、鹿の頭部をかたどったかぶりものを着けた踊り手が、十人前後が一組となって激しく踊る芸能である。天正十五年七月二十四日には、常陸の佐竹領国から「踊り」がやってきて、伊達方も踊り返している。

連歌もしばしば開催されていた。伊達家重臣遠藤基信は、特に連歌に優れていたようで、里村紹巴《さとむらじょうは》や飛鳥井雅道《あすかいまさみち》に師事して腕を磨いていた。連歌にはさまざまな種類があり、同十六年十月二十八日には政宗によって「夢想連歌」が行われている。「家忠日記」には、ほかにも「雨乞いの連歌」「法楽連歌」「点取連歌」「持寄連歌」などがみられる。遠く北奥羽の八戸南部直栄《なおよし》のもとにも、天正十六〜十七年にかけて、京都の連歌師宗加が来訪し、文化的教養が高い家臣の不染斎俊恕《ふせんさいしゅんじょ》らとともにたびたび連歌会を開催していた。

このほか、碁や将棋はもちろん、綱渡りの一種で室町期から江戸期にかけて流行した曲芸である「蜘蛛舞《くもまい》」や「狂歌」「早歌」「謡句」「句漢」なども行われていた。「家忠日記」には、幸若舞の舞人や座頭、碁打なども登場し、将棋や双六の絵も描かれている。

絵画・工芸品の制作と流通

贈答品として、鷹や馬、食料品などとともにしばしば利用されたのが、絵画や工芸品であった。前代以来の骨董品や海外からの輸入品も多く流通していたが、この時代に新たに誕生したものも多かった。

その代表例として、いわゆる「小田原物」を挙げることができる。戦国期の小田原には、先述した

26―下国安藤愛季筆「鷺之図」（東北大学附属図書館所蔵、秋田愛季詠草（73／31）「秋田家史料」）

ように数多くの商職人が集住しており、独自の文化が花開いた。小田原で製作されたものとしては、刀剣の「相州小田原」、甲冑の「小田原鉢」、絵画の「小田原狩野」、茶湯釜の「小田原天命」、漆工芸の「小田原彫」、染物の「小田原染」などさまざまであり、いずれも戦国期の北条氏の時代にはすでに誕生していたとされている。このうち、「小田原鉢」は、小田原に来住した甲冑師として著名な明珍家によるもので、現在もその作品がいくつか残されている。「小田原狩野」は、有名な狩野派の一派が小田原に来住したことから始まり、小田原狩野派を形成した。永禄十二年（一五六九）に北条氏照が伊達輝宗に「扇子十本狩野筆」を贈っているが（「伊達家文書」）、これも小田原狩野派によるものと考えられる。

絵画の世界では、雪村《せっそん》が東日本の各所で活躍したことで有名である。雪村は、常陸佐竹氏の一族で、天正十二（一五八四）、三年頃には亡くなっているものの、その後も作品は高く評価され人気であった。伊達政宗も、天正十五年に家臣の白石宗実から「雪村の筆」による絵を贈られて、喜んでいる（「菅野邦男氏所蔵文書」)。雪村の作品かは不明だが、天正十六年八月に三春城を接収した伊達政宗は、田村家中の橋本刑部から掛軸の絵を、同じく田村家中の牛縊《うしくびり》氏から「絵讃《えさん》」を贈られている(「伊達天正日記」)。

絵師のみならず、武将たちも絵画作品を残している。古河公方家臣の一色直朝《いつしきなおとも》による「白鷹図」、玉縄城主北条氏繁の「鷹図」などは、その代表例である。あまり知られていないが、出羽の下国安藤愛季も、元亀二年(一五七一)に描いたとされる絵馬や、年未詳の「鷺之図」などの芸術作品を残している。「鷺之図」には、「鷺のいる池のミきハの松ふりて　都の外のこゝちこそすれ」という歌も記しており、その才能の一端を垣間見ることができる。また、絵画作品というほどのものではないかもしれないが、「家忠日記」の各所にみられる家忠の落書きも、貴重な絵画史料といえる。騎馬武者や鉄砲足軽、落城時の女性、牛若丸と弁慶の五条大橋での決闘シーン、鬼、魚売り、馬借、馬、カラス、鷺、猿、鶏、海老、朝顔、さらには人魚まで描かれている。独特のタッチで、かつユニークな絵である。

このほか、「伊達天正日記」には、天正十六年十二月九日に片倉景綱が「今焼」を行っていることが記されている。「今焼」とは、楽焼きの一種で、当時流行していた焼き物であった。それを小十郎が作成し、政宗に献上している。

戦国期における各地の寺社勢力のさまざまな活動については、これまでも各所で触れてきたが、なかでも戦国期の特徴として、高野山や伊勢神宮の活動が活発になることが挙げられる。この点について、今少し詳しくみておきたい。

高野山、伊勢御師の動向

戦国期の高野山《こうやさん》においては、諸院の活動が活発になり、ほかの諸院と棲み分けをしつつも、時には激しく対立しながら、各地の武士と宿坊契約・師檀関係を結んでいった。北条氏と高室院《たかむろいん》、武田氏と成慶院、伊達氏と観音院、南部・津軽氏と遍照光院《へんじょうこういん》、という具合である。そうした宿坊契約の実態がよくわかる地域として、房総が挙げられる。下総千葉氏の領国の場合は、古く室町期から蓮花三昧院《れんげさんまいいん》を宿坊としており、大きく変わることなく戦国末期までその関係が続いていた。一方、里見氏の領国の場合は、基本的には安房は万智院、上総は西門院となっていたが、決して安定した関係とはなっておらず、他院としばしば宿坊契約をめぐる紛争が起きていた。

たとえば、北条氏の宿坊である高室院は、上総をめぐって西門院と天文・永禄期に争ったが、高野山の山内衆議《さんないしゅうぎ》によって以前の通り西門院の檀那場《だんなば》と認められた。その数年後には、万智院と西門院の間でも安房・上総の檀那場をめぐる相論が起きている。秀吉が来る直前の天正十七年には、妙音院が新たに台頭し、西門院との間でやはり安房・上総をめぐる相論を起こしている。高野山内の諸院の動向が、各地の大名領国にも大きな影響を与えていたことがわかる。こうした宿坊契約に基づき、大名家臣から民衆まで、多くの人々が高野山に登山し、また逆に諸院の僧侶が各地へ下って土産を配りながら、追善・逆修供養や祈禱などの依頼を受けていたのである。

一方の伊勢神宮も、御師《おんし》を介して高野山と同様の活動をしていた。佐八神主と宇都宮氏、幸福大夫と武田氏、藤波神主と結城氏、橋村織部大夫と北条氏など、各御師は各地の大名と結びついていたが、なかでも代表的な御師は、村山家と龍大夫家である。村山家は、松平家忠のもとにも御師を派遣していたことは先述したが、龍大夫家は関東、なかでも房総を活動範囲としていた。元亀三年には、龍大夫は里見義頼から上総・下総への船での通行許可をもらっている。

その房総のなかでも、千葉氏の本拠であった下総佐倉は、龍大夫の活動の様子が具体的にわかる地域である。龍大夫は、旦那である千葉邦胤からの依頼により、伊勢の屋敷で祈禱を行い、祝詞を唱えた証として大麻を贈り、邦胤からはお礼として銭千疋と白鳥を贈っている。佐倉を来訪した御師は、千葉氏の家臣や妻子にまで大麻や土産を配りにやってきており、逆に家臣や妻子側からも武運長久・子孫繁盛・家門繁栄を願って初穂料などが納められた。

曹洞宗・一向宗

戦国期に大きく教線を拡大した仏教宗派が曹洞宗であったことは、よく知られている。東日本においても、全国的な動向と同じように、大名・国衆と結びついてその菩提寺として成立し、葬祭・祈禱・受戒などを通じて武士のみならず地域の民衆の信仰も獲得していった。

小田原北条氏の本拠小田原周辺では、大雄山大乗寺（神奈川県南足柄市）を中心とした曹洞宗了庵派の活動が活発になり、広く関東・甲信越・東海・奥羽へも教線を伸ばしていった。北条氏は、前代の大森氏に続いて曹洞宗を庇護し続けたが、北条一族の女性の帰依も増え、彼女らによって小田原城下周辺には数多くの曹洞宗寺院が建立された。また、民衆教化・教線拡大の手段として江湖会がしばしば開催され、北条氏もこれを保護していた。

武田領国では、北高全祝《ほっこうぜんしゅく》の活躍が大きい。彼は、越後《えちご》雲洞庵《うんとうあん》（新潟県南魚沼市）の住持だったが、永禄八年頃に信玄に招かれて、領国内曹洞宗の拠点である信濃佐久郡龍雲寺（長野県佐久市）の住持となった。元亀元年には「曹洞宗新法度」制定に関わり、元亀三年に曹洞宗僧を統制する僧録司に任じられ、千人法幢会《せんにんほうしょうえ》を興行した。また、天正七年に制定された「曹洞宗法度追加」にも関わるなど、武田領国における曹洞宗の発展に大きく寄与した。

奥羽各地にも多数の曹洞宗寺院が開創されたが、奥羽における曹洞宗の一大拠点寺院は、前代に引き続き、奥の正法寺であった。戦国期には、領主との関係のなかで、正法寺の周辺には多数の曹洞宗寺院が建立された。また、活動の財源となる頭蛇と呼ばれる乞食行も行われ、麦や籾などの頭蛇物《すだもの》が領主や郷村によって収められるなど、地域社会と密接な関係を構築していた。

曹洞宗と並んで全国に勢力を拡大したのが、織田信長と熾烈な戦いを繰り広げたことで有名な一向宗・本願寺教団である。東日本にもその影響は大きく及んでおり、各大名領国では禁教政策がとられることが多かったが、政治情勢の変化により解禁されることもあった。彼らの動向が、時に各地の政治史に大きな影響を与えていたことは、本書各所で先述した通りである。

戦国後期の東日本における一向宗の展開を考えるうえで注目されるのが、北奥羽との密接な関係である。遠方ではあるが、奥羽の一向宗寺院も、門徒のネットワークを通じた畿内方面との交流が活発で、石山合戦にも深く関わっていた。たとえば、仙台の称念寺や出羽横手の六郷善証寺は、兵粮や金銭などを石山本願寺に送ったり、合戦そのものに参加したりしていた。そして、石山合戦後には、北陸地方の一向宗寺院が出羽北部へ次々と進出し、能代や秋田に寺院を創建するなどして勢力を拡大させていったのである。

五　迫り来る織田信長

1　信長の勢力拡大と東日本情勢

長篠合戦とその影響

天正二年（一五七四）正月十八日、謙信は家康に対して西上野へ出陣することを伝え、信長とともに武田領国へ侵攻するよう要請した。謙信は二月五日に沼田に着陣し、家康も遠江二俣城を包囲した。だが、信長はこれに応じず動かなかった。それもあって、武田勝頼は正月末に織田領東美濃へ出陣し、二月上旬までには明智城（岐阜県恵那市）などを次々と攻略して帰国した。続いて四月には遠江への出陣を開始し、五月に高天神城（静岡県掛川市）を包囲して六月十一日に陥落させた。そして九月には、家康の居城浜松城にまで迫るようになった。

天正三年四月十二日、勝頼は信玄の三回忌法要を済ませると三河へ出陣し、足助《あすけ》城（愛知県豊田市）や野田城（同新城市）を攻略すると、五月一日に徳川方の奥平信昌らが籠る長篠城を包囲した。足利義昭方勢力との戦いを終えた信長も、五月十三日に岐阜を出陣し、翌日岡崎に到着、家康と合流し、十八日には有海原《あるみはら》（設楽ケ原《したらがはら》。愛知県新城市）に着陣した。対する武田軍は、鳶《とび》ケ巣山砦（同）などに一部の軍勢を残して出陣し、二十一日に両軍は激突した（長篠合戦）。結果、武田軍は大敗し、山県昌景や馬場信春、原昌胤ら名だたる重臣たちが次々と討死してしまった。信長は、勝頼が「赤裸《あかはだか》の体《てい》」で一人逃げていったと述べている（「謙信公御書集」）。これにより、徳川氏は奥三河を奪還し、遠江・駿河への侵攻を開始していった。

　同年十一月二十八日、長篠合戦に勝利した信長は、甲相同盟と対立していた佐竹義重・小山秀綱・田村清顕らに対して初めての書状を送った。長篠での戦果を伝えると同時に、武田氏討伐のために出陣する予定であるので、「天下のため自他のため」に尽力するよう求めるようになった（「白戸文書」ほか）。ここに至って信長は、東国に対して「天下」の論理を振りかざし、「天下人」として介入し始めたのである。

　一方、その頃の関東では、上野方面で北条方と上杉方との戦いが繰り広げられ、下野方面では十二月下旬に北条氏が小山祇園城《おやまぎおん》（栃木県小山市）を手中にした。また、北条氏は房総へも矛先を向けた。長篠の戦いの敗北による武田氏の退勢もあって、里見氏は天正三年半ばに謙信との関係を復活させたが、同年八月には北条氏が上総土気《かずさとけ》・東金両酒井氏を攻撃し、北条方の上総一宮城（千葉県一宮町）や万喜城《まんぎ》（同いすみ市）へ兵粮《ひょうろう》を搬入した。これに対して謙信は、天正四年五月にも越山して後方支援を行ったが、大きな効果はえられなかった。

　その後も北条氏の攻勢は続き、天正五年十一月、ついに里見義弘は北条氏と和睦することになった（「房相一和」）。国分が行われ、北条氏政の娘が義弘に嫁ぐことになり、両者は同盟関係となったが、里見氏の事実上の降伏であった。同年十二月に太田道誉は「内心において高山深海よりも、なお里見義弘の遺恨深重に候」（「書簡并証文集」）と、天正九年に武田勝頼も「房州の事は氏政に対し肝要の讐敵」（「佐竹文書」）と述べていることは、この同盟の実態を考えるうえで興味深い。実際、里見氏は、天正九年十月頃に武田氏との間で甲房同盟を締結したようである。しかし、紆余曲折はあったものの、天正壬午の乱や沼尻合戦の際に援軍を派遣するなど、里見氏は小田原合戦まで北条氏との同盟関係を維持し続けた。

足利義昭と甲相越三和計画

天正三年（一五七五）三月から、足利義昭は甲相越三和の調停に乗り出す。織田信長に京都を追われ紀伊に滞在していた義昭は、京都への帰還を目指して周辺諸大名の和睦を進め、信長包囲網を形成しようとしていた。同年三月二十一日には、上杉謙信の重臣河田長親に御内書《ごないしょ》を送り、「天下再興」に尽力するよう求め、甲・越・本願寺の「三和」が成就して義昭が上洛できた暁には、諸国を謙信に任せるとまで述べている（「歴代古案」）。

この時の和睦構想に北条氏は入っていなかったが、長篠の戦い直後、義昭は甲相越三和の実現を目指すようになる。長篠の戦いに敗れ、諸方面での形勢が不利になりつつあった勝頼は、これをすぐさま受け入れて義昭の上洛支援を表明し、北条氏政もこれに同意した。また、勝頼は同年十月には上杉謙信との和睦を早くも成立させた。それまで謙信は信長と友好関係にあり、長篠合戦直後の同年五月には信長と連携して武田氏攻めを行う予定であったが、ここにきて謙信は外交方針を転換させたことになる。北条氏も、義昭の上洛支援の姿勢を変えることなく、謙信との和睦にも前向きな意思を表明していた。

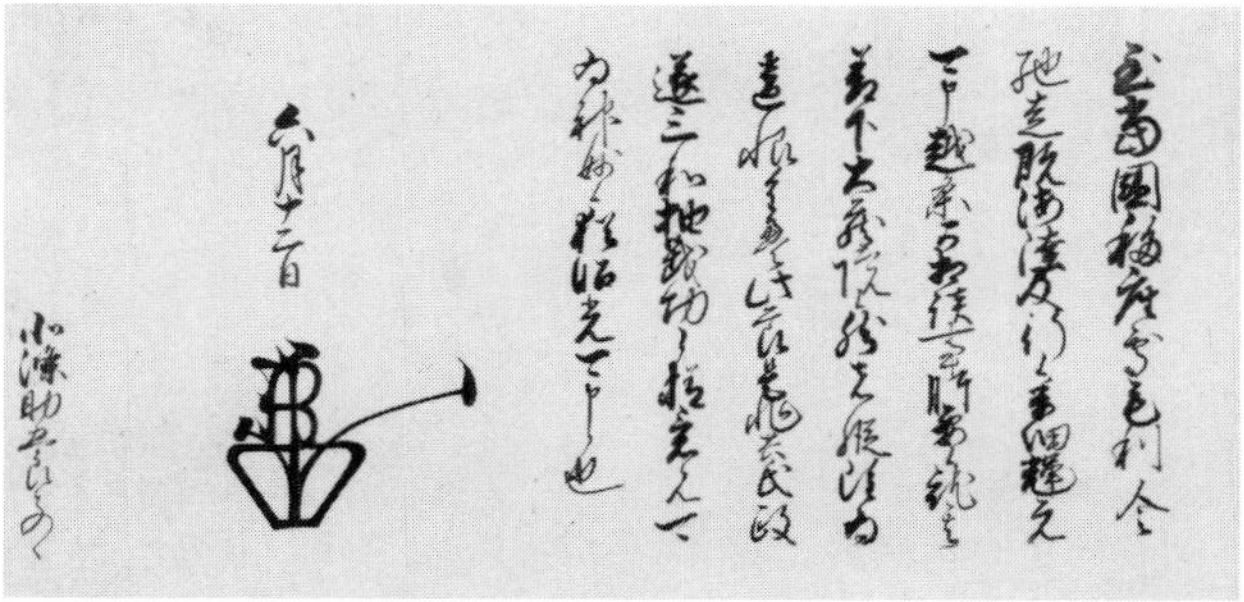

27—北条氏規宛て足利義昭御内書（神奈川県立歴史博物館所蔵「北条家文書」）　6行目に「三和」と見える。

だが、謙信は北条氏との和睦に断固反対した。謙信としては、上意に応じて武田氏と和睦をするのは問題ないが、そこに北条氏を加えようとするのであれば、たとえ謙信が滅亡に追い込まれようが、義昭から御勘当されようが、絶対に応じられないという考えであった。同年四月二十四日の願文で、謙信は氏政のことを、上杉景虎や遠山康英父子を裏切り、氏康の遺言に背き、「東将軍」（足利藤氏とも藤政とも）を切腹させた、「天道神慮の筋目を弁えず、法格をも知らず、親子兄弟の好をも、誓詞の罸をも分別ない」と猛烈に批判している（「普光寺所蔵文書」）。越相同盟崩壊による氏政への不信感は、この時点でもいまだに拭いきれていなかったのである。そのため、この三和構想は沙汰止みとなってしまった。

　このまま三和構想はなかったことになってしまうかと思いきや、義昭はなおも三和に向けての働きかけをやめることはなかった。同年十二月、義昭は謙信に再度御内書を送り、甲相越だけでなく加賀一向一揆との四和を求めるようになった。信長との関係が悪化しつつあった謙信はこれを受け入れ、翌四年五月に「越賀一和」が成立した。この間の同年二月に毛利領の備後鞆《びんごとも》(広島県福山市)に移った義昭は、毛利氏の全面支援を受けて三和実現に向けての活動を再開し、毛利氏も北条・武田・上杉三氏と連携する動きをみせ始めた。そして、八月までに三氏とも受諾の意思を表明した。さらに義昭は、島津氏に対して毛利氏と敵対する大友氏を攻撃するよう求め、後方からの脅威に備えた。

こうして、義昭による壮大な信長包囲網が形成されるに至ったが、残念ながら実際に有効に機能することなく、自然と破綻していった。遠方の大名同士の連携の難しさもあっただろうが、結局のところ上杉氏と北条氏の関係が根本的に改善しなかったことが大きかったようである。残念ながら義昭の「野望」は潰えてしまったのである。

北条氏と「東方之衆」の激突

天正三年(一五七五)十二月に、小山祇園城を手中にした北条氏だが、翌四年二月になって一門重鎮の北条氏照を城主として大規模な普請を実施した。普請は、四月にはあらかた完成したようである。同五年四月にも飯沼城(逆井城。茨城県坂東市)を築城するなど、北条氏は下野・常陸方面への進出に向けた準備を着々と進めていた。

そのようななか、一つの事件が起きた。同年六月までに、それまで長らく北条方であった結城晴朝が突如北条氏と手切をし、上杉・佐竹方へ鞍替えしたのである。おそらく、飯沼築城以前には事実上手切状態になっていたものと思われる。これをうけて、北条氏政は閏七月に結城方面へ出陣し、早速結城衆三百人余りを討ち取っている。さらに北条氏の攻勢は続き、先述したように十一月に里見氏が事実上北条氏に降伏して「房相一和」が成立するなどしたため、十二月には佐竹方の梶原政景が織田信長に関東出兵を要請するまでに至った。関東でも、徐々に信長の存在感が大きくなっていった様子がうかがわれる。

天正六年正月、北条氏政は北関東諸領主の背後を突くため伊達輝宗と通交を開始し、二月には蘆名盛隆と起請文を交換して、四月になってから関東への出兵を促した。同月、結城晴朝が佐竹義重や那須資胤らと協力して、北条方の下野国衆壬生《みぶ》氏の壬生城（栃木県壬生町）を攻撃した。これに対して、北条氏政は武田勝頼とも協調しつつ、十五日から結城城や山川城（茨城県結城市）の攻撃を開始した。そこで、佐竹軍らは壬生城攻撃を中断し、宇都宮広綱らの軍勢も新たに加えて、二十八日に結城・山川両城の救援のため鬼怒川東岸の小河（同）に張陣した。氏政も、結城城と山川城の間に位置する武井・田間（同）に陣城を構え、両軍は鬼怒川を隔てて対陣するに至った。しかし、結局両軍は大きく激突することなく、ほどなく北条軍が小山方面へ撤退したため、佐竹氏らは七月に再度壬生城を攻撃して帰陣していった（小河合戦）。

この小河合戦は、越相同盟の成立・破綻以降の東国情勢の激変をうけて、佐竹氏を盟主として宇都宮・結城・那須・水谷《みずのや》・多賀谷・太田・梶原・大掾《だいじょう》氏ら北関東諸領主のほとんどが結集して反北条連合を組み、上杉氏と別個に独自の勢力を作り上げて北条氏と正面からぶつかったという意味で、画期的な出来事であった。この佐竹氏を中心とした北関東領主は、先述したように以前から「東方之衆《とうほうのしゅう》」

と呼ばれていたが、この時期に反北条の名の下でより確かな連合勢力として成長していったといえる。以後の東国の政治史は、北条氏とこの「東方之衆」との対立というのが大きな軸となって展開していくことになる。

御館の乱と里見氏天正の内乱

天正六年（一五七八）三月十三日、武田信玄から「日本無双の名大将」（「歴代古案」）と評された上杉謙信は、突如春日山城にて死去した。四十九歳であった。謙信には実子はおらず、上田長尾政景の息子景勝と、北条氏から人質としてやってきた景虎の二人を養子としていた。景勝は、三月下旬に春日山城の実城を占拠し、景虎と対立するようになった。御館《おたて》の乱の勃発である。

越後国内の領主の多くは景勝を支持したが、古志・南蒲原（新潟県長岡市ほか）の領主や諸氏の庶家などは景虎を支持し、上杉家を二分した争いに発展していった。さらに事態を複雑化させたのが、外部勢力の介入である。北条氏は、一族である景虎を当然ながら支援し、上野厩橋城主北条高広・景広や沼田城の河田重親らに越後への出陣を要請した。これに対して、景勝は越後坂戸城（同南魚沼市）を守る深沢利重に、三国峠を越えて猿ヶ京城（群馬県みなかみ町）を攻撃させるなどして防いでいた。

北条氏と同盟関係にあった武田氏も、景虎支援のため五月末に北信濃へ出陣した。ところが、景勝が勝頼に和睦を懇望し、六月上旬に成立してしまう。東上野と信濃飯山領が武田氏に割譲され、勝頼の妹を景勝の室にすることが決まり、甲越同盟が締結されたのである。勝頼が突如受け入れたのは、景虎が勝利した暁には北条氏と上杉氏が連携し、武田氏を攻撃する可能性があることを景勝が訴えたからだといわれている。これにより、勝頼は越後へ入り、景勝・景虎間の和睦を調停するが失敗し、八月にいったん甲斐へ帰国した。

形勢が逆転した景勝は、景虎方への攻撃を強めていく。景虎を救援するため、北条氏邦が三国峠を越えて坂戸城を攻撃したが、武田軍が出陣してきたため思うように行動できず、降雪を前にして撤退していった。堪えきれなくなった景虎は、景勝に降伏することにしたが、結局翌天正七年三月に鮫ヶ尾城（新潟県妙高市）で自刃した。これで戦乱は収まるかにみえたが、なおも景勝の支配に抵抗する勢力による戦いは天正八年六月頃まで続いた。

28—御館の乱の舞台となった御館跡（新潟県上越市）

御館の乱と同時期には、房総里見氏でも内乱が起きていた。「大酒」飲みであった里見義弘が、天正六年五月二十日に「臓府《ぞうふ》破れ」て死去すると、義弘の嫡子である梅王丸と、義弘の庶子とも弟ともいう「安房の主」義頼（当時は義継）が、家督の座をめぐって争い始めた。義頼は、安房岡本城（千葉県南房総市）を本拠として安房の家臣たちから支持をえており、梅王丸は上総佐貫城を本拠として、小弓公方系の家臣たちが多くいた上総の家臣たちの支持をえていた。義弘の存命中から義頼との仲は険悪で、焼香にも参らないほどであったという（「椙山林継氏所蔵文書」）。

両者の激突はしばらく続いたが、天正八年夏に義頼が梅王丸派を破り、家督を継承した。しかし、今度はその直後に、里見氏重臣で半独立的な存在であった上総小田喜城（千葉県いすみ市）主正木憲時が義頼に対して反旗を翻した。この乱に対する義頼の対応は素早く、正木方の諸城を次々と落とし、天正九年九月には小田喜城を落城させ、戦乱はようやく終わりを迎えた。

この一連の騒乱に、「房相一和」を締結した北条氏は、御館の乱や武田勝頼の侵攻に対応していたこともあり、ほとんど介入することはなかった。妙本寺日我も、乱中にもかかわらず「今ハ向地とミかたに候」（対岸の北条領は味方である）との認識を変えてはいなかった（「椙山林継氏所蔵文書」）。

甲相同盟の破綻とその影響

御館の乱の展開と甲越同盟の成立により、甲相同盟の維持は危ぶまれるようになっていった。それにともない、北条氏と武田氏はともに新たな対応をし始めていった。

北条氏が取った行動は、武田氏と対立していた徳川家康・織田信長との連携であった。天正七年（一五七九）正月、北条氏はまず家康と接触し、九月までには同盟を締結した。また、家康を通じて信長との同盟も模索し始めた。九月十五日には、家康が嫡子信康を自害させるという事件が発生したが、これは信康が武田氏に内通したことが理由とされる。家康は、武田氏への敵対姿勢をより明確にしたのであった。一方、勝頼は八月二十日に駿河へ出陣し、翌月には北条氏と断交するとともに、上杉氏や佐竹氏ら「東方之衆」との連携を模索し、十月までに甲越同盟・甲佐同盟を成立させた。これにともない、佐竹氏も北条方の下野小山祇園城の攻撃を開始した。さらに勝頼は、十一月段階で佐竹氏を介して信長との和睦交渉も行い始めた（「甲江和与」）。こうして、甲相同盟は正式に崩壊し、両者の全面戦争が再開されたのである。

駿河に出陣した勝頼は、北条領との境目に位置する狩野川河口の沼津に三枚橋城（静岡県沼津市）を築いた。対する北条氏も、伊豆韮山城の防備を固めるとともに黄瀬川《きせがわ》左岸に泉頭城《いずみがしら》（同清水町）を、その後海賊衆の梶原景宗に命じて長浜城（同沼津市）を新たに築いて応じた。さらに、下総千葉邦胤らに軍勢派遣を要請し、氏政自身も伊豆三島まで出陣した。氏政は、同盟を締結した家康に駿河への出兵を求めたため、家康は駿府に攻め寄せたが、この時は武田軍が撃退している。北条・武田両軍は狩野川・黄瀬川を挟んで対陣したが、大きく激突することなく、十一月に氏政が帰国し、勝頼も江尻城（静岡県静岡市）に引き上げてから十二月に帰国した。

北条・武田両軍の激突は、上野・武蔵方面でも始まっていた。八月末に北条方だった厩橋北条高広《まやばしきたじょうたかひろ》が武田方へ寝返り、その後今村城（群馬県伊勢崎市）主那波顕宗《なわあきむね》も従属して、北条氏の拠点沼田城に迫った。また、北条氏邦の居城鉢形城を攻撃するなど、全体的に戦況は武田氏優位で進んでいった。

翌天正八年も武田氏の攻勢は続いた。閏三月には駿豆国境で両軍が対陣し、四月に海戦が行われ、武田方が勝利しているが、その後もたびたび同地域で両軍は激突した。一方、上野方面への経略も進め、三月には北条方国衆小川可遊斎が武田方に寝返った。勝頼は、すぐさま真田昌幸を上野に派遣し、四月八日の後閑《ごかん》橋（群馬県みなかみ町）の戦いを経て、八月に要衝沼田城を攻略することに成功した。さらに九月には、勝頼自身が上野へ出陣し、新田領・館林領・小泉領を荒らし回り、十月六日には由《ゆ》良国繁《らくにしげ》の支城膳城（同前橋市）へ「素肌攻め」（甲冑を身に着けず軽装での攻撃のこと）を行い攻略した。そこで北条氏政が武蔵・上野国境付近まで出陣してきたため、勝頼は共同で軍事行動を起こしていた佐竹義重・宇都宮国綱・結城晴朝らとともにこれに当たろうとした。だが、佐竹氏らは動くことなく同月中に帰陣してしまった。結局、甲佐同盟と北条氏との正面衝突は避けられた形となったのである。

2　天正年間前半の奥羽

佐竹氏の「奥州一統」

天正年間（一五七三〜九二）に入ると、南奥への佐竹氏の進出は、より激しさを増していった。永禄十二年（一五六九）に白河義親が蘆名盛氏と結んで佐竹氏に抵抗姿勢を見せ始めると、佐竹氏は南郷進出を再開し、一族の東義喬《ひがしよしたか》・義久兄弟を中心に、白河方の赤館《あかだて》城（福島県棚倉町）を繰り返し攻め立てた。佐竹氏は、蘆名氏の支援を受けていた白河氏の抵抗に苦戦したが、白河一族白河常広が挙兵する内部抗争が勃発したことを利用して、天正二年二月六日までに赤館城を攻略した。これにより、佐竹氏は赤館城を南郷支配の拠点として改めて取り立て、佐竹東義久を城主に据えた。同年は北条氏が下総関宿城への攻勢を強めていた時期でもあったため、佐竹氏はその救援に向かっていったん南郷から離れ、北関東情勢への対応に奔走した。

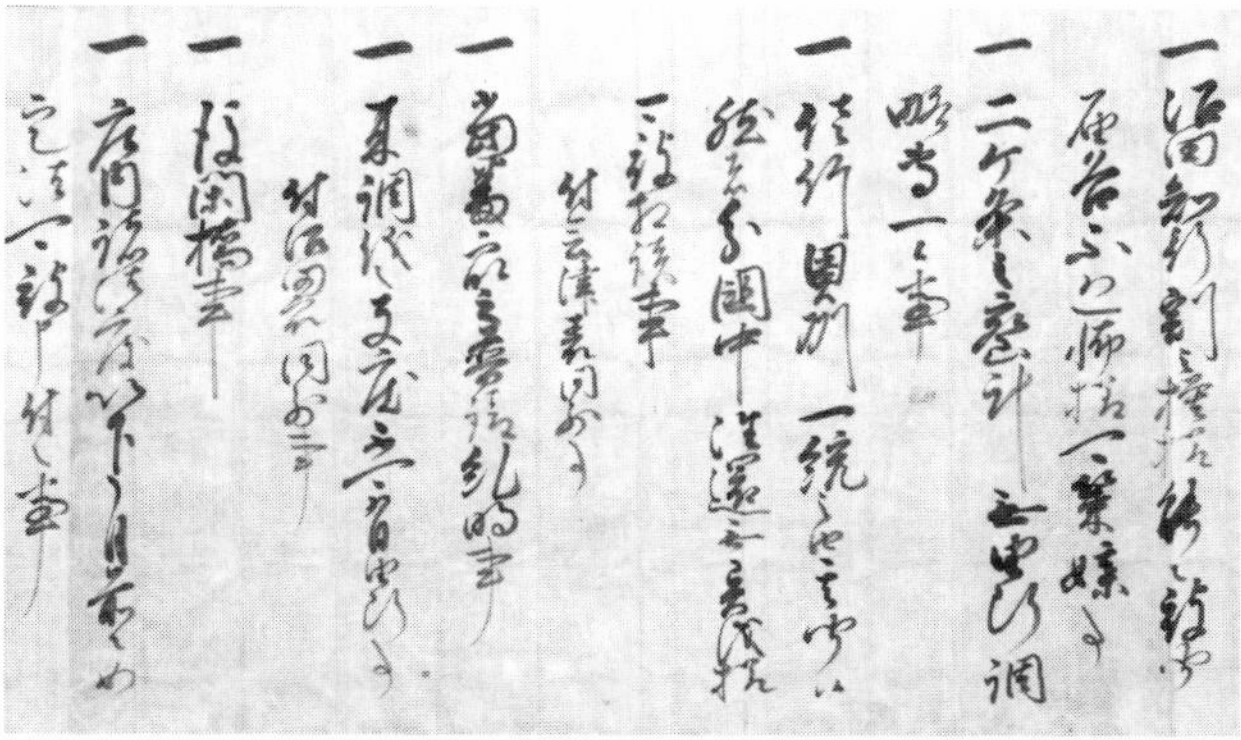

29—武田勝頼条書（部分、真田宝物館所蔵「真田家文書」）５行目に「佐竹奥州一統」と見える。

　それから帰還した同年閏十一月、謙信の仲介により白河・蘆名氏との和睦締結が模索されたものの、交渉は決裂し、佐竹氏は白河領への侵攻を再開した。その勢いはすさまじく、天正三年二月に白河方の城館を次々と落城させ、佐竹氏や石川氏の支援を受けた白河常広が白河城（同白河市）主となった。さらに、八月には船尾昭直を蘆名・田村両氏との境目にあたる滑津《なめつ》城に配置するなど、南奥進出の体制整備をしていった。だが、翌四年、佐竹氏と協調関係にあった田村氏が蘆名方に転じると、同五年閏七月に蘆名盛氏・田村清顕の援軍を得て義親は白河城を奪還し、佐竹氏は支配領域を再び赤館城周辺にまで後退させてしまうことになった。

その直後の十一月、佐竹氏と蘆名氏との間でいったん和睦が成立し、翌天正六年八月に白河氏と同族である下総結城晴朝の仲介によって佐竹氏と白河氏との間でも和睦が成立した。この和睦によって、佐竹氏は赤館城およびその周辺領域を白河氏に返還したが、一方で義重二男の喝食丸（後の義広）が白河氏に養子入りし、名跡を継ぐことになった。翌天正七年二月、白河城に入った喝食丸が当主となると、義親は隠居して不説斎を名乗り、その後見役となった。義親はなお実権を握っていたものの、白河氏は事実上佐竹氏に従属したのであった。

同年七月、白河氏の仲介により改めて蘆名・佐竹間の和睦が成立し、両者は同盟関係となった。以後、この同盟を軸に、白河・石川・岩城・二階堂氏を含めて南奥領主連合が形成された。これに対抗する南奥領主は田村氏のみとなり、翌八年から九年にかけて、連合軍は田村氏を攻撃した（御代田《みよた》合戦）。同年四月、伊達輝宗・結城晴朝の調停で和睦が成立したが、田村氏の事実上の降伏であった。これをもって、南奥は「佐竹奥州一統」と呼ばれる状況になった（「真田家文書」）。さらに同年十月、佐竹義重が会津の蘆名盛隆のもとを訪れ、関係の強化を図った。このように、佐竹氏は北関東および南奥の領主連合の核となる存在となっていったのである。

天正前期の伊達・蘆名氏とその周辺

天正前期の伊達氏は、蘆名氏との同盟をより強固にしつつ、中奥の粟野氏や国分氏の家臣化を進め、二本松畠山氏を従属させ、葛西氏と同盟を結ぶなどして、次第に勢力を拡大していった。天正二年（一五七四）の最上氏の内乱では、伊達輝宗は義守方として介入したものの、大きな成果をあげることはできなかったが、天正四年以降、輝宗は相馬氏と再び伊具郡をめぐって激しく争うようになった。相馬盛胤の嫡男義胤が亘理氏と手切をして攻め入ったため、輝宗が応戦し、翌五年五月には宇多郡（福島県相馬市・新地町）へ侵攻しつつ、伊具郡金山城・丸森城（宮城県丸森町）を攻撃した。これに対して、蘆名氏や田村氏から和睦を求める声があがり、同年末までに成立した。

次に両者が激突したのは、天正九年であった。同年四月頃、小斎《こさい》城主佐藤為信が伊達氏に寝返り、輝宗・政宗父子が伊具郡への侵攻を開始した。この抗争は四年にわたって続いたが、同十一年から十二年の間に金山城を奪取するなど伊達氏の優勢が続き、同十二年五月に田村清顕や岩城常隆らの仲介で和睦が成立した。これにより、相馬氏は伊具郡を手放すことになり、伊達氏は念願であった伊具郡の領国化に成功した。そして、主戦場は宇多郡へと移っていった。

伊達氏との同盟を強化した蘆名盛氏は、天正元年頃に輝宗の二男小次郎を当主盛興の養子とすることを願い出たとされる。輝宗は、小次郎が成人した暁には盛氏に奉公させることもあると返答し、差し出すことはなかった。しかし、次第に蘆名氏は佐竹氏に近づいていった。天正七年七月に両者の和

30―南部信直画像（もりおか歴史文化館所蔵）

睦・同盟が成立すると、二階堂氏や白河氏らとともに連合勢力を形成していった。

南奥周辺に大きな影響力を持っていた盛氏だが、天正八年正月九日時点で自ら「言語道断老衰せしめ、散々に候（中略）歩きも罷りならず候、炉辺にばかり送り申し候」と述べるなど、体調が悪化していた（「佐竹文書」）。そして、同年六月十七日、ついに六十歳で死去してしまう。すでに当主となっていた盛隆は、盛氏死去後もなお佐竹氏との同盟・連合勢力を維持し続けた。この間、蘆名氏や佐竹氏と争っていた田村清顕は、さらに大内氏や畠山氏などとも争うようになり、周囲を敵に取り囲まれる格好となってしまった。そのため、天正七年冬、伊達氏と結びつくことで家の存続を図り、娘愛姫《めごひめ》を伊達政宗に嫁がせた。それでも、蘆名・佐竹氏らと激しく対立した田村氏は、先述したように天正八・九年に、佐竹・蘆名氏らの連合軍による攻撃をうけてしまう。

こうして、天正十年までには佐竹・蘆名・二階堂・白河・岩城・石川の連合と、伊達・田村連合という対立構図ができあがっていった。ただし、この時点で伊達氏と蘆名・佐竹氏は直接的な対立関係にはなかったようである。むしろ、友好的な関係が続いていたともいわれている。

天正前期の北奥

北奥では、三戸《さんのへ》南部氏において、晴政派と信直派の争いが続いていた。それでも、天正年間（一五七三～九二）の初め頃には信直が廃嫡され石川氏の居城であった田《たっ》子《こ》（青森県田子町）に戻り、晴継が正式に家督を継承することで落ち着いた。同時期に三戸南部氏と九《くの》戸《へ》氏との対立も激化したが、やはり家督継承問題が一因となっていたようで、一戸《いちのへ》氏や久慈《くじ》氏らが仲介して和睦を結んだという。この家督継承問題は、三戸南部家内部の問題にとどまらず、周辺に割拠する有力一族・領主たちをも巻き込んで展開されたものだったことがうかがわれよう。

ところが、天正九年までに晴政と晴継が相次いで死去するという事態が起きてしまった。そのため、改めて家臣たちによる評定が開催され、九戸政実が弟の実親を推すなかで、北信愛の強い推挙もあって、一度は廃嫡された信直が次期家督となることに決した。後に盛岡藩祖となる南部信直は、こうしてようやく南部家の家督を継承することができたのである。

北奥では大浦氏が勢力を拡大させていった。天正三、四年頃には、三戸南部氏家臣の滝本重行が在城する大光寺城を攻め落とした。さらに、同六年にはたびたび争っていた浪岡御所北畠具愛《きたばたけともちか》を滅亡させたともいわれている。具愛の妻は下国安藤愛季《あんどうちかすえ》の娘であったため、北畠氏と下国安藤氏の関係は深く、北畠氏の滅亡をうけて下国安藤氏が繰り返し浪岡方面へ出陣した。だが、浪岡城を奪還することは叶わず、大浦氏も下国安藤氏と対立する出羽大宝寺氏と連携するなどして対応していった。

その後の大浦氏の動向は不明瞭であるが、下国安藤氏との戦いを背景に三戸南部氏と和睦した可能性が指摘されている。そのためか、天正九年頃に石川高信の子で信直の弟である政信が浪岡城に入り、新たな津軽郡代として津軽支配を行うようになったようである。その際に、為信は大光寺氏や浅瀬石氏とともに後見役となったともいわれている。その一方で、天正十一年には大光寺氏配下の尾崎氏を攻撃し、同十三年には油川城《あぶらかわ》(青森市)を攻め落として外浜《そとがはま》を支配下に置いたとされる。一次史料が少なく真偽不明なものが多いが、いずれにせよ、大浦氏の勢力が徐々に拡大していったといえそうである。

天正前期の出羽

家督を継承した最上義光は、家中統制を強化するなど領国経営に勤しんでいたが、天正二年(一五七四)になると「最上の乱」と称される父子紛争が勃発してしまう。この乱には伊達輝宗が義守方として介入し、相馬《そうま》氏が和睦仲介に入ろうとするなど複雑化したが、実態としては義光の急進的な家中統制に反発する一族・国衆が義守に結集して繰り広げられた抗争であった。

これに勝利した義光は、その後も有力一族・国衆の討伐を繰り返し、天正八年に小国細川氏を滅亡させ、同九年に庭月《にわつき》氏を従属させ、鮭延秀綱《さけのべひでつな》を降した。さらに、清水城(山形県大蔵村)をめぐって出羽庄内大宝寺氏と争いつつ、同十二年に白鳥長久、寒河江《さがえ》大江高基、天童頼貞を相次いで滅亡させた。

こうして義光は、最上郡・村山郡（山形県北部）を完全に領国化し、戦国大名としてさらに成長していった。

その最上氏と激しく争うようになったのが、庄内の大宝寺氏であった。「最上の乱」の時、大宝寺義氏は村山郡の日野氏に対して、天童氏と協力して最上氏と抗戦するよう求めていた。その内訌に勝利した義光が台頭してくると、主として鮭延氏の帰属をめぐって争うようになった。天正九年二月から五月頃にかけて、義光は「鮭延我《わ》が儘《まま》致す」との理由から、執事氏家守棟《うじいえもりむね》を大将として鮭延秀綱を攻撃した（「根岸文書」）。それに対して、義氏は秀綱に援軍を送ったものの、力及ばず秀綱は翌十年十一月までには義光に恭順してしまった。義光の矛先は大宝寺氏の拠点の一つ清水城へも向かい、両者の熾烈な争いはなお続いていった。

最上・大宝寺両氏の争いには、小野寺氏も介入していた。義光は、鮭延攻撃の際に大宝寺氏を牽制するため、小野寺氏宿老の西野道俊を通して小野寺輝道に協力を要請している。鮭延秀綱の降伏も、輝道が和睦を仲介して実現したともいわれている。その小野寺氏は、元亀二年に大宝寺氏の仲介で下国安藤氏と和睦したものの、ほどなく抗争は再開し、天正七年頃に下国安藤領と仙北の境の唐松城（秋田県大仙市）をめぐる合戦で勝利した。同時期には、大宝寺氏も由利郡（秋田県由利本荘市ほか）に触手を伸ばして小野寺氏と対立しつつあった。小野寺氏と下国安藤氏は、天正十年に再び和睦したが、同年七月に大宝寺氏は仙北の戸蒔氏・金沢氏と連携して小野寺氏と関係が深い由利郡の小介川氏を攻撃し、下国安藤氏とも交戦するなど、混乱は続いた。

奥羽諸氏と織田信長

天正期になると、上方で勢力を急速に拡大しつつあった織田信長と通交する奥羽の領主が増えていった。なかでも早くから通じたのは、伊達輝宗であった。輝宗は、天正元年（一五七三）十月に信長へ書状とともに鷹を贈り、年末に信長から返信を受けている。翌二年には、信長から金襴《きんらん》・緞子《どんす》・袷《あわせ》・紅糸・虎皮が贈られ、同三年にも輝宗は馬と鷹を贈っている。天正五年には、輝宗は謙信と敵対していた信長から越後へ攻め入るよう要請を受けている。上方方面の政治軍事情勢が、徐々に奥羽に影響を及ぼすようになっていったことを示すといえよう。

下国安藤愛季も、信長との間でたび重なる書状・贈答品のやりとりをしていた。天正三年二月に信長から派遣する鷹師に関する奔走を依頼され、十月には信長に鷹を贈っている。同五年には信長の取り次ぎによって従五位下に、同八年には従五位上に叙任されるなど、信長との親密度合いという点では諸氏に比べても深いといえる。

天正六年八月五日、津軽の南部宮内少輔が鷹五居《もと》を進上し、十日に信長側近の万見仙千代邸で饗応《きょうおう》を受けている。同七年七月十八日には出羽大宝寺義氏が駿馬を五匹、白鷹を含む鷹十一居を、続けて二十五日には陸奥の遠野孫次郎が鷹匠石田主計《かずえ》を派遣して白鷹を贈っており、同日に出羽仙北大曲（秋田県仙北市）の前田薩摩守も御礼を申し上げている。その翌日、信長は石田主計と前田薩摩守を饗応し、完成したての安土城の天主を案内し、御服や黄金などを与えている。

このほか、白鳥長久、蘆名盛隆、最上義光らも信長と音信を取り交わしていた。なかでも蘆名盛隆は、信長の奏上により三浦介に任官したことが確認できる。下国安藤愛季の事例といい、官位という面でも信長の影響力が奥羽に及ぼされつつあった様子がうかがわれよう。

その後、良質な鷹を求めて徳川家康もしばしば伊達氏を含めた奥羽の諸領主へ使者を派遣したため、彼らと通交するようになっていった。

このような奥羽諸領主と信長との関係をみていくと、贈答品としての鷹・馬が重要な役割を果たしていたことがわかるだろう。いずれも奥羽の特産品であり、武家にとって必需品でもあったため、進物として絶大な支持を受けていた。鷹・馬の産地としての地域的特性をうまく利用して、奥羽の諸領主は信長との友好関係を築いていったのである。

3 武田氏滅亡と「東国御一統」

高天神城落城と新府築城

武田氏が北条氏と争い続けていた一方で、北条氏と同盟関係にあった徳川家康は、武田方の重要拠点である遠江高天神城への攻撃を強めていった。天正八年（一五八〇）三月から付城《つけじろ》の普請を開始し、遠江小山城（静岡県吉田町）・駿河田中城（同藤枝市）なども攻撃しつつ、十月からは高天神城の周囲を囲む土塁・堀を普請し、完全に包囲した。そし

31—遠江の要衝・高天神城跡（静岡県掛川市）

て、ついに天正九年三月二十二日、高天神城は陥落した。この高天神落城は、一つの大きな画期となった。勝頼は、北条氏との戦いに忙殺されており、救援の軍勢を十分差し向けることができず、見殺しにした形になってしまった。加えて、勝頼は信長と和睦交渉を継続していたため、表だった行動を控えていたようである。その結果、勝頼は求心力を急速に失うことになり、以後家臣たちが次々と離反していったのである。

　高天神城が落城する直前の天正九年一月、勝頼は大きな決断をした。新たに新府城（山梨県韮崎市）の築城を開始し、甲府から本拠を移そうと計画したのである。現実味を帯び始めた織田・徳川軍の侵攻に対応したものと思われる。

　勝頼は、急いで築城を進めつつも、各方面の対応に迫られていた。上野・下野方面では、前年に壬生義雄が、二月までに由良国繁・長尾顕長が武田・佐竹方に転じ、優勢に立ったものの、三月に旧領主の沼田景義が沼田城奪還を図り、五月から七月頃にかけて長尾憲景や河田重親らが北条方へ寝返るなどの事件が立て続けに起きた。そのため、勝頼は真田昌幸に命じて沼田城や岩櫃《いわびつ》城（群馬県東吾妻町）周辺の防衛を強化した。

駿豆国境地域では、引き続き武田・北条両軍による戦いが繰り広げられた。同年三月から六月にかけては、武田海賊衆が伊豆半島の西岸部をたびたび攻撃した。対する北条氏も駿河深沢城攻めや甲斐郡内への侵攻を行い、揺さぶりをかけた。そして、同年八月、北条氏は駿豆国境に徳倉城（静岡県清水町）を築き、重臣笠原政晴を置いた。ところが十月、その政晴が武田方に寝返り、伊豆韮山城を攻めたのである。これを好機と捉えた勝頼は、十一月初めに伊豆に出陣、北条氏政も応じ、両軍は対陣した。散発的な戦いが起きるなか、勝頼は佐竹氏ら「東方之衆」だけでなく、北条氏と同盟関係にあった里見氏にも協力を要請したが、結局十二月十九日に甲府へ帰陣した。帰国直後、勝頼は、甲府の躑躅ヶ崎《つつじがさき》館（山梨県甲府市）から新府城へ本拠を移す作業に追われることになった。

武田氏滅亡す

勝頼が新府城へ移った翌月の天正十年（一五八二）正月、信濃木曽郡（長野県木曽町ほか）の国衆木曽義昌が、美濃苗木城（岐阜県中津川市）主遠山友政を通じて突如武田氏から信長へ寝返った。義昌がすぐにでも軍勢を派遣するよう要望したことから、二月早々に信長は大挙して武田領国への侵攻を開始した。信長自身は後方に控え、嫡男信忠を総大将として滝川一益がこれを補佐し、信濃伊那地方（長野県南部）から攻め入った。また、家臣の金森長近に飛驒から、家康に駿河からそれぞれ攻め入ることを命じ、従属を申し出ていた北条氏に対しても伊豆や武蔵など各所から攻め入るよう要請した。

これに対して勝頼は、木曽義昌からの人質を殺害して、自身は二月二日に信濃諏訪郡上原（同茅野市）に出陣して迎え撃とうとしたが、信長の予想以上に武田領国の崩壊は早かった。信忠は美濃岩村口から攻め入ったが、境目を守備していた下条信氏が家老の下条久兵衛に追い出され、二月六日に織田軍を引き入れてしまった。ついで、松尾城（同飯田市）の小笠原信嶺も寝返ったため、織田軍は妻籠口からも侵入した。飯田城（同）を守っていた保科正直も、二月十四日に逃げ出し、十七日に信忠が飯田城に入城を果たした。そこから、伊那地方の拠点である大島城（同松川町）攻めを行い、守将の武田信廉を一日で追い出した。十六日には鳥井峠で両軍が激突して織田軍が勝利し、松本方面へと進軍していった。三月二日、信忠は頑強に抵抗していた勝頼の弟仁科盛信が籠もる高遠城（同伊那市）を総攻撃し落城させると、翌日諏訪高島城（同諏訪市）を接収した。同日には馬場昌房が守る深志城（同松本市）も開城し、家康も駿河から甲斐へ向けて侵攻を開始した。

駿河方面では、家康が二月十八日に掛川城に着陣し、二十一日に早くも駿府を陥落させた。伊豆方面では、北条氏政が二十八日に徳倉城と三枚橋城を攻略し、三月一日には深沢城を攻め落とし、二日に吉原まで進出した。三月三日には興国寺城主曽根正清が家康に降伏し、江尻城主の穴山信君も家康に降った。

勝頼は二月二十八日に上原から新府城に引き返したが、次々と陥落していく諸城の状況を知り、三月三日に新府城を放火して退去し、郡内小山田信茂の居城岩殿城（山梨県大月市）を目指して落ち延びていった。しかし、駒飼（同甲州市）に滞在中に、信茂の離反が明らかになった。進退窮まった勝頼は、田野（同）にいたところを、三月十一日に滝川一益軍に発見されてしまい、自刃した。こうして、甲斐武田氏は滅亡したのである。

追い込まれる上杉景勝

武田攻めと同時期、北陸方面では織田軍による上杉攻めが激しさを増していった。御館の乱を契機に、信長は加賀・能登・越中への侵攻を開始していたが、天正八年（一五八〇）段階では、景勝は信長との和睦交渉を行っていた。ところが、それが成就しないままの天正九年三月、景勝は越中へ出兵し、織田方の拠点となっていた小出城（富山県富山市）を包囲してしまった。これが問題視され、織田・上杉両氏は全面戦争へと突入していった。

景勝は、三月二十四日に死去した重臣河田長親に代わって松倉城に在番衆を派遣し、魚津城の防衛も固めた。しかし、五月に増山城（同砺波《となみ》市）が、七月に木船城が攻め落とされるなど、劣勢が続いた。さらに信長は、御館の乱において景勝方として行動していた新発田重家を調略し、六月に寝返らせることに成功した。以後、景勝を長年苦しめた新発田重家の乱の始まりである。その背景には、御館の乱後の論功行賞への不満があったとされている。景勝は、同盟関係にあった蘆名盛隆へ新発田攻撃を要請したが、盛隆は新発田氏と隣接することから関係が深かったこともあり、大きく動くことはなかった。盛隆は、天正十年二月には景勝との同盟関係を強化しようとしつつ、両者の和睦の仲介も行おうとしていた。

翌天正十年になっても信長の攻勢は収まることなく、北陸方面の司令官であった重臣柴田勝家を中心に越中への侵攻を繰り返した。そして、三月に富山城（富山市）を攻略すると、ついに上杉方最後の拠点である魚津城へ猛攻を仕掛けた。景勝は、魚津城へ救援に向かったが、武田氏滅亡後に北信濃へ進出した織田家重臣森長可が春日山城に迫ってきたため、引き返してしまった。景勝は、魚津城を守る山本寺景長・吉江宗信・竹俣慶綱らに対して、織田軍に降伏するよう指示したが、彼らはそれを拒否して討死し、六月三日に魚津城も陥落した。さらに、上野に入部した滝川一益も、三国峠を越えて越後への侵入を開始しようとしていた。

こうして、上杉景勝はまさに人生最大のピンチを迎えた。同年五月一日、景勝は佐竹義重に書状を送り、「景勝好き時代に出生、弓箭《きゅうせん》を携え、六十余州越後一国をもって支え」一戦を遂げて滅亡することは、死後の思い出として不相応だろうか、もしまた九死に一生をえたならば日本無双の英雄になろうか、いずれにせよ面目躍如、「天下の誉れ」であり、人々は自分を羨むだろうか、と述べている（「千秋文庫所蔵佐竹古文書」）。景勝の悲壮感とともに決戦への意気込みも感じられる。

滝川一益の上野入部と「惣無事」

武田氏滅亡をうけて、信長は三月二十九日に旧武田領国の知行割を公式に発表し、同時に甲斐・信濃の国掟を定めた。滝川一益は上野と信濃佐久郡・小県郡、河尻秀隆は甲斐（穴山氏領を除く）と信濃諏訪郡、森長可《もりながよし》は川中島四郡（高井・水内・埴科・更級郡）、毛利長秀は信濃伊那郡、木曽義昌は信濃木曽郡・筑摩郡・安曇郡を、そして徳川家康は

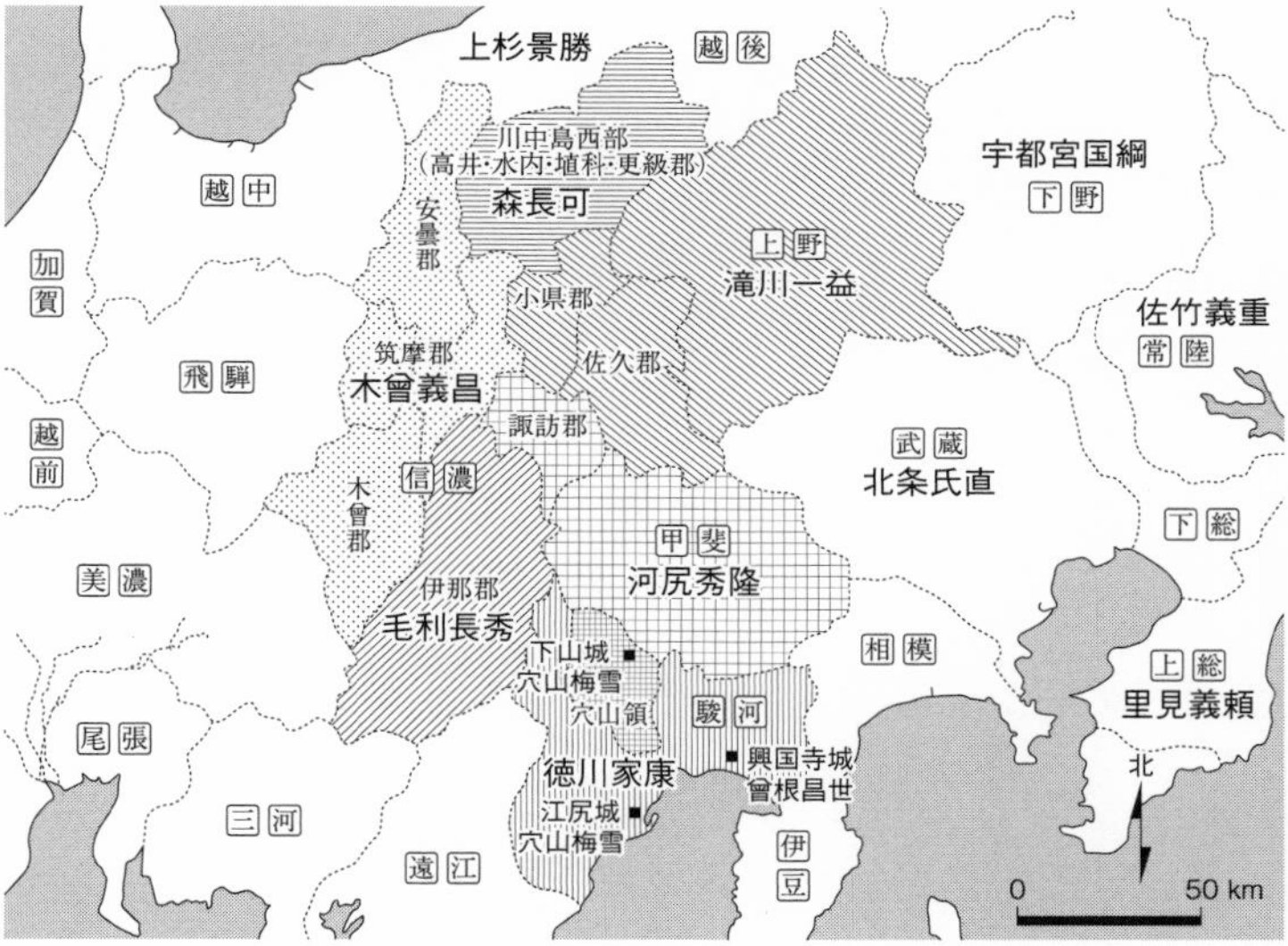

32―武田氏滅亡後の勢力図（平山2011より転載・加筆）

駿河（穴山氏領など一部を除く）を、それぞれ与えられた。これにより、北条氏は占領していた駿河東部と上野を手放すことになった。北条氏は、信長娘と氏直の婚姻締結による関東八州の支配権確保を望んでいたが、結局それが叶うことはなかったのである。

こうして新たな支配が始まりを迎えつつあったが、配置された諸将のうち滝川一益は、「関東八州の御警固」（関東の大名・国衆を軍事的に統率する役割）や「東国の儀御取次」（関東・奥羽の大名・国衆に対する取次を行う役割）を命じられ、織田政権による「東国御仕置」の実施を「目付」として最前線で行う重要な立場になった（「滝川文書」ほか）。加えて、徳川家康も一益を適宜補佐するかたちとなったようである。

もっとも、一益はこの処遇に不満があったようで、信長から武田氏攻めの褒美として望むものがあるかと尋ねられたとしたら、信長秘蔵の茶器である「小茄子」をと申し上げようとしていたものの、「さはなく遠国に置かせられ候の条、茶の湯冥加は尽き候」と述べ、「存知より候はぬ地獄へ落ち候」「万の所作もならぬ国にて候」と落胆している（「畑柳平氏所蔵文書」）。

さて、一益は、最初箕輪《みのわ》城（群馬県高崎市）に入城したが、ほどなく厩橋城に移ってここを拠点としつつ上野支配を開始した。これにより、上野のみならず北武蔵の国衆も軒並み人質を提出して一益の統制下におかれることになった。さらに一益は、倉賀野家吉や天徳寺《てんとくじ》宝衍《ほうえん》らを取次として、関東・奥羽諸領主と積極的に接触し、彼らの編成を進めていった。なかには、太田道誉・梶原政景のように、信長の「直参」となることを申し出てきたものもおり（「太田文書」）、成田氏長などは信長から直接知行安堵を受けた。

一益は、領主間の紛争の調停もしていたようで、北条氏に追われていた小山秀綱の祇園城への復帰を実現している。また、陸奥の蘆名氏は、織田政権と協力関係にあった越後新発田氏を攻撃したことについて一益に弁解しており、織田政権の意向に反する戦争が結果的に抑止されるようになった。このように、関東・奥羽諸領主は、一益を通じて信長と関係を結び、事実上の服属を遂げていったのである。

こうして、緩やかながらも東国が織田政権のもとで統合されていく方向性ができ上がりつつあった。

こうした状況を、蘆名氏重臣の金上盛満は「東国御一統」と表現していた（「坂田文書」）。一方で、戦国期的な秩序が崩れ織田政権に従わざるをえない状況を、陸奥の石川昭光は「窮屈」と表現しているが（「秋田藩家蔵文書」）、特に「窮屈」となったのが北条氏であったことは間違いない。ただ、こうして一時的にせよ、信長によって一種の「平和」秩序が東国に形成されていったことには注目したい。このことを、後に家康が「惣無事」と表現しているが、この織田政権によって形成された「惣無事」たる秩序が、以後の東国情勢に大きな影響を与えることになる。

六　豊臣政権の成立と東日本

1　天正壬午の乱と北条・徳川同盟の成立

大混乱に陥る旧武田領国

織田政権による東国支配が開始され、緩やかな統合が進展しつつあった矢先の天正十年（一五八二）六月二日、あの大事件が起きた。本能寺の変である。その影響は織田領国全体に波及し、遠く離れた東国も無縁ではなかった。織田政権が支配を開始したばかりであった旧武田領国である上野《こうずけ》・信濃《しなの》・甲斐《かい》にもすぐさま飛び火し、たちまち大混乱となったのである。

上野にいた滝川一益のもとに本能寺の変の一報が伝わったのは、六月七日とも九日ともいわれている。一報を受け、一益は北条氏の動向を警戒するようになったが、それを察してか、十一日に北条氏政は一益に書状を送り、引き続き協力することを申し出ている。しかし、同日に下野小山祇園城《しもつけおやまぎおん》を開城させていた形跡があるなど、裏では打倒一益へと動きつつあった。一方の一益は、六月十三日に上野沼田城を真田昌幸に引き渡し、上洛を急いだ。

だが十六日、北条氏は正式に一益と断交し、倉賀野（群馬県高崎市）へと出陣した。一益も覚悟をしており、早速上野・下野の諸領主に軍勢動員をかけ、ついに両者は十八日・十九日の二日間にわたって上野・武蔵国境で激闘することになった。これが、世にいう神流川の戦いである。

十八日の合戦は滝川軍が勝利を挙げたものの、翌十九日の合戦は北条氏直率いる大軍が押し寄せて大勝し、滝川軍は総崩れとなった。一益は命からがら箕輪城まで逃げ帰り、上野国衆の人質をともないながら、早くも翌二十日に信濃へ向かい、そのまま尾張・伊勢方面を目指していった。

一方、甲斐では武田旧臣らによる一揆が勃発し、六月十八日には甲府が占拠され、ほどなく河尻秀隆は一揆勢に討たれてしまった。上杉氏の本拠春日山城攻めを計画していた森長可も、一報を受けて引き返し、毛利長秀とともに早々に上洛していった。越中方面では、柴田勝家らが六月三日に魚津城を攻略していたが、やはりすぐさま引き返し、北ノ庄城（福井市）で体制を整えて光秀討伐の準備を急いでいた。

このように、旧武田領国をはじめとした織田領国は各所で崩壊し始めたのだが、これにより苦戦を強いられていた上杉氏は危機を脱し、北信濃へ攻勢を強めることになった。また、和泉堺（大阪府堺市）から命からがら逃げ帰った徳川家康も甲斐方面への調略を開始し、軍勢の派遣も開始した。そして、北条氏も上野の平定を進めつつ、信濃をうかがうようになった。こうして、北条・徳川・上杉の三氏を軸とした旧武田領国争奪戦、いわゆる天正壬午《てんしょうじんご》の乱が勃発したのである。

天正壬午の乱の展開

神流《かんな》川の戦いに勝利した北条氏は、勢いそのままに上野へ侵入し、七月十二日に碓氷峠を越えて信濃へ入国した。すると、瞬く間に真田昌幸を始めとした国衆が出仕ないし服属の意を表明し、要衝小諸《こもろ》城（長野県小諸市）ほかを次々と接収するなど、北条氏

33―天正壬午の乱時、北条方の拠点となった小諸城跡（長野県小諸市）

は早々に佐久郡・小県《ちいさがた》郡の制圧をほぼ終えた。

だが、徳川方の依田《よだ》信蕃《のぶしげ》が春日城・三沢小屋（同佐久市）を拠点に激しく抵抗し、完全な制圧はできないままであった。そのため、依田氏を攻撃しつつも、氏直自身は大軍を率いて数日後には川中島方面へ出陣していった。当時、川中島の要衝海津城には、上杉景勝が在城していた。上杉氏もまた、北信濃国衆への調略を行い、同地域を制圧しつつあったのである。こうして、両者は川中島で相まみえることになったのである。しかし、実際に両者が直接激突することはなく、にらみ合いが続いた。

一方の家康は、早くも六月十二日段階で甲斐へ家臣を派遣し、武田旧臣の旧知行安堵や恵林寺などの寺社の保護を積極的に行い、甲斐計略を着々と進めていった。清須会議後の七月七日、織田家宿老の秀吉は織田大名である家康に対し、甲斐・信濃・上野の領有を認める文書を送り、七月九日に家康自身が甲斐へ向けて出陣した。信濃に対しては、武田旧臣の依田信蕃を中心に佐久郡・小県郡の計略を進め、伊那郡の下条頼安や筑摩郡の小笠原信嶺らを従属させつつ、酒井忠次を諏訪郡に派遣するなどして、触手を伸ばしていった。

こうした家康の動きにより、氏直は七月十九日頃には川中島から撤退し、一気に甲斐へと南下していった。この行動は、景勝にとっては意外だったようで、氏直のことを「元来先聞の如く、不甲斐なき臆病の奴原」と酷評している（「景勝公御書」）。そして、八月七日に北条軍が若神子《わかみこ》（山梨県北杜市）に、八月八日に徳川軍が新府（同韮崎市）に着陣し、両軍は対峙した。その後、たびたび小競り合いが行われたものの、膠着状態が続くことになった。

そのようななか、八月十九日に起きた黒駒の戦い（同笛吹市）で、徳川軍は北条軍に大勝した。また、家康は景勝との和睦《わぼく》を模索し、九月十九日までに対北条軍事協定を結ぶことに成功した。それだけでなく、家康は佐竹氏ら「東方之衆」との連携を進め、北条氏の背後を脅かした。乱の終盤の十月十九日までには、真田昌幸が徳川方へ鞍替えし、依田信蕃とともに北条軍の後方支援を断つ行動に出た。さらに、織田信雄らの援軍も派遣されつつあった。危機感を募らせた北条氏政は、弟の氏邦に対して「何分にも名利共に抛《なげう》ち、国家のためと内外なく御走り廻り尤もに候」と叱咤激励している（「金室道保氏所蔵文書」）。

徐々に劣勢に立たされるようになっていった氏直は、ここに至って家康と和睦することを決心し、交渉が進められた。家康の方も、信長亡き後の織田政権の内部争いへ対応する必要が出てきていたことからこれを受け入れ、十月二十九日に正式に和睦が成立し、両者は一転して同盟を結ぶことになったのである。それでもなお、各地で紛争は続いていたが、これをもって天正壬午の乱は終結した。

北条・徳川同盟の成立と「惣無事」

先述したように、北条・徳川氏の和睦の背景には、織田政権の内部抗争の激化があった。本能寺の変後の清須会議により、織田信忠の嫡男三法師が織田家家督となることが決まり、彼を柴田勝家・羽柴秀吉・丹羽長秀・池田恒興の四宿老が補佐し、そこに織田信雄・信孝や、織田大名としての家康も加わるという体制が構築された。こうした信長死後の織田政権の枠組は、近年「織田体制」と呼ばれている。天正壬午の乱における家康の行動も、決して独自のものではなく、「織田体制」のなかで進められたものであった。

ところが、その体制は十月までに早くも綻びをみせる。三法師を抱え続けた信孝・勝家と秀吉との対立が深まり、秀吉は長秀・恒興、さらに家康と協力して新たに信雄を織田家家督に据えたのである。このような混乱状況を背景に、信雄・信孝兄弟が家康の帰陣による事態の沈静化を望み、北条氏との和睦を要請した。こうして家康は、信長死後の「織田体制」の一翼を担いつつも、それまで敵であった北条氏と和睦・同盟することにより、事態の打開を目指すことにしたのである。

十月二十八日、両者は和睦条件で合意した。徳川方からの条件としては、①「御隠居様」＝北条氏政から家康への「誓句」＝起請文の提出、②「奥州」＝北条氏照が取り次いで、家康が佐竹義重と結城晴朝へ飛脚を派遣する、③「皆川方・水谷両人」＝甲斐まで来ていた下野国衆皆川広照と常陸国衆水谷正村の帰還を認める、④北条氏が捕らえていた旧武田氏家臣・城織部昌茂《じょうおりべまさしげ》の妻子を徳川氏へ引き渡す、⑤信濃佐久・小県郡で活躍していた徳川方の国衆依田信蕃へ家康が飛脚を派遣することを認める、以上五点であった。対して北条方からは、⑥「小田原への御飛脚」、すなわち小田原にいる北条氏政への飛脚派遣、⑦家康家臣大久保忠世の小田原への派遣が求められた(「中村達夫氏所蔵文書」)。

以上の内容からして、この和睦は単に北条・徳川氏の問題だけではなく東国全体の問題であり、和睦にともなう新たな東国の秩序のあり方を東国諸領主に伝達することがその重要な条件だったことがわかるだろう。そして、実際に家康が依田信蕃、常陸《ひたち》の水谷勝俊《みずのやかつとし》・梶原政景に送った書状が残っているが、そのうち、水谷勝俊に送った書状の内容は特に注目される。そこで家康は、北条氏と和睦する理由を述べつつ、以前より信長からの恩義を受けているもの同士であることを強調し、再び東国を「信長御在世の時」のように「おのおの惣無事」とするよう求めているのである。そして、このことは和睦の当事者である氏直にも伝えており、勝俊の主家にあたる結城晴朝へも諌言するよう促している(「譜牒余録」)。信長の在世時と同じように、北条氏と「東方之衆」との対立を止めさせ、東国の「平和」秩序を回復させること、これが「織田大名」としての家康の狙いであった。

「沼田・吾妻領問題」の発生

こうして締結された北条・徳川同盟だが、その骨子は国分《くにわけ》協定と婚姻関係の構築にあった。諸史料によれば、甲斐・信濃を徳川領、上野を北条領とし、家康娘の督姫《とくひめ》を北条氏直へ嫁がせることが取り決められたようである。実際、二十九日に

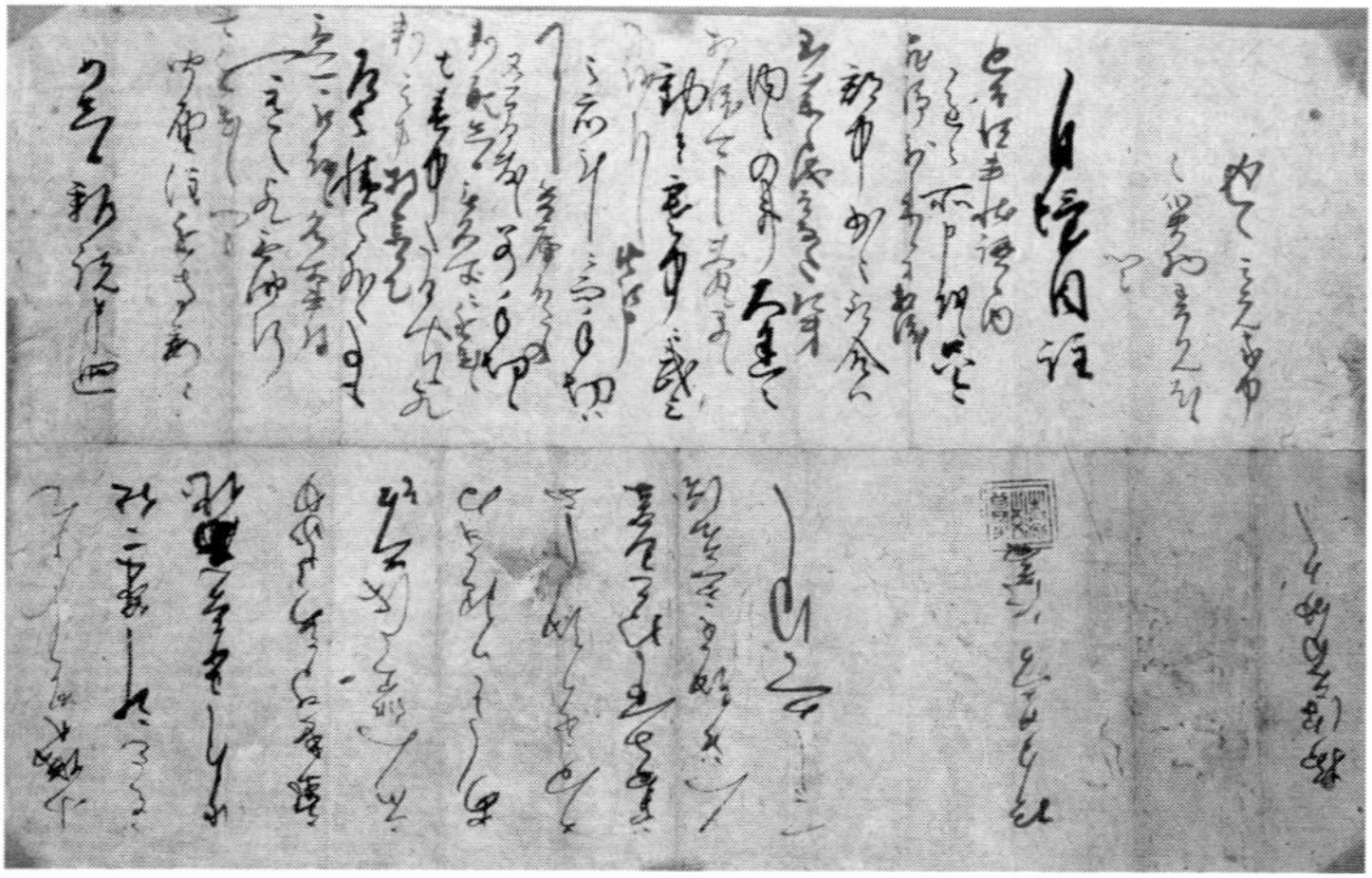

34—依田信蕃黒印状（藤岡歴史館所蔵「柳沢文書」）　本文３行目に「郡中少々取合」、５・６行目に「武上之衆」「手切」などが見える。

は北条氏の勢力下にあった甲斐都留郡が早速徳川方に渡されていることが確認できる。また、相木常林や伴野信番など信濃佐久郡の国衆が北条氏に召し抱えられ上野へ移住していることも確認される。

だが、国分は平和裏に実行されるものではなかった。基本的には、それぞれの「自力」による領有が前提であったからである。そのため、信濃佐久郡ではなお紛争が継続していた。国分協定に基づいて、徳川方の依田信蕃は佐久郡平定を目指したが、要衝小諸城にはなお北条氏重臣の大道寺《だいどうじ》政繁《まさしげ》が在城しており、「武上の衆」（武蔵・上野の軍勢＝北条方の一部か）や徳川方の支配に反発する国衆の抵抗も続いていた。信蕃は、その状況を「郡中少々取り合い」と表現している。さらに、北条氏と徳川氏が再度「手切」することはないだろうが、もしされるとすれば「春中」かもしれない、あるいは予測しないことが起きる可能性もあると述べ、家臣の柳沢元目助に情報を収集し注進することを求めている（「柳沢文書」）。

上野については、国分協定に基づき北条氏は和睦後すぐに沼田方面へ侵攻し、沼田城と吾妻《あがつま》領の拠点岩櫃《いわびつ》城の中間地点にある中山城（群馬県高山村）を攻略した。さらに、軍勢催促に応じなかった厩橋《まやばし》城の北条芳林《きたじょうほうりん》（高広）への攻勢を強めた。芳林は、上杉景勝や佐竹義重らに救援を求め、それに応じて佐竹氏らが上野へ出陣するなど、「惣無事」とはほど遠い状況が続いていた。

この間、家康と北条氏はほとんど直接連絡をとっていなかったようであるが、六月までに家康から北条氏へ「五ヶ条」に及ぶ案件が提示され、北条氏直と家康娘の督姫との結婚が正式に決定した。家康は、北条氏との婚姻関係成立によって、遅れている「惣無事」実現を再度図ったものと思われ、七月には「関東諸家中へ惣御無事の儀、家康申し扱われたき由」として、家臣の小倉松庵を関東へ派遣している（「皆川文書」）。この「五ヶ条」の具体的な内容は不明だが、北条氏政は家康に「沼田・吾妻急速に渡し給うべき由、いよいよ御真実の模様」と述べていることから、沼田・吾妻領が含まれていたのは確かだろう（「古案敷写」）。

婚姻成立後、まずは佐久郡小諸城がほどなく徳川氏に引き渡され、北条氏は信濃から完全撤退したようである。これも「五ヶ条」に含まれていたと考えられるが、沼田・吾妻領の割譲はそう簡単には実現できなかった。北条氏は九月に厩橋城を開城させ、下野佐野宗綱や皆川広照らも北条氏への服属を申し出てきたと宣伝されるほどとなったが、肝心の上野沼田・吾妻領は相変わらず真田昌幸の支配下にあったのである。昌幸は、重臣矢沢頼綱を沼田城に在城させてなお頑強に抵抗し、引き渡すことはなかった。一方の徳川氏も、真田氏を強制的に沼田から撤退させるほどの実力はなかった。こうして、「沼田・吾妻領問題」が発生し、事態は泥沼化していくのである。

2 秀吉の台頭と東日本

「織田体制」と秀吉・家康

新たに織田家家督となった織田信雄を頂点として構築された「織田体制」だったが、信雄・秀吉と信孝・勝家との対立はますます深まるばかりであった。十二月上旬、秀吉は近江長浜城（滋賀県長浜市）を攻めて勝家の甥である柴田勝豊を降伏させると、続けて信孝の岐阜城を包囲し、十二月下旬に降伏させ、三法師を取り戻した。そして、翌十一年四月の賤ヶ岳の戦いで柴田勝家を破り、五月二日には信孝を自害させるなどして、政権内部の争いに勝利した。秀吉の権勢はいよいよ増すばかりであったが、それでもなお、秀吉は織田信雄を主君とする織田家宿老としての立場であった。徳川家康も、引き続き「織田大名」というべき地位にあった。そのため、当時の秀吉の力をあまりに過大評価することは慎まなければならず、両者ともに「織田体制」の枠組みのなかでの行動であったことに注意すべきである。

賤ヶ岳の戦いに前後して、秀吉は「織田体制」の構築をさらに積極的に行うようになっていった。まず、対柴田対策として天正十一年（一五八三）二月に秀吉（信雄）・上杉同盟が締結された。そのころからすでにお互いの分国についての交渉が行われており、賤ヶ岳の戦いを経て八月時点では「越中国切」として具体化していた（「景勝公諸士来書」）。

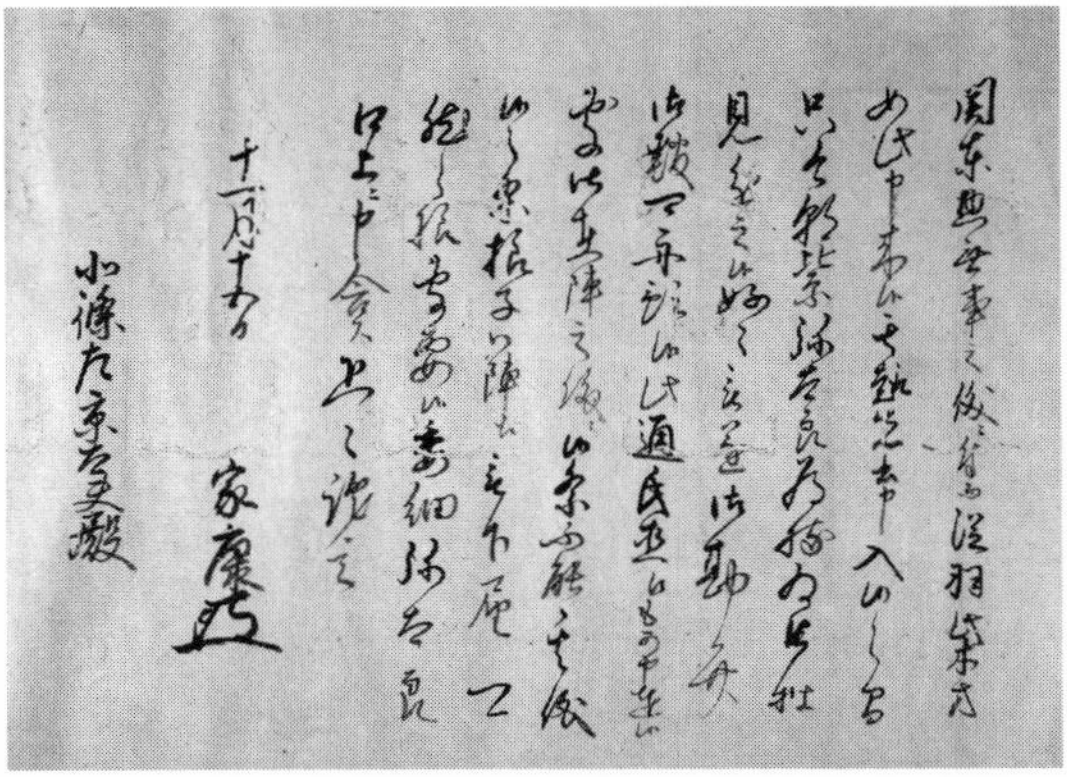

35―北条氏政宛て徳川家康書状写（埼玉県立文書館収蔵「持田（英）家文書」No. 23）冒頭に「関東惣無事」と見える。

こうした上杉氏との同盟関係を踏まえて、秀吉は信濃にも新たな秩序を形成しようとした。天正壬午の乱後の信濃情勢は、徳川方と上杉方の対立がなお続いていたが、やはり天正十一年二月時点で信濃の領有問題が議論され始め、八月時点で秀吉・景勝・家康の三者による「信州郡割」が問題とされるようになっていた（同）。同時期、毛利氏とも中国国分の交渉が行われていたことが知られている。

これらと連動して、秀吉は家康が独自に進めていた「惣無事」の問題にも関与するに至る。内部抗争が続く織田政権の中枢部に代わり、「織田大名」として「惣無事」を目指した家康だが、東国諸領主、なかでも反北条連合たる「東方之衆」の支持を必ずしも得ることができず、実現できずにいた。一方、「惣無事」を求められた「東方之衆」は、前代と同様上杉氏を頼りつつも、家康に代わる新たな連携相手として秀吉を選ぶようになっていった。彼らからの状況報告をうけた秀吉は、同年十月二十五日に家康に対して、「関東者（ママ）無事」の実現が遅れていることについて尋ね、その早期実現を要請した（「武徳編年集成」）。これをうけた家康は、十一月十五日に北条氏へこの件（「関東惣無事の儀」）について連絡している（「持田（英）家文書」。原本は「徳川林政史研究所所蔵文書」）。

このように、天正十一年八月から十月にかけて、秀吉は「越中国切」「信州郡割」「中国国分」、さらに家康を通じて「関東惣無事」を実現させて、信長亡き後の「織田体制」の構築を進めようとしていたといえる。だが、いずれも複雑な政治情勢のなかで実現することは困難であった。その間、徐々に秀吉と信雄の関係が悪化していき、信雄は家康を頼るようになっていった。秀吉と家康の関係も、東国情勢への対応などをめぐって亀裂が生じ始めていった。こうして、「織田体制」は崩壊していき、北条・徳川同盟と織田信雄に対して、秀吉・上杉景勝・反北条連合が対立するという構図が形成されていった。

小牧・長久手の戦いと沼尻合戦

天正十二年（一五八四）になると、秀吉と信雄・家康の対立は決定的となった。同年三月六日、信雄が自身の三人の家老を秀吉に通じたとして切腹させたことが、事実上の宣戦布告となり、小牧・長久手の戦いが勃発した。

この合戦は、局地戦ではなく尾張・美濃・伊勢など広範囲を舞台として展開したものであった。また、信雄・家康が四国の長宗我部《ちょうそかべ》氏や紀伊雑賀衆《きいさいがしゅう》、越中の佐々成政《さつさなりまさ》、そして北条氏にも協力を呼びかけて秀吉包囲網を形成し、秀吉も上杉景勝や佐竹義重などと連携したように、周辺諸勢力も巻き込んだものであった。

三月十日に大坂を出陣した秀吉は尾張楽田（愛知県犬山市）に、信雄・家康は尾張小牧山（同小牧市）に着陣し、両軍は対陣することになった。四月六日、三河に向けて出陣した羽柴秀次の軍勢が長久手（同長久手市）において徳川軍に攻められ、森長可・池田恒興が討死するなど大敗北を喫したが、その後は各地で衝突が起きたものの膠着状態がしばらく続いた。

そのうち、徐々に秀吉側が優勢となり、十月下旬に北伊勢に侵攻して信雄に圧力をかけると、十一月十五日に信雄が単独で秀吉と和睦をしてしまった。これにより、家康も秀吉と和睦を結ぶことになった。その結果、伊賀・南伊勢などが信雄から秀吉へ割譲されるなど領土問題の戦後処理が行われ、さらに家康二男於義丸（後の秀康）の秀吉への養子入りが決定した。その後、翌年二月に信雄は大坂へ出仕し、豊臣政権に従属する大名に位置づけられた。

小牧・長久手の戦いと連動する形で、東国でも大規模な合戦が繰り広げられていた。それが沼尻合戦である。北条氏の攻勢が強まるなか、「東方之衆」側も各所で反撃に転じていた。天正十一年十月、北条氏に従属していた金山城主由良国繁と館林城主長尾顕長が突如反旗を翻すと、翌月には結城晴朝が下野小山領に侵攻し、佐野宗綱が北条方の国衆富岡氏の小泉城（群馬県大泉町）を攻撃するなどした。翌年四月には、佐竹氏を中心とした連合軍が下野小山を攻撃すると、北条氏も大軍を催して出陣し、下野足利城（栃木県足利市）や唐沢山城などを攻撃した。そして、翌五月五日頃から両軍は下野沼尻（栃木市）で対陣することになった。

この間も、「関東惣無事」に向けた動きは継続していた。「東方之衆」のなかでも家康との関係が深かった皆川広照は、「その表惣無事の儀」および「由良・長尾の儀」について家康に繰り返し連絡をしていた。これをうけて、家康は両件について、すでに家臣の中川市助を関東へ派遣していたが、四月二十一日に改めて広照のもとへ使者を派遣し、実現に向けた工作を行った（「皆川文書」）。だが、沼尻合戦が始まることによって、またも不調に終わってしまった。

そのうちに、上杉景勝の軍勢が上野の境目まで派遣されてきたこともあり、北条氏側から和睦を望むようになり、七月半ばに成立した。連合軍側には、会津の蘆名盛隆などからも援軍が入るなど大軍同士の対陣となったが、大きく激突することはなかった。それでも、この合戦は、北条氏と反北条連合が総力を挙げて正面から激突した出来事として画期的であった。

北条氏の金山城・館林城接収

七月中旬に終結した沼尻合戦だったが、北条軍は帰陣せずにそのまま上野に在陣し、由良国繁・長尾顕長兄弟の居城金山城と館林城を攻め立てた。これに怒った佐竹方の真壁氏幹は、「手抜きの刷《あつかい》、前代未聞」と北条氏を非難しているが（「佐竹文書」)、ほどなく北条軍は帰陣している。その真壁氏幹は、佐竹氏から検使を付されて、沼尻合戦最中の六月十三日に北条方へ寝返った常陸小田城の梶原政景を攻めた。これを北条氏が問題視した形跡がないため、和睦条件に入っていたものと思われる。

北条氏の攻撃にあった由良・長尾両氏は、反撃を開始した。八月二十三日、北条方の深沢城(群馬県桐生市)を、十月一日には亀山城(同太田市か)を攻撃したが、北条方の国衆阿久沢氏らの奮戦により撃退されている。さらに、茂呂《もろ》城・堀口城(同伊勢崎市)など伊勢崎方面も攻撃したが、これも北条方の国衆那波顕宗らによって退けられている。由良・長尾両軍の攻撃は、功を奏さなかったのである。

その頃の北条氏は、秀吉と対陣中だった家康へ派遣する援軍の準備をしていた。十月二日には、遠山直景を中心とした軍勢の配分も決まり、あとは出陣するのみであった。しかし、和睦が成立して家康が帰陣したため、北条氏は矛先を再び金山・館林両城に向けた。氏直の出陣は十二月十五日に決まったが、その前に氏照による攻撃が開始された。氏照は、下野藤岡城(栃木市)を攻略し、十二月下旬には館林領へ侵攻した。そして、翌天正十三年正月三日までに、ついに両城は北条氏の手に渡った。これにより、由良国繁は桐生城(群馬県桐生市)に、長尾顕長は足利城に移り、正式に北条氏に従属することになった。上野で北条領国化していない地域は、沼田・吾妻領のみとなった。同月に両城に到着した氏直は、翌二月まで在陣して両城の普請《ふしん》を行い、小田原へ帰陣していった。以後、両城とも北条氏の重要拠点となった。

家康と和睦をした秀吉は、ただちに東国諸領主に向けてその成果を喧伝した。十二月二十日には、下野佐野宗綱に書状を送り、家康が何事も秀吉次第である旨を懇願してきたため赦免したと述べ、さらに家康と北条氏直が人質を出してきたと伝えている。北条氏からの人質提出はなかったものの、秀吉は着実に「天下人」としての地位を固めつつあった。

秀吉の「富士山一見」計画

和睦をうけて、天正十三年（一五八五）正月に、佐竹氏らも相次いで秀吉・家康に対して和睦を祝すと同時に、沼尻合戦前後の状況、特に金山城・館林城が北条氏に手に渡ってしまったことを知らせる文書を送った。彼らにとって両者の和睦は、天正十年以来の懸案であった「関東惣無事」実現への大きな一歩となるものであり、その期待は大きかった。その文書を受け取った秀吉は、三月十七日に使者の大円坊に宛てた文書を認めた。それによると、関東への出兵の可能性を残しつつも、家康と協力して東国情勢に対する「助言」を行い、北条氏と反北条連合との「無事」実現を目指そうとしていたことがわかる（「井伊家文書」）。

だが、この頃の秀吉は、二月の織田信雄の臣従、三月の紀州平定、六月の四国出兵などで多忙であったこともあり、結局「助言」は実行されないままであった。一方の家康も、三月に皆川広照から再度「関東惣無事」実現のため、家康の「御威光」による由良・長尾両氏の帰城が求められたが、具体的な行動を起こすことはなかった（「三浦文書」）。その間、関東では北条氏が下野へも侵攻し始め、反北条連合はしきりに秀吉・家康・景勝にしかるべき対応を、具体的には関東への出兵を求め続けていた。

そのようななか、四国出兵中の秀吉は、再び東国情勢への対応を表明し始めた。六月十五日、秀吉は佐竹義重・宇都宮国綱・水谷政村らに一斉に文書を送り、「連年富士山一見」を望んでいるので、その際に対面したい、すぐに軍勢が必要であれば景勝に要請するようにと伝えた（「成簣堂《せいきどう》古文書」）。同二十五日には景勝に対しても、越中佐々成政攻めを表明すると同時に、その際に面会して小田原攻めについて相談したいと述べ、前田利家と関東への越山について相談するようにと述べている。七月十一日に関白に就任した秀吉は、八月一日にも太田道誉に、来年三月頃に「富士一見」のために出陣するつもりであると述べている（「潮田文書」）。

秀吉が再び東国情勢に介入し始めたきっかけの一つは、家康の動向であった。当時の秀吉と家康との関係は、和睦はしたものの、いわば冷戦状態であり、緊張は続いていた。そのようななか、家康が佐々成政と結んで秀吉に謀反を企てているとの風聞が広まったこともあり、佐々成政攻め直前の六月十一日、秀吉は信雄を通じて、家康に対して宿老らの人質提出を要求した。この頃の秀吉は、家康の従属を進めつつ、「助言」による「無事」実現というよりも北条氏に対する軍事行動を行おうとしていたといえる。だが、家康の従属は簡単には進まず、しばらく膠着状態が続くのである。

36—伊達政宗画像（仙台市博物館所蔵）

伊達政宗の家督継承と奥羽

秀吉の勢力が拡大していくなか、奥羽の諸領主もさまざまな動きを見せ始めていた。なかでも、天正十二年（一五八四）十月に家督を継承した伊達政宗の動向は、南奥に大きな影響を与えた。

政宗が最初に取った行動は、長らく同盟関係にあった蘆名氏との手切であった。蘆名家では同年六月に重臣の松本行輔・栗村下総が黒川城を乗っ取るという事件が起き、さらに同年十月六日、蘆名盛隆が寵臣大庭三左衛門に惨殺されてしまった。その跡は、盛隆の子で二歳の亀若丸が継ぐことになった。これには、佐竹義重の介入があったとされ、政宗の弟小次郎を入嗣させるつもりであった伊達氏の目論見は破綻してしまった。だが、この時点ではまだ両者が決定的に対立するまでには至らなかった。

そのようななか、輝宗から家督を譲られた政宗だったが、その直後に田村氏と争い蘆名氏の支援を受けていたと思われる大内定綱が敵対した。また、蘆名・岩城両氏から攻められていた田村氏からの要請をうけて、政宗は三月に三者の和睦調停を行い、佐竹氏も支持したが、これを蘆名氏は受け入れなかった。仲介者としての面目を失った政宗は、翌四月、ついに蘆名氏と断交して蘆名領檜原《ひばら》へ侵攻し、檜原城を占拠した。以後、檜原城は蘆名氏との境目の城となり、家臣の後藤信康が在番している。

対する蘆名氏も、伊達氏に対する境目の城として柏木城を築いている。

政宗は、さらに閏八月に大内定綱を攻撃し小手森城を攻めて、百姓や牛馬、犬までも撫で切りにしたという。九月までに大内領国の塩松地域を平定すると、続いてその矛先を、大内氏を支援していた二本松畠山義継に向けた。義継は、領土割譲と軍役奉仕を条件に和睦を申し出たが、仲介にあたった輝宗を十月八日に拉致した。当時政宗は鷹狩り中で不在だったが、伊達《だて》成実《しげざね》と留守政景らが追いかけ、二本松領との境目にあたる阿武隈川《あぶくまがわ》河畔の高田原（福島県二本松市）において義継らを銃撃して討ち果たした。だが、同時に輝宗も落命してしまったことは有名である。

その直後、政宗は二本松城を攻撃したが、畠山氏を援護するため蘆名氏や佐竹氏など南奥諸氏の連合軍が出陣してきた。そして、両者は十一月十七日に人取橋（同本宮市）で激突した。これに辛くも勝利した政宗は、以後も二本松を攻め続けた。

戦国期南奥の中人制

戦国期の南奥では、戦国末期に伊達政宗が登場するまでは、南奥全体を支配するような巨大な戦国大名は存在しなかった。大名・国衆が容易に滅亡することなく存在し続けたわけだが、その理由の一つとして、中人制《ちゅうにん》の効力があったことが指摘されている。

中人制とは、紛争を起こした当事者間だけでなく、周辺の領主が第三者的な中人として仲裁に入り、和睦・講和を実現して地域の平和秩序を形成する仕組みのことである。中人制そのものは、中世に幅広くみられるものではあるが、特に戦国期の南奥ではこの方法による平和秩序の形成がしばしばなされたことで注目されている。南奥は、領主間で婚姻関係が網の目のように張り巡らされたことで知られており、そうした独特の政治秩序が中人制の素地を形作っていた。

中人制が実際にみられるようになるのは天文期からであるが、特に天正期の事例が多い。中人となる人物は、基本的には紛争当事者双方に隣接する領主で、姻戚関係にある人物であり、信用や外交交渉力も必要とされた。中人は一人とは限らず、複数人立つこともあった。また、南奥のみならず、下総結城氏など北関東の領主が加わることもあり、南奥と北関東との密接な関係がここからもうかがわれる。

和睦条件が整えば、起請文《きしようもん》・神水の交換、開陣、御礼の使者派遣などの一連の儀式・行為が行われた。ただ、中人が立ってもなお、和睦が成立しないことはしばしばあった。成立してもほどなく破綻し、再び紛争が勃発することもまたしばしばあった。そうした限界があったものの、戦国末期に至るまで中人制は最適な解決策の一つとして存続し、一度成立した和睦を維持し続けようという意識も根強く残っていた。

成立した和睦のことは、当時「平和」「惣和」「無事」「惣無事」などと呼ばれた。なかでも注目されるのが「惣無事」である。「惣無事」といえば、豊臣秀吉の「惣無事令」が著名であるが、すでに天正五年（一五七七）時点で南奥において使用されていた言葉であることが知られる。戦国末期の東日本での使用例が圧倒的に多いが、信長と本願寺の和睦なども「惣無事」と表現されることがあった（「林西寺文書」）。それぞれの言葉にはっきりとした意味の違いを見出すことは難しいが、「惣和」「惣無事」ともに、複数の紛争を一度に終結させ、文字通り広域的に「無事」となることを表現したものと考えられる。また、個別の「無事」段階から、広域的な「惣無事」段階へ天正期に変化したという捉え方もできる。

しかし、そうした南奥独特の秩序も、伊達政宗の勢力拡大によって次第に崩壊していくことになる。

3　家康の上洛と東日本

佐々成政攻めと越中国切

小牧・長久手の戦いは、北陸方面にも影響を与えていた。越中の佐々成政は、当初は秀吉方であったが、その後家康・信雄と結びついたため、秀吉方の前田利家や上杉景勝と攻防戦を繰り広げていた。ところが、秀吉と信雄・家康が和睦してしまったため、成政は窮地に陥ることになった。そこで成政は、信雄・家康との連携を強化するため、天正十二年（一五八四）十二月、厳冬の北アルプスを縦断した、いわゆる「さらさら越え」を実行し、家康の居城浜松城（静岡県浜松市）へ赴いた。そして、家康ついで信雄と会見した。この直後に上洛し秀吉に臣従した信雄から色よい返事はもらえなかったが、家康とは一定の協力関係を確認することができたようである。成政は、翌年正月中には富山に戻っている。

一方の秀吉は、小牧・長久手の戦い後、成政を討伐するため、丹羽長秀を中心とした出陣計画をたてた。この計画は、降雪の影響や翌天正十三年三月の紀州攻め、四月の長秀の死、六月の四国攻めなどにより延期が重ねられた。しかし、六月二十五日には再度出馬を表明し、先述したように、景勝に対して越中での面会を求めると同時に、小田原北条氏攻めについて前田利家と相談するよう伝えている。七月十一日の関白就任を経て、秀吉の出馬計画は徐々に具体化していった。

八月二日には、秀吉が出陣を止めるならば越中から退くとの意向が、成政から信雄へ伝えられたが、時すでに遅し、四国攻めの戦後処理が一段落した八月四日、旧主織田信雄を総大将として豊臣軍は出陣し、八日に秀吉も出陣した。景勝もこれに呼応して、前年に占拠していた越中境（富山県朝日町）へ軍勢を派遣して防備を固め、その後景勝自身も出馬した。一方の成政は、前年十二月に家康のもとを訪れて連携を強化していた。そのため、家康は成政への側面支援としての意味も込めて、同年七月までに上杉方となった真田氏攻めを八月下旬に開始するが、豊臣軍の圧倒的な攻勢の前に、ついに八月二十六日、成政は富山城を明け渡して降伏した。成政は、白鳥城（富山市）の織田信雄のもとへ駆け込み、ついで倶利伽羅峠（石川県津幡町・富山県小矢部市）に陣を布いていた秀吉のもとへ駆け込んだ。

秀吉は、早速戦後処理に取りかかり、成政に越中新川郡（神通川以東）を、前田利長に残りの越中国内を宛行うなど第二次北国国分を実施した。しかし、予定していた景勝との面会は実現しなかった。

秀吉との面会は事実上の臣従を意味するものであり、景勝としてはまだその時期ではないと判断したのだろう。越中境についても、秀吉方に割譲されず、上杉領のままであった。北国平定を経てもなお、秀吉と景勝の間にはいまだ明確な上下関係が構築されておらず、天正十一年以来の懸案となっていた「越中国切」の正式な実現は、結局先延ばしとなったのである。

信濃情勢と景勝・家康

天正十一年（一五八三）八月段階で問題となっていた「信州郡割」は、小牧・長久手の戦いによりいったん頓挫したが、その和睦の際に北信四郡を上杉領とする案が提示され、再び懸案として浮上していた。だが、それも和睦後の秀吉・家康の関係のなかで結局実現しなかった。以後、両者の境目ともいうべき信濃では、国衆の帰属をめぐる争いが激化していった。

そのようななか、天正十三年六月に北条氏は、国分協定に基づいて上野沼田・吾妻領の引き渡しを家康に再度強く求めた。家康は、真田昌幸に対して引き渡しを指示したが、これに反発した昌幸は、家康から離れて上杉景勝に従属することを選択し、同年七月に正式に従属した。これに怒った家康は、早くも翌八月下旬に真田氏の居城上田城（長野県上田市）に向けて軍勢を差し向け、同時に北条氏も沼田城を攻撃した。閏八月二日、徳川軍は上田城を包囲したものの、真田軍の奮戦の前に大敗し、北条氏も戦果を上げることができずに終わってしまった（第一次上田合戦）。この後、北条氏は下野壬生氏を従属させ、宇都宮領や佐野領・皆川領へたびたび侵攻するようになった。北条氏の攻勢の前に、宇

37—上杉景勝画像（米沢市上杉博物館所蔵）

都宮国綱は宇都宮城の維持が困難だと悟り、本拠を多《た》気《げ》山《さん》城（栃木県宇都宮市）に移して抵抗を続けた。

北条・徳川同盟による攻撃を何とか持ちこたえた昌幸は、十月に景勝を通じて秀吉に従属することに成功した。これをうけて、同月に秀吉は、沼田城に在城中の真田氏家臣矢澤頼綱に対し、関東諸領主との取次を任せている。昌幸と秀吉は、対北条・徳川同盟という目的のもとで密接な関係を持つようになったのである。

家康の苦境は続いた。同年十月に信濃国衆小笠原貞慶が秀吉に従属し、続けて十一月十三日、重臣石川康輝（数正）が貞慶の人質を伴い秀吉のもとへ出奔してしまったのである。康輝は、秀吉との取次であり融和派の人物であったが、秀吉が徳川家の宿老らの人質提出を求めた際に家中内の政争に敗れてしまった。そこに、指南を務めていた貞慶が秀吉に従属してしまったため、徳川家中での発言力が低下し孤立していたのである。

このような過程を経て、秀吉と家康との間では再び緊張が高まっていった。康輝出奔直前の十月二十八日、徳川家中は人質提出を拒否することで一致し、北条氏との同盟関係を強化した。一方、秀吉は九州島津氏に対して停戦命令を発しつつ、徳川攻めを具体的に計画するようになる。この時点においては、いわば西に対しては「平和」的な、東に対しては強行的な姿勢を見せていたことになる。東西両方面での同時開戦を避けようとしていたのだろうか。この頃の秀吉の対東国・西国政策は、連動して展開しているようにもみえる。

秀吉の北条・徳川同盟攻撃計画

天正十三年（一五八五）十一月、秀吉は徳川領国への大規模な出兵計画を表明した。秀吉軍の先勢を翌十四年正月には派遣すること、秀吉の出馬が二月十日に決定したこと、八月までの兵粮も準備し、西国や四国の軍勢をも動員しようとしていたこと、信濃の軍勢が足りない場合は木曽口から加勢することなどを、景勝や昌幸などに伝え、軍事行動への協力を要請した。加えて、この時点でもなお上杉景勝と対立していた小笠原貞慶に対しては、上杉氏への軍事行動を自重するよう釘を刺した。

だが、ここで思わぬ出来事が起きた。十一月二十九日の天正大地震である。徳川領国の被害は少なかったが、畿内周辺では大きな被害に見舞われ、建物の倒壊と死者が相次いだ。先述したように、このときに織田信雄の居城長島城の天守も焼け落ち、飛驒では内ヶ島氏の居城帰雲城《かえりくも》（岐阜県白川村）が山もろとも崩壊してしまった。その影響もあり、出兵計画は延期されることになった。その間の天正十四年一月下旬、信雄が家康のもとを訪れて秀吉との和睦を図ったこともあり、翌二月初めに秀吉は出兵計画を中止し、家康を赦免した。秀吉は、早速東国諸領主にそれを報じると同時に、真田昌幸に対しては信濃での「矢留」を命じた（「真田家文書」）。一方、家康は三月に伊豆三島・駿河沼津で北条氏政と会見し、強固な同盟関係を確認し合ったが、五月に秀吉の妹旭姫が家康に輿入れするなど、秀吉との関係も徐々に良好なものとしつつあった。

そのような情勢のなか、秀吉は東国情勢への介入をより一層強め始めた。「家康赦免」の一報を受けた東国諸領主からの返信が続々と秀吉のもとへやってくるなか、秀吉は四月十九日に佐竹義重に対して、「天下《てんか》静謐《せいひつ》」という論理を出しつつ、蘆名・伊達氏間の「無事」を実現するよう命じた（「上杉家文書」）。また、三月十四日付けの文書で北条氏征伐を要請してきた太田道誉に対して五月十三日に返信し、東国に使者を派遣し「境目」を立てること、それに違反したものは成敗することを述べたうえで、再び「富士一見」する予定であることを伝えた（「専宗寺文書」）。

五月二十五日には南奥の白河義広や下野塩谷義綱《しおのやよしつな》らに対して、討死した下野佐野宗綱の後継者問題に触れつつ、関東に近日使者を派遣して境目の確定作業をするので、それまでの勝手な軍事行動の禁止を命じた。六月には、田村清顕に対して蘆名・伊達・田村間の「無事」に関する御書も送っている。

このように、「家康赦免」後の秀吉は、なお出兵の可能性を残しつつも、南奥も含めた東国各地に対して、使者を派遣したり佐竹氏などの現地勢力に「無事」実現の仲介を命じたりするなどして、境目を立てて静謐にすることを当面の方針としたのであった。

しかし、いまだ家康自身の上洛には至っておらず、なお予断を許さない状況下にあったことも確かである。この頃の東国諸領主にとって、秀吉と家康の関係が最終的にどのように決着がつくのかが、「関東惣無事」の行方を左右する決定的に重要な問題となっていた。

景勝・家康の上洛と「惣無事」

家康と和睦した秀吉は、北国平定の際に面会がかなわなかった景勝に対して、上洛を強く求めるようになっていた。当初は難渋していた景勝だったが、五月二十日に春日山を発ち、六月十四日に大坂城で秀吉に謁見、正式に臣従を果たした。これにより、秀吉にとって残された当面の課題は、当時上杉氏に従属していた真田昌幸の処遇と家康の上洛となった。

そこでまたしても浮上してきたのが、「信州郡割」問題であった。秀吉は、家康の上洛を実現するために、景勝との領土画定を行って両者の和睦を進めるとともに、木曽・小笠原・真田の三氏を家康の与力とすることに決定した。秀吉の上洛命令をうけ、木曽義昌と小笠原貞慶は上洛したが、真田昌幸は上洛をせず人質提出もしなかった。激怒した秀吉は、昌幸を「表裏比興者《ひょうりひきょうのもの》」であるとして、八月三日に真田討伐を決定し、その実行を家康に命じた（「杉原謙氏所蔵文書」）。しかし、景勝側の働きかけもあって早くも八月七日には延期を命じ、家康の上洛が決定的になったことを受けて九月二十五日に正式に撤回した。

家康は、上洛するに際して秀吉の母大政所の徳川領国への下向を求めたところ、秀吉はこれを受け入れ、十月十八日に大政所が岡崎城に到着した。それを見届けた家康は上洛を開始し、十月二十六日に大坂に到着、翌日秀吉に謁見し、臣従したのである。

家康の上洛により、木曽・小笠原・真田三氏が家康の与力となることが正式に決定され、翌年三月に「信州郡割」はようやく完成を迎えた。「越中国切」についても、景勝が上洛してもなお実現していなかったが、家康の上洛からほどなくして越中境が秀吉方へ割譲され、完成したものと思われる。

最後に残された大きな課題が、「関東惣無事」であった。秀吉は、関東への出兵を中止し、家康に対して「無事」実現に向けて奔走するよう命じるとともに、「関東の儀」について諸事を委任することにした（「上杉家文書」）。そして、十二月に東国諸領主に対して「関東惣無事の儀」「関東・奥両国惣無事の儀」について一斉に伝達した（「伊達家文書」ほか）。今までは専ら関東の「惣無事」が問題とされたが、ここに至って「惣無事」の対象は奥羽にまで広がっていったのである。こうして東国に関する諸問題を片付けた秀吉は、翌年三月に九州へと出兵していった。

家康の上洛は、越後情勢にも大きな影響を与えた。景勝は、この頃もなお下越の新発田重家の反乱に悩まされていたが、秀吉は関東出兵に向けた体勢づくりのため、新発田攻めを一時中止させていた。しかし、家康が上洛して関東出兵が中止されると、一転して景勝に新発田討伐を命じたのである。これで勢いがついた景勝は、新発田氏を攻め続け、翌年十月に滅亡させ越後を統一した。

秀吉・家康らをめぐってこのように事態が推移しているなか、北関東・南奥羽各地でもさまざまな動きが起きていた。

争乱止まぬ北関東・南奥羽

天正十三年正月の金山城・館林城陥落は、反北条連合たる「東方之衆」に大きな衝撃を与えた。同年三月には、宇都宮国綱と那須資晴が薄葉ヶ原（栃木県矢板市）で戦ったが、佐竹義重と結城晴朝が調停に入り、「御味方中御一統」を呼びかけて五月までに和睦を締結させている（「立石知満氏所蔵文書」）。北条氏の攻勢に一致団結して臨まなければならない反北条側の状況が垣間見える。

その間も北条氏の下野侵攻は続き、先述したように宇都宮領・壬生領・皆川領・佐野領をたびたび攻撃した。もはや宇都宮城を維持できなくなりつつあった国綱は、同年八月に宇都宮の西方に多気山城を築き、本拠を移して対応することになった。そのようななか、同年十二月十三日頃に壬生義雄が北条方へ寝返ってしまった。これにより、十二月十五日、北条軍は一気に宇都宮へ侵攻することに成功し、宇都宮の町や宇都宮明神を焼き払ったのである。

翌十四年からは反北条方の反撃も始まり、佐竹・宇都宮両氏は壬生領への大規模な攻撃を重ねて行った。しかし、結局攻め落とすことはできずにいた。その間、北条氏は五月に皆川広照を従属させ、八月二十二日に唐沢山城の乗っ取りに成功するなど、その勢いは衰えることがなかった。「東方之衆」側は、ますます苦境に立たされていった。

同時期の南奥では、伊達政宗が二本松城攻めを繰り返していたが、天正十四年七月、相馬義胤を中

38—南奥の要衝・二本松城跡（福島県二本松市）

心に蘆名・佐竹・岩城・白河氏も加わった調停によって「惣和」を成就させ、ついに二本松城を開城させることに成功した。政宗は、「二本松配分之日記」を作成して畠山氏の旧臣らに恩賞を与えつつ、二本松城に伊達成実を、それまで成実がいた大森城に片倉景綱を、宮森城（福島県二本松市）に白石宗実を据えた。それまで政宗の側近としての地位にあった片倉景綱が、領域支配を担当し一軍を率いる重臣となり、白石宗実を本領から引き離したことは、伊達氏権力にとって画期的なことであった。景綱は、それ以前から外交も担当していたが、その立場については引き続き維持しており、先述したように、同年十二月三日付けで秀吉から「関東惣無事の儀」に関する文書を送られている。

同年十一月、蘆名亀王（若）丸が夭折すると、翌十五年三月三日に佐竹義重の二男で白河氏を継いでいた義広が蘆名氏に入嗣した。政宗は、この時も弟の小次郎を入嗣させることができなかったため、佐竹氏との対決姿勢を強めていった。だが、同年中に両者が大きく激突することはなかった。

七　秀吉による東日本統合へ

1　強まる秀吉の介入

北条領国の総動員体制

家康の上洛は、北条氏に大きな衝撃を与えた。天正十四年（一五八六）五月に皆川広照を従属させ、八月に下野唐沢山城を攻略して佐野領を併合するなど、下野方面へ着々と勢力を拡大させていた北条氏は、秀吉が攻撃してきた場合に援軍を送ることを家康との間で取り決めていた。家康の上洛の際にも、万が一のことを考えて、十一月段階で家臣団に対して出陣準備や領国内での配備について指示を出していた。結局、家康の上洛は無事終わり、秀吉の出兵計画もひとまず中止となったのだが、それでも北条氏は秀吉襲来に備え、「国家の是非、この時に極まる」として、領国各地の城館の大改修を行い始めた（「武州文書」）。

天正十五年正月から始まった小田原城の大改修は、相模・武蔵の民衆を大規模に動員して実施されたもので、小田原城全体を囲む惣構が築かれ始めたのもこの時だったものと思われる。このほか、相模足柄城、武蔵岩付城、上野箕輪城・松井田城・金山城、下総栗橋城などでも大改修が実施され、箱根越えの道を押さえる伊豆山中城が築かれた。

同年二月二十四日、秀吉は九州への出陣を前にして改めて家康に対し、「関東無事の儀」を北条氏に伝え、五月以前に実現するよう命じた（「美濃加茂市民ミュージアム所蔵文書」）。前年の十二月四日に浜松から北条領国に近い駿府へ居城を移した家康は、「関東惣無事」実現に向けて北条氏との交渉を本格化させていったのである。

だが、北条氏はこれをなおも受け入れなかった。

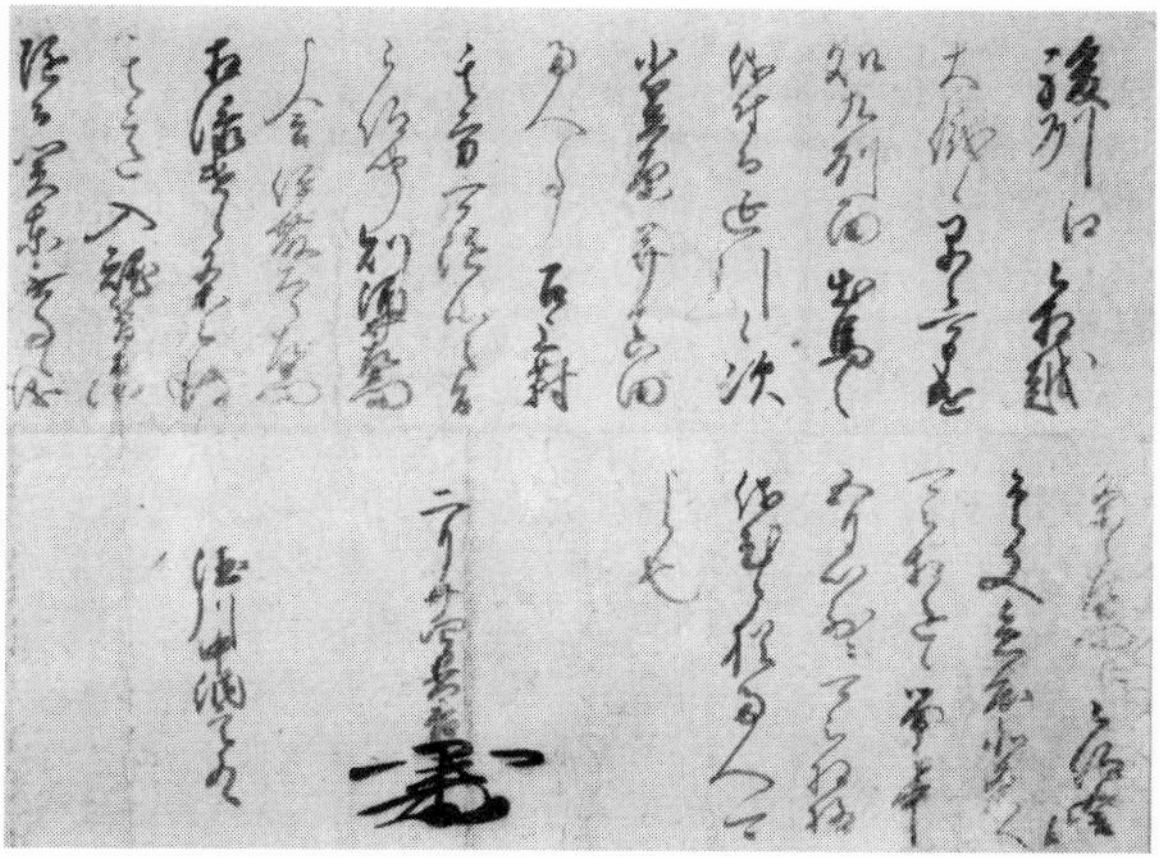

39―「関東無事の儀」（上段最終行）についての秀吉直書（美濃加茂市民ミュージアム所蔵）

秀吉が九州平定を終えて大坂に帰陣した直後の七月末から八月にかけて、北条氏は一般民衆の軍事動員のための「人改め令」を発令した。「侍・凡下を選ばず」すべての領民に対して、「御国御用」を果たさなければならないとして、実際に従事する者の名簿の作成が命じられた。それとともに、「腰指し類のひらひら武者めくように」支度し、弓・鑓・鉄炮での武装を命じた（「武州文書」ほか）。このような「御国」の論理に基づく民衆の動員は、永禄十二年の武田信玄襲来時についで二回目であった。それだけ、北条氏が危機感を抱いたことがわかる。

この間、関東では、なおも北条氏と反北条連合が衝突を続けていた。三月と六月には、佐竹方の多賀谷重経が北条方の足高城（茨城県牛久市）主岡見宗治を、二月と八月には宇都宮国綱が北条方の壬生義雄を攻めた。上野では、七月下旬に北条氏が真田方の岩井堂城（群馬県渋川市）を攻略したが、十二月には真田氏が白井領に侵攻するなど、一進一退の攻防戦が続いていた。

その十二月、再び秀吉襲来の情報が北条氏のもとへやってきた。北条氏は「天下御弓矢」「大途御弓箭」として危機感を表明し、家臣や国衆に参陣を命じ、兵粮を集め諸城の改修を進めるなどして再び臨戦態勢を整えていった（「武州文書」「土方文書ほか）。さらに、翌十六年正月には、鉄炮玉などの材料とするため、北条氏照は「当寺の鐘御借用」として領内の寺社の鐘を徴発している（「安楽寺文書」ほか）。

北条氏規の上洛

このまま秀吉と北条氏は激突するかにみえたが、一方で北条氏は秀吉との和睦に向けた行動も同時に取っていた。天正十六年二月時点で、北条氏は家康や皆川広照を通じて秀吉との和睦交渉を開始しており、家臣の笠原康明を京都へ派遣した。秀吉もこれを受け入れ、三月中旬には両者が和睦したとの情報が東国を駆け巡った。

だが、その後の交渉において和睦条件が折り合わず、決裂しかねない状況になった。そこで五月二十一日、家康は北条氏政・氏直父子へ起請文を送り、氏直と督姫との婚姻解消の可能性まで持ち出して、秀吉への従属を強く求めた。ここに至ってようやく北条氏は応じ、閏五月十日に秀吉と北条氏の和睦が成立した。そして、氏政の弟で徳川氏との取次であった氏規が使者として派遣されることが決まった。だが、氏規の上洛はすぐには実行されなかった。秀吉への従属をめぐって、氏直・氏規と氏政との間で意見の対立があったものとみられている。ようやく、八月初めに氏規は小田原を出発し、八月二十二日に聚楽第にて秀吉に謁見して服属の意を表明した。こうして、紆余曲折がありながらも、北条氏は事実上の豊臣大名と化したのである。

その結果、秀吉は九月二日に反北条連合に対して、関東へ上使を派遣して領国境目を画定する作業に入ると宣言し、上洛を命じるようになった。また、家康を介して奥羽の「惣無事」実現についても具体的に着手し始め、奥羽諸領主にも上洛を命じた。十月には、家康が使者派遣前に伊達政宗と最上義光が和睦したことを祝している。「関東・奥両国惣無事」の実現は、現実味を帯び始めたのである。

秀吉と北条氏の関係がこのように推移するなか、関東ではなおも各地で紛争が継続していた。下野では、宇都宮国綱と北条方の壬生義雄との一進一退の攻防戦が続いていた。常陸では、三月から四月にかけて氏直が佐竹方の小田領や筑波山（茨城県つくば市）を攻撃し、七月から九月にかけては北条方の岡見治広の居城常陸牛久城（同牛久市）を佐竹氏に攻められていた。上野では、四月に北条氏が真田方の名胡桃城（群馬県みなかみ町）の向かい城として権現山城（同高山村・みなかみ町）を取り立て、九月には沼田城近くの阿曽城（同昭和村）を攻略することに成功した。だが、その直前の八月二十三日、足利長尾顕長と桐生由良国繁が謀反を起こしたため、その対応に追われることになった。

「沼田・吾妻領問題」裁決

北条氏が豊臣大名化した今、関東に残された最大の問題は、「沼田・吾妻領問題」であった。天正十六年（一五八八）十一月、秀吉は小田原へ妙音院と一鷗軒《いちおうけん》を派遣し、家康家臣の酒井忠次とともに「沼田・吾妻領問題」に関する協議を行った。さらに、秀吉は問題の詳細を尋ねるために使者を派遣するよう北条氏に命じ、天正十七年二月に板部岡《いたべおか》江雪斎《こうせつさい》が上洛した。そこでの尋問によれば、天正十年に締結された北条・徳川国分協定の内容は、上野は北条氏の、甲斐・信濃は徳川氏の「手柄次第」とするものであったことが判明し、秀吉は上野を自力で領有化できなかった北条氏に非があると判断した（「真田家文書」ほか）。しかし、北条氏の出仕を優先させたい秀吉は、沼田・吾妻領のうち三分の二を北条氏に、残りを真田氏に与え、真田氏から北条氏への割譲分は家康が替地を与えるとの裁定を行った。これを了承した北条氏直は、六月五日に文書を出し、十二月上旬に氏政が上洛すると秀吉に回答した。

七月になって、秀吉は沼田城の引き渡し作業を実行した。秀吉からの使者として富田一白《かずひろ》・津田盛《もり》月《つき》が、家康からの検使として榊原康政が派遣され、七月下旬に北条方の請け取り担当となった北条氏忠に沼田城を無事引き渡した。以後、沼田領は北条氏邦の管轄下となり、猪俣邦憲が沼田城主となった。吾妻領の岩櫃《いわびつ》城の引き渡しは行われなかったようだが、秀吉としては、あとは氏政の上洛を待つばかりとなった。

「沼田・吾妻領問題」が解決される一方で、北条氏による足利長尾顕長と桐生由良国繁に対する攻撃は続いた。正月十日には、北条氏照の軍勢が足利城を包囲したため、顕長は上杉景勝に援助を要請した。景勝は、すぐさま下野佐野氏一族で当時秀吉の側で活動していた天徳寺宝衍《ほうえん》に連絡し、秀吉の命令によって北条氏の攻撃を中止させるよう依頼した。この件には石田三成や増田長盛も関わったが、結局具体的な対応が取られないまま、二月中旬に国繁が、三月初めに顕長が北条氏に降伏することで終結した。

その石田三成は、三月十一日に宇都宮国綱に文書を送り、国綱が上洛の意思を表明したことを歓迎しつつ、北条氏が先に上洛してしまうと国綱の「御為然るべからず」として、「兎角一刻も急がれ御上国待ち奉り候」と早急の上洛を求めた（「小田部好伸氏所蔵文書」）。北条氏の従属による今後の関東支配のあり方をめぐって、さまざまな思惑が蠢いていた。

天正十六年の南奥・中奥

天正十六年（一五八八）の南奥・中奥は、波乱の年であった。中奥の大崎氏の家中では、当主義隆と執事氏家吉継による内紛が起きていたが、吉継がしきりに援助を求めたため、天正十六年正月、政宗は留守政景・泉田重光を大将とした大軍を大崎へ派遣した（大崎合戦）。しかし、友好関係にあった黒川郡の黒川晴氏に反抗されるなどして各所で敗戦し、伊達軍は新沼城（宮城県大崎市）に籠城することになってしまった。二月下旬に大崎氏との和睦が成立し、なんとか撤退することができたが、泉田らが人質として大崎氏に送られ、さらに大崎氏と同盟関係にあった最上義光のもとへ送られてしまった。

40―伊達政宗の「田村仕置」の舞台となった三春城跡（福島県三春町）

敗れた政宗であったが、今度は相馬氏が田村領や塩松領への侵攻を開始し、蘆名氏や佐竹氏も仙道（福島県中通り）方面への侵攻を強めてきた。五月、政宗は相馬方に寝返った石川弾正の居城小手森城を攻め落としたが、閏五月十二日に相馬義胤が田村氏の居城三春城へ強行入城しようとした事件が起きた。天正十四年十月に田村清顕（妻は相馬顕胤娘。政宗の義父）が死去した後の田村家は、田村月斎《げっさい》派・田村梅雪斎《ばいせっさい》派・相馬派に分裂しており、伊達氏は田村領をめぐって相馬氏と争う形となっていたのである。これは、月斎派・梅雪斎派が一致して対応したことにより防がれ、閏五月十九日に押し寄せた伊達軍により相馬方は「赤裸《あかはだか》」の状態となり、鉄炮や諸道具を捨てて山中に逃げていった（「伊達天正日記」）。その際、伊達軍は相馬氏重代の法螺《ほら》貝《がい》も奪い、政宗は後日伊達家の法螺貝と吹き比べをして戦勝を祝っている。

翌六月早々、蘆名・佐竹連合軍が郡山方面へ進軍してきた。当時の政宗はほぼ周囲を敵に囲まれたような状態であり、諸方面へ軍勢を展開していたため、わずかな軍勢でこれと対峙しなければならなかった。両軍は、六月十二日から対陣し、十四日以降、連合軍は伊達方の郡山城や窪田城（福島県郡山市）を繰り返し攻撃した。この合戦では、双方ともに鉄炮隊がしばしば活躍し、たびたび「つるい打ち」をし合うなど、鉄炮戦の様相をみせていた（「伊達天正日記」）。政宗の陣所である山王山周辺でも両軍は激突し、政宗は重臣の伊東重信を失うなどの損害をうけたが、一か月ほどの対陣の後、七月十八日に岩城常隆・石川昭光の仲介で和睦を成立させ、二十一日に陣払いをして宮森城（福島県二本松市）に戻り、この難局を辛くも乗り切った。これとほぼ同時に、母義姫の仲介もあって最上義光との和睦も成立し、大崎合戦により人質となっていた泉田重光らを取り戻すことに成功した。

これにより、政宗は田村領の仕置と相馬氏攻めを本格化させる。八月五日、政宗は三春城に入城し、清顕の未亡人を中心とした田村家中の相馬派を一掃すると同時に、月斎派が梅雪斎派を小野城（同小野町）へ追い出した。政宗は、三春の城下町にて田村月斎と橋本顕徳から出迎えられ、入城後は田村隆顕の未亡人（伊達晴宗の娘）がいる「御東」にて家臣たちと食事を楽しみ、翌日以降田村家臣らの出仕を受けた。そして、清顕の甥孫七郎に宗の字を与えて宗顕と名乗らせ、田村家の当主に据えた。このように「田村仕置」を一通り行った政宗だったが、田村家中の有力者である大越顕光《おおごえあきみつ》などは、岩城常隆と結んでなお頑強に抵抗し続けた。

こうして伊達氏の勢力が拡大していくなか、南奥・中奥の領主と豊臣政権との間で頻繁に使者の行き来が行われるようになった。四月には、秀吉家臣の富田一白が初めて白河義親に書状を送り、島津氏の降伏を知らせて「誠に唐国までも平均眼前に候」と述べたうえで、秀吉が「関東・奥両国惣無事の儀」を命じたと伝えた（「東京大学白川文書」）。閏五月には、秀吉の使者金山宗洗が山形を訪れ、仙北・庄内の紛争調停に着手し、九月には米沢に滞在して政宗とも面会した。その政宗のもとには、十月に富田一白や施薬院全宗《やくいんぜんそう》らの文書が届き、政宗の早期上洛を求めた。蘆名氏も、十月に重臣金上盛満《かながみもりみつ》を上洛させ、翌年三月二十四日に石田三成から蘆名義広の上洛が求められている。

蘆名氏滅亡と伊達政宗の南奥平定

翌十七年（一五八九）も、前年に負けず劣らず波乱の年であった。二月二十六日に落馬で左足を「あやまち」＝骨折してしまった政宗だが（「伊達天正日記」）、小野川温泉（山形県米沢市）で湯治をしつつ、諸方面への攻勢を緩めなかった。大内定綱・片平親綱兄弟や黒川晴氏が従属を申し出てきたのでこれを受け入れ、四月十六日には大崎方への切り崩し策が成功し、大崎氏は「伊達馬打ち同前の事」として従属することになった（「伊達家文書」）。

一方、郡山合戦で和睦仲介を務めた岩城常隆は、反伊達氏の色を鮮明にし、小野城の田村梅雪斎を支援して四月十五日に田村領へ侵攻し、同二十日までに田村領の南を守る伊達方の鹿股城（福島県田村市）を攻め落とした。これに対して政宗は、田村領の救援のため四月二十二日に米沢を出陣し、先に会津方面への攻撃を開始した。翌五月に安子ヶ島城・高玉城（同郡山市）を攻略して蘆名・佐竹軍を牽制すると、直後に岩城氏と協力関係にあった相馬氏を北から攻めた。そして、相馬氏により境目の城として大改修が行われ、「五・六年以前の様体には、黒白に違い候」と政宗に言わしめた駒ヶ嶺城・新地城（同新地町）を、五月十九・二十日に攻め落とした（「登米伊達家文書」）。

相馬方面を片付けた政宗は、息つく暇もなく六月に会津への侵攻を開始した。蘆名氏の重臣猪苗代盛国が調略に応じたため、六月四日に政宗は猪苗代城（同猪苗代町）に入った。そして翌五日、伊達・蘆名両軍は摺上原《すりあげはら》（同猪苗代町・磐梯町）で激突し、伊達軍が大勝した。敗れた蘆名義広は佐竹氏のもとへ逃亡し、勢いに乗った政宗は、十一日に黒川城に入城した。こうして名族蘆名氏は滅亡し、政宗は会津の大部分を手中にした。

その間、佐竹氏と岩城氏は田村領への攻撃を続けていたが、七月には佐竹方だった白河義親が政宗に従属した。さらに、岩瀬二階堂氏を攻めて十月二十六日に須賀川城を攻め落として滅亡させた。十一月には石川昭光も従属し、岩城常隆とも和睦するなど、政宗の領国は南奥の大部分に拡大し、奥羽最大の戦国大名へと急成長を遂げていった。それでもなお、相馬氏は伊達氏との争いを続け、秀吉がやってくる直前まで駒ヶ嶺城を攻撃するなどしていた。

蘆名氏滅亡の一報は、上杉景勝を通じてすぐさま秀吉に伝えられた。激怒した秀吉は、政宗の勝手な行動を激しく非難し、命令に従わない場合は即刻軍勢を派遣する意向を伝えた。その後、政宗は浅野長吉などを通じて弁明を続け、双方の申し分を聞いたうえでの裁定を行う方向が示されたが、蘆名・佐竹方も石田三成らを通じて秀吉に働きかけ、蘆名氏の会津復帰を要請した。その決着がつかないまま、小田原合戦の勃発を迎えることになる。

北奥羽の諸問題と豊臣政権

沼田・吾妻領の裁定と同時期、出羽の庄内問題も大きな動きをみせた。伊達政宗の仲介により和睦していた大宝寺義興と最上義光だったが、その直後の天正十五年十月、最上方の東禅寺氏永が義興を攻撃し、義光も庄内に侵攻して義興を捕縛して山形に連行した。上杉氏家臣本庄繁長の実子で義興の養子となっていた千勝丸は、越後境の小国城(山形県鶴岡市)に逃れたが、翌十六年正月には繁長が早速反撃に出た。

これに対して義光は、取次である家康を介して秀吉に「本庄横惑の段」を訴え、庄内領有は別状ない旨の秀吉朱印状を得たようである(「書上古文書」)。閏五月には秀吉上使の金山宗洗が山形と庄内に下向し、当時仙北で発生していた紛争と庄内問題の実情を調査して紛争の調停作業を開始した。だが、その後も本庄氏の猛攻は続き、八月の十五里ヶ原(山形県鶴岡市)の戦いで最上軍は大敗した。これにより、最上氏は庄内からの撤退を余儀なくされてしまったのである。義光は、早速秀吉にこのことを訴え、秀吉も十二月に調査に乗り出し義光と繁長両人の上洛を求めたが、上杉氏の指示をうけた千勝丸が天正十七年七月に上洛して秀吉に謁見すると、そのまま大宝寺氏の庄内領有が承認された。庄内問題は、庄内地方の実質的な上杉領国化によって、問題の解決が行われたのである。

同時期には、津軽や秋田でも戦乱が起きていた。天正十六年三月、津軽郡代南部政信が没すると、南部信直は側近である楢山義実《ならやまよしざね》・南長勝《みなみながかつ》を新たな津軽郡代として派遣し、大浦為信を引き続き後見役としたという。だが、南部一族から側近への交代は、結果的に三戸《さんのへ》南部氏の津軽支配の弱体化と大浦氏の自立化を推進させてしまい、ついに天正十七年、為信は三戸南部氏に反旗を翻したのである。為信は、信直と対立する九戸政実や下国安藤実季《しものくにあんどうさねすえ》らと連携し、翌十八年三月に浪岡城を攻略して楢山・南両氏を駆逐し、さらに外浜の横内城（青森市）を陥落させて津軽の統一を急速に進めていった。

秋田では、天正十五年九月に下国安藤愛季《ちかすえ》が没すると、幼少の実季が継いだが、豊島城の湊安藤道季が同年二月、南部氏や戸沢氏と結んで反乱を起こした（湊合戦）。実季には大浦氏や由利郡の国衆が味方し、同年秋には実季方が勝利した。この混乱に乗じて、南部氏は下国安藤氏に奪われていた比内郡を奪還している。

こうした状況のなか、信直は取次の前田利家を通じて秀吉に対して、為信の謀反や秋田の状況、家中内の「叛逆の族」の存在を訴え、自ら上洛することを計画するなど、豊臣政権の力でもって事態を打開しようとした（「盛岡南部家文書」）。秀吉もこれを受け入れ、秋田を蔵入地化し、上杉景勝と南部信直を代官として管理させる方針を立てた。こうして、北奥へも徐々に豊臣政権の介入が行われ始めていった。

2 小田原合戦、そして奥羽仕置

名胡桃城事件

沼田城の引き渡しが無事済み、あとは北条氏政の上洛のみとなっていた矢先の天正十七年（一五八九）十一月、事態は急転直下を迎える。猪俣邦憲《いのまたくにのり》の軍勢が、沼田城の利根川対岸にある真田方の名胡桃城を乗っ取る事件が起きたのである。事件の一報は、十一月三日に真田信幸から家康のもとへ届き、十一日以降には秀吉のもとへも届いた。

これに激怒した秀吉は、二十一日に真田昌幸に対して、今回の事件は沼田・吾妻領裁定に対する明確な違反行為であり、氏政の上洛・出仕があったとしても、犯人が処罰されない限りは北条氏を赦免するつもりはないので、来春まで境目に軍勢を配置するよう命じている。ほぼ同時期に、秀吉のもとへ北条氏からの使者が到着し、氏政の上洛について申し入れを行ったが聞き入れず、二十四日に最後通告状（「宣戦布告状」とされるもの）を認《したた》めて、北条氏直を始め諸大名に広く送りつけた。そこには、これまでの「沼田・吾妻領問題」の経緯について改めて振り返りつつ、秀吉の裁定をないがしろにした北条氏は勅命に逆らう悪逆人であり、速やかに誅伐を加えるべき存在であると記されていた。

この「御腹立ちの御書き付け」（「古證文」）を十二月七日に受け取った氏直は、早速秀吉に対して弁明を始めた。氏政の上洛遅延については、氏政が不当に勾留されたり国替されたりする懸念が消えないためであり、それが解決されればすぐにでも上洛するとして延期を求めた。名胡桃城事件《なくるみじょうじけん》については、自分があずかり知らぬところで起きたもので、城を奪取していないと主張した。そのうえで、「一代成らざる古敵」である上杉氏の軍勢が、真田領分は信濃川中島との知行替になったとして出陣してきたため、それに対応しただけであり、むしろ真田氏側が裁定に従わず、吾妻領の一部など領土の割譲を行っていないと不満を述べた（「武将文書集」）。

だが、秀吉はこの弁明を聞き入れず、十二月に入ると出陣準備に取りかかった。対する北条氏も、再度家臣・国衆の動員や諸城の普請をし始めた。伊豆韮山城も、その例外ではなかったが、氏政は普請作業を拒否するものがいれば、「嫌ならば当方を罷《まか》り去るべきにて済み候」と言い放っている（「堀江伴一郎氏所蔵文書」）。こうして、両者はついに全面戦争に突入することになった。小田原合戦の勃発である。

小田原合戦の経過

豊臣軍の先陣を務めたのは、徳川家康であった。家康は、天正十八年二月十日に駿府を出陣し、二十四日に北条領国との境目に位置する長久保城に着陣した。その後、豊臣秀次や織田信雄らも大軍を率いて続いた。秀吉の本軍は、九州出兵と同じく三月一日に京都を出陣し、二十七日に三枚橋城に着陣して体制を整え、翌日には北条方の最前線の城である山中城と韮山《にらやま》城の状況を調査している。さらに翌二十九日、豊臣秀次を中心とした豊臣軍が一挙に山中城を攻め、わずか数時間で攻略してしまう。その後、韮山城の包囲を進めながら早々に箱根の山を突破し、四月四日には箱根早雲寺（神奈川県箱根町）に秀吉の本陣が構えられ、小田原城の包囲を開始するに至った。

豊臣軍は、伊豆方面だけでなく、上野へも同時に攻め込んでいた。前田利家や上杉景勝ら北国勢が別働隊として出陣し、三月初旬には碓氷峠《うすい》（長野県軽井沢町・群馬県安中市）付近に着陣し、同峠で小競り合いを展開した後、峠を越えて三月二十八日に上信国境を押さえる重要拠点松井田城の攻撃を開始した。松井田城は四月二十日に開城し、城主大道寺政繁は降伏、以後豊臣軍の先導役を務めるようになった。

その後も、箕輪《みのわ》城、厩橋《まやばし》城など上野の諸城、川越城や江戸城など武蔵の諸城を次々と攻略していき、五月下旬には「関東にて一二ヶ所の名城」（「伊東文書」）と評された岩付城も攻め落とした。六月十四日には頑強に抵抗していた北条氏邦の居城鉢形《はちがた》城が開城し、同月二十三日には北条氏照の居城八王子城も壮絶な戦いのうえで落城した。さらに翌日には韮山城も開城してしまう。この間、伊達政宗を始めとした多くの関東・奥羽の領主が秀吉のもとへ続々と出仕している。

こうして、残るは小田原城と忍城のみとなった。七月五日、ついに北条氏直が滝川雄利《たきがわかつとし》の陣所に走り入って降伏・開城の意思を示した。早速小田原城の接収作業が行われ、十一日に北条氏政・氏照は切腹、翌日に氏直の高野山追放が決定された。

それでも忍《おし》城だけは、なお籠城戦を続けていた。忍城が開城したのは、七月十六日のことで、氏直が降伏してから十一日後のことであった。

家康の江戸入部と宇都宮仕置

小田原開城後の戦後処理を経て、秀吉は七月十七日に会津へ向けて小田原を出発し、江戸を経て二十六日に宇都宮に到着した。秀吉は、小田原開城前から奥羽、なかでも会津へ向かうことを表明しており、小田原―会津間の街道整備をたびたび命じていた。宇都宮には八月四日まで滞在し、関東・奥羽の大名・国衆の編成や旧北条領国に対する処置などを行った。これを宇都宮仕置といい、奥羽仕置の第一段階として位置づけられる。

これにより、秀吉は三河・遠江・駿河・信濃・甲斐の五か国の大名だった家康を関東へ転封させ、家康家臣の井伊直政を上野箕輪に、榊原康政を上野館林に、本多忠勝を上総万喜（後に小田喜＝大多喜）に配置した。家康の関東転封は、取次としての役割を果たせず北条氏滅亡へと至った責任を取らされた側面もあったものと思われる。家康とともに織田信雄も転封を命じられたが、拒否したために改易となった。また、佐竹義宣《さたけよしのぶ》や宇都宮国綱、那須資晴、里見義康らには基本的に当知行を安堵し、家康二男で秀吉の養子となっていた秀康を結城家へ入れ、独立した豊臣大名として取り立てるなどして、新たな関東支配の骨格を作り上げていった。

奥羽については、伊達政宗や最上義光などほとんどの大名・国衆が改めて出仕し、知行安堵を獲得して豊臣大名化したが、他方で大崎・葛西・和賀・稗貫各氏の知行召し上げが決定した。また、足弱《あしよわ》（女、子ども）の差し上げや不要な城の破却が関東・奥羽に対して命じられ、奥羽については検地・刀

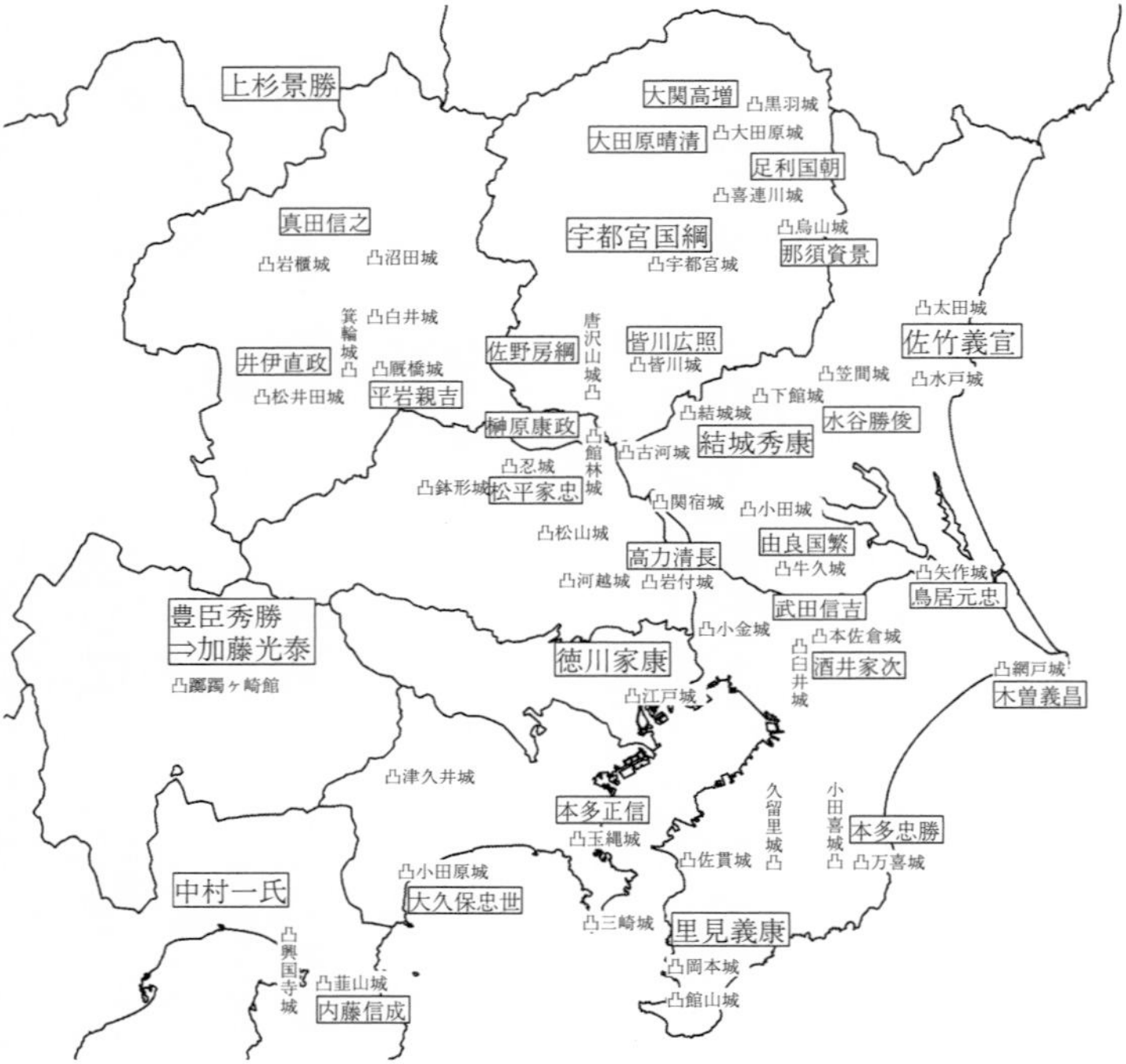

41―小田原合戦後の関東略図

狩の実施も厳しく命じられた。

関東へ入国した家康が新たな本拠としたのは、江戸であった。小田原合戦以前から関東・奥羽の諸問題に対応していた家康は、秀吉から引き続きその役割を果たすことを期待し求められていた。そうした役割・立場を求められた家康の居城としてふさわしい場所は、直前まで北条氏の本拠であった小田原ではもはやなかった。すでに戦国期後半には政治的にも水運・海運の面でも関東支配の拠点になりつつあり、なによりも南関東から北関東、さらには奥羽へと向かう「主要道」の起点となっていた江戸こそ、ふさわしい場所だったといえる。こうした豊臣政権の東国支配構想のなかで江戸の地位は上昇し、以後の目覚ましい発展へと繋がっていくのである。

関東・奥羽の仕置と同時に、旧織田・徳川領国の知行替えも実施された。尾張清須（愛知県清須市）に豊臣秀次が入部し、堀尾吉晴が遠江浜松に、山内一豊が遠江掛川に、中村一氏が駿府に配されるなど、東海道筋は秀次家臣で埋められた。信濃・甲斐については、石川数正が信濃深志に、日根野高吉が諏訪高島に、豊臣秀勝（ほどなく加藤光泰）が甲斐に入封するなど、東山道筋には秀吉直臣・一族が配された。

奥羽仕置

八月九日に会津黒川に入った秀吉は、奥羽仕置を実施した。伊達政宗に従属していた白河義親や田村宗顕らの改易が決定され、政宗が蘆名氏から奪った会津や岩瀬郡（福島県須賀川市ほか）などを没収し、新たに蒲生氏郷に与えた。大崎・葛西氏旧領には木村吉清を入部させ、田村郡（同三春町ほか）を政宗重臣の片倉景綱に与えた。

また、仕置の原則も掟書の形で広く周知され、検地・刀狩・城破りなどの一連の占領政策を、「山の奥、海は櫓櫂《ろかい》の続く」ところまで念入りに実施することが命じられた。それに反対するものは、「悉く撫で切り」にし、たとえ「亡所」となっても構わない、という厳命つきであった（「浅野家文書」）。実際、大崎地域の米泉（宮城県加美町）では、木村吉清が伝馬を課したところ、「古奉公人・地下《じげ》年寄」がこれを拒否し、隠して置いた刀を出して喧嘩《けんか》に及んだため、中新田で礫にあっている（同）。その一方で、奥羽各地の事情にあわせた柔軟な対応がとられることも多かった。

秀吉は、八月十三日に会津を発ち上洛していったが、実際の仕置はその前後に各大名・奉行によって順次実施されていった。陸奥については、特に浅野長吉が諸方面で奔走し、主として大崎・葛西・和賀・稗貫《ひえぬき》地域を担当した。このほか、会津を豊臣秀次や宇喜多秀家が、陸奥沿岸部・海道筋を石田三成が、津軽を前田利家が、出羽庄内・由利・仙北を上杉景勝・大谷吉継が、秋田を木村常陸介がそれぞれ担当し、奥羽の豊臣化を進めていった。そして、同年十二月から翌十九年正月にかけて、奥羽の大名に一斉に秀吉の領知朱印状が発給された。

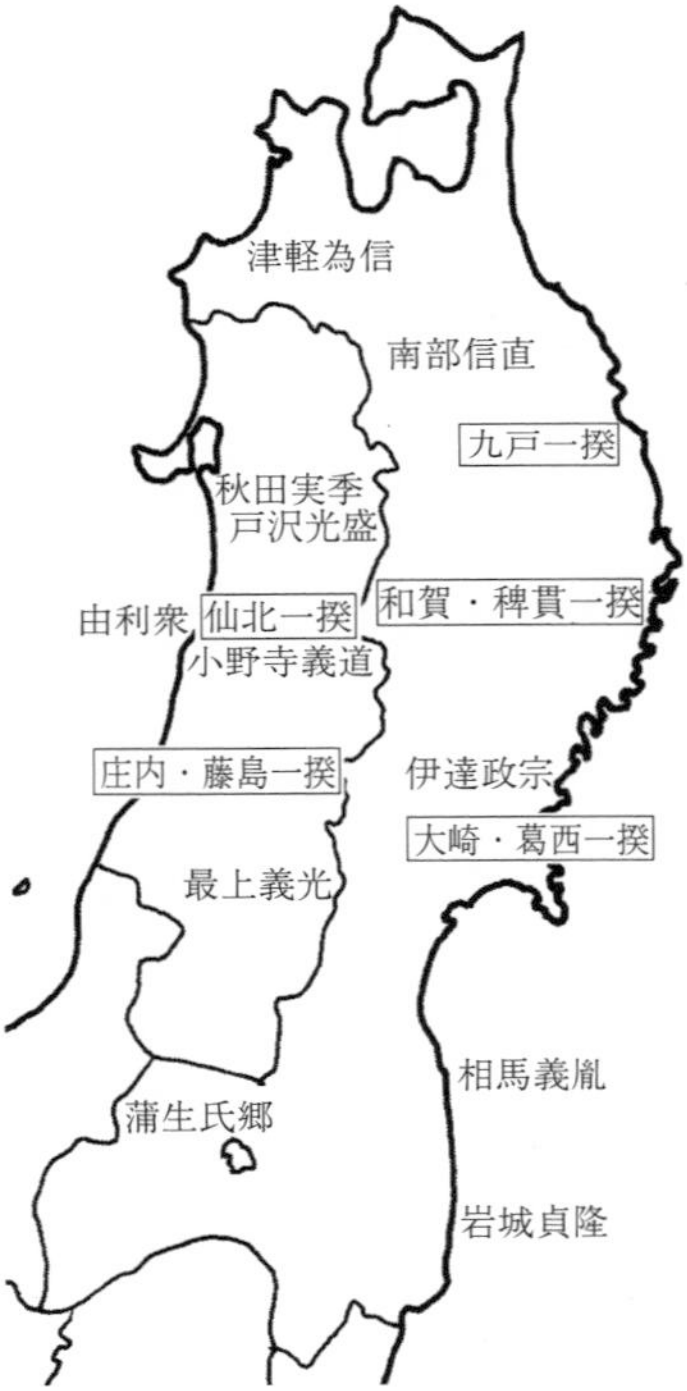

42―奥羽仕置後の大名配置図（高橋編2016より転載）

ところが、仕置が一通り実施された直後に奥羽各地で仕置反対一揆が続発した。九月には出羽仙北・庄内で、十月には大崎・葛西一揆と和賀・稗貫一揆が発生し、年末には糠部郡《ぬかのぶ》でも一揆が起きた。このほか、会津などでも発生していた形跡がある。実は秀吉は、奥羽で一揆が起きることを見越して各地の城に兵粮を蓄え、街道と継飛脚制の整備を進めていたが、それにしても奥羽各地で一斉に一揆が起きた衝撃は大きかった。

特に大規模な一揆となったのが、大崎・葛西氏の旧臣を中心として勃発した大崎・葛西一揆であった。早速蒲生《がもう》氏郷《うじさと》と伊達政宗が鎮圧に乗り出し、十一月二十四日に政宗は佐沼城（宮城県登米《とめ》市）に籠城していた木村吉清を救出した。だが、それに前後して政宗が扇動して一揆が勃発したという噂が広まり、氏郷は佐沼城攻めに参加せずに大崎領の名生《みょう》城（同大崎市）に籠城したため、氏郷と政宗の確執が深まっていった。この問題は「政宗別心」と呼ばれ（「伊達家文書」）、十二月中には秀吉のもとへ伝わった。氏郷は、一揆の城々に政宗の幟《のぼり》・小指物が立ち、政宗の鉄炮衆も入っているなどと秀吉に訴えた。秀吉は、必ずしも氏郷の言い分を信じていたわけではなかったが、家康と秀次に出陣を命じるとともに、秀吉自身も三月一日に出陣する計画が立てられる事態となった。

そして、先遣隊として榊原康政や結城秀康らが出陣し、実際に家康も岩付まで出陣した。しかし、氏郷と政宗の和睦がなったという情報をうけ、家康は正月十三日に江戸へ帰陣し、翌日に武蔵府中（東京都府中市）まで出陣してきた秀次も家康と会談後に帰陣していった。大崎・葛西一揆の討伐は、冬期に入ったこともあり、春以降に持ち越しとなった。

奥羽再仕置

謀反の疑いをかけられた政宗は、天正十九年（一五九一）正月晦日に米沢を発ち、二月四日に京都へ到着し、秀吉に謁見した。秀吉から、今回の事の次第について尋問を受けたものの、大きく処罰されることはなかった。秀吉は、政宗を侍従《じじゅう》に任じ羽柴姓を与え、さらに会津近辺の五郡を召し上げる代わりに葛西・大崎旧領を与えるとの意志を伝えた。

一方、同年二月頃には、三戸南部氏一族の有力者九戸政実が、櫛引清長《くしびききよなが》・七戸家国《しちのへいえくに》らとともに南部信直に反旗を翻した。奥羽仕置によって信直の家中となることに決定されたことが原因の一つであった。信直は独力で鎮圧にあたったが、勢いを増す九戸勢を前に、嫡子利直を派遣して豊臣政権に支援を要請した。

こうした奥羽の不穏な情勢をうけて、秀吉は六月二十日に奥州奥郡仕置動員令を発し、家康と秀次を中心とした大軍が派遣されることになった。一足先に五月二十日に米沢へ戻っていた政宗は、大崎・葛西一揆討伐のため六月十四日に米沢を出陣し、六月二十五日に「要害大崎一の地」といわれた宮崎城（宮城県大崎市）を、七月三日に佐沼城を攻め落として「女・童まで悉く撫で切り」に及んだ（『引証記』）。さらに、桃生《ものう》郡深谷保《ふかやのほ》須江山（宮城県石巻市）に一揆残党を集め、秀次の命により彼らを殲滅するなどして、八月中にはあらかたの鎮圧を終えた。同じく、越年していた出羽庄内藤島一揆も、直江兼続により平定され、一揆蜂起の責任をとり大宝寺義勝・本庄繁長が改易され、庄内は名実ともに上杉領となった。

家康も七月十四日に江戸を出陣し、八月六日頃に秀次らと二本松で合流した。各地から集まった豊臣軍は、相馬通り、二本松通り、最上通りの各方面から北上を続け、蒲生氏郷や浅野長吉・井伊直政・堀尾吉晴らが、九戸政実らが籠もる九戸城（岩手県二戸市）へ向かっていった。そして、九月一日に九戸城近辺の姉帯《あねたい》城・根反《ねそり》城（同二戸町）を一挙に攻め落とし、九月二日から九戸城の包囲を開始し、四日に陥落させた。

43—佐沼城跡（宮城県登米市）近くにある「首壇」 伊達政宗による佐沼城攻めで討ち取られた者たちの首が葬られたとされる。

一揆平定とともに、奥羽再仕置が実施された。政宗は、それまで有していた長井郡など六郡二保を蒲生領として割譲され、代わりに大崎・葛西旧領を与えられ、岩出山城（宮城県大崎市）に移った。和賀・稗貫郡も、新たに南部領に確定した。そして、検地・城破りが改めて実施されるとともに、政権の方針により存置された城の普請も行われ、奥羽の各地に織豊系城郭が誕生していった。一連の仕置政策は、九月中にはほぼ実行され、十月になると諸将は帰陣していった。
こうして、奥羽においても豊臣化が進み、「天下統一」が実現したのである。

「天下統一」と東日本——エピローグ

地域の繋がりと断絶

本書では、戦国末期の東日本のさまざまな側面を叙述してきたつもりだが、そこから改めて浮かび上がってきたのは、大名領国や関東・奥羽というような枠組みでは捉えきれない、地域と地域の繋がりである。

北奥羽と北方世界との密接な関係はいうまでもないが、近年注目されつつある北関東と南奥羽・越後との一体的な関係も挙げられるだろう。西上野と北・東信濃、伊豆と駿河東部・甲斐についても、常に密接な関係にあり、一つの世界を形成しているといえよう。

そうした近隣地域同士の関係のみならず、もっと広い範囲でも、ある種の一体性がみられた。たとえば、甲相駿同盟の崩壊や越相同盟の成立は、関東を中心に東海・甲信越・南奥羽にかけた地域に大きな影響を与えており、一つの政治的な世界を形成していたといえよう。また、築城技術の面では、大名ごとの特徴のようにみえる技術も、それを超えた地域でみられるものであったし、求心的で複雑な縄張構造をもつ城館という点では、やはり東海・甲信・関東・南奥羽の広範囲にわたってみられるものであった。さらに、京都方面との交流、貿易陶磁の流通や唐人の来訪にみられるような東アジアとの交流も、東日本各地でなお途切れることはなかったことにも注意したい。

一方で、地域はあらゆる面で幅広く交流し、密接に関係していたのかというと、どうやらそうでもなさそうである。地域にはそれぞれの個性があり、断絶の側面もみていく必要があろう。たとえば、奥羽と一口に言っても、南奥羽と北奥羽では、領主同士の政治的関係は意外に少ないようである。伊達氏の場合、北奥羽・北方の文物は入ってきているものの、南部氏や和賀氏、稗貫氏、小野寺氏、安藤氏らなどとの政治的な関係はほとんどみえてこず、積極的な交流はしていなかった可能性が高い。城館についても、共通する点も多いが、様相が異なる点も多い。

奥羽を西奥羽と東奥羽に分けて考えてみた場合も、同様である。たとえば、元亀年間（一五七〇〜七三）に陸奥和賀郡の和賀氏が上洛した時は、南奥羽へ向かわずに、山を越えて小野寺氏、大宝寺氏のもとを経由して日本海側から向かっていた。伊達氏については、そもそも西奥羽と東奥羽にまたがって領国を形成していた。一方で、最上義光《もがみよしあき》は、山を越えた名取郡の秋保《あきう》氏、宮城郡の国分氏とは通交関係があったが、粟野氏とは天正十五年（一五八七）段階でようやく初信を交わす関係であり、近隣地域だからといって面的に通交関係を構築していたわけではなかったようである。陶磁器の流通面でも、日本海側の西奥羽と太平洋側の東奥羽とでは、やはり異なることがわかっている。交流と断絶の側面は、こうした点からもうかがうことができよう。

このような、幅広く交流しながらも、さまざまな個性をもっていた東日本の各地域が、その個性を保ちつつも、徐々に一つの政治単位に統合されていったのが「天下統一」であった。

地域的統合の進展

「天下統一」の前提には、幾多の戦乱を繰り広げながらも徐々に進展した、東日本各地における広域的統合＝「平和」秩序形成の進展があった。その結果、戦国末期の天正十年段階の関東においては、一方では北条氏を中心とする「平和」領域が、一方では佐竹氏を盟主とする反北条東国諸領主連合による「平和」領域が成立し、対立するという構図が生まれていた。また、南奥羽でも、伊達氏や蘆名氏を軸に抗争を繰り広げつつ、中人制などにより独自の「平和」秩序を形成していた。

そこへ割って入ってきたのが、織田信長であった。武田氏を滅ぼした勢いそのままに関東へ進出した信長は、わずか三か月間であったものの、北条・反北条間の対立関係を止揚して、「惣無事」と呼ばれる「平和」秩序を形成した。その秩序は、南奥羽の一部にまで広がっていたものと思われる。それは、現実的には「窮屈」な側面もあったものの、強権に任せて信長が一方的に押しつけたと評価するだけでは不十分で、そうした東日本なりの「平和」秩序形成を踏まえて達成されたものであったというべきである。

この「惣無事」は、本能寺の変直後にもろくも崩壊した緩やかな秩序ではあったが、一度形成されたことの意味は大きかった。以後の東日本をめぐる政治史は、基本的にはこの「惣無事」を再度いかに実現していくのか、という線上で展開していくことになったといえる。その実現を目指したのは、当初は家康であり、後に台頭してきた秀吉であった。一方で、対象となる東日本側では、北条氏のように反発する領主もいたが、その実現を求め続ける領主もいた。豊臣政権による東日本への介入は、北条氏や伊達氏などと通じる家康・富田一白らと、上杉氏や佐竹氏などと通じる石田三成・増田長盛らを軸に展開され、西国方面の情勢とも連動しつつ、時には交渉による「平和」的な実現が、時には露骨な軍事力の行使による実現が目指された。そして、最終的には小田原合戦・奥羽仕置という形で「天下統一」が果たされたのである。

東日本の豊臣化の実態

豊臣政権により「天下統一」が達成されると、東日本の社会もさまざまな面で変化していった。大名に従属していた国衆は消滅し、滅亡ないし大名家中に編成された。生き残った大名は豊臣大名となり、中央の情勢と直結して存在するようになっていった。なかでも大きく変化したのが、城館であった。豊臣政権によって、城館の整理統合が一挙に進められると同時に、必要な城館は存置され、「上方流」の城へと順次改修されていった。近世城郭の原型となる織豊系城郭が、東日本にも誕生した瞬間である。こうした城館の変化は、近年「豊臣インパクト」と呼ばれ、改めて注目されている。

織豊系城郭は、高石垣・瓦・礎石建物の三点セットと求心的で直線的な縄張構造を特徴とする。もっとも、これらすべてが揃った典型的な織豊系城郭は少なく、そのほとんどは部分的に技術を導入した城館であった。こうして、実にバラエティに富んだ城館が誕生していったのである。それは一見、織豊系の技術に席巻されたかのようにみえるが、一方で東日本伝統の技術が活かされ続けたともいえる。一方的に、豊臣政権によって東日本社会が変革させられたわけではないことには注意したい。

奥羽の歴史の一大画期である奥羽仕置でさえも、奥羽社会を根底から変化させたものではなかったと評価されている。太閤検地《たいこうけんち》、京枡《きょうます》の使用強制、石高制の導入、刀狩、城下集住と妻子差し上げなど、新たな政策が次々と実行されたが、いずれも現地の情勢を踏まえて軌道修正されている。ある意味不徹底に終わったともいえるのだが、それは豊臣政権も織り込み済みで、諸大名が安定的な領国支配を行うことができ、政権に対する奉公が果たせる状態であれば、それでよかったのである。そもそも、豊臣政権の諸政策は、東日本一律に行われたのではなく、著名な刀狩も、奥羽では実施されたが、関東ではその痕跡がないことが知られている。

豊臣政権の「天下統一」により、東日本社会が大きく変化したこと自体は間違いない。しかし、それにより根底から変化してしまったわけではなく、次の時代へ受け継がれていったものもまた多かったのである。それが、東日本の豊臣化の実態であった。

朝鮮出兵、そして関ヶ原へ

「天下統一」の達成により、列島各地における戦争は、いったん終結した。しかし、それは「唐入り」＝朝鮮出兵という新たな戦争の勃発へと繋がっていた。戦国争乱を終えたばかりの東日本の諸大名も、息つく暇もなく新たな戦争にかり出されることになった。それにより、東日本社会にも加重な負担が要求され、地域社会は疲弊していったのである。同時に、豊臣政権の一員となったことにより、全国の諸大名との交流・人間関係の構築が、豊臣大名となった東日本の諸大名にとって重要な要素となっていった。南部信直が、そのことを「日本のつき合」と表現したことは有名である（「南部家文書」）。あらゆる面で、新たな時代への対応が迫られていたのである。

「唐入り」が遂行されるなか、国内でもさまざまな問題が起きていた。文禄四年（一五九五）には、いわゆる秀次事件が起き、伊達政宗や最上義光など東日本の諸大名にも嫌疑が及び、一時騒然となった。慶長二年（一五九七）には、徳川家康と繋がりがある浅野長吉らによって、石田三成らと深く繋がっていた佐竹・宇都宮両氏の改易が計画された。そして、実際に宇都宮氏が改易され、翌年に親家康である蒲生秀行が、大幅減封されながらも会津若松から宇都宮へ入部した。替わって上杉景勝が会津若松へ国替となった。東日本の支配をめぐって、豊臣政権の内部では抗争が始まっていたのであり、その延長線上に関ヶ原の戦いが勃発するのである。こうした過程の詳細については、本巻の守備範囲を超えるものであるので、別の巻に譲りたい。

あとがき

この「あとがき」を書いている二〇二〇年八月現在、世界中で新型コロナウィルスが猛威をふるい、日本国内も第二波の真っ只中にあって大変なことになっている。大学も例外ではない。多くの大学では、前代未聞の遠隔授業の実施に踏みきり、教職員・学生ともに疲弊しきっている。筆者が所属している大学も同様で、遠隔授業と同時並行で校正作業を行い、ようやく前期の授業を終え「あとがき」までこぎ着けた。事態の速やかな収束を願うばかりである。

限定された時期とはいえ、通史を書くのは当然初めてである。そもそも、今回のシリーズの執筆者のなかで、私は最年少である。年齢的にも実力的にも通史を書く器ではないことは、本人が一番わかっている。そんなプレッシャーのなかでの執筆だったが、ご存じの通り、この時期の東日本に関する研究史は、あまりに分厚い。通史・一般書だけでも相当数にのぼる。いったいどうすればいいのか、重厚な先行研究を前に時に絶望に襲われつつも多くの助けをえながら、何とか一通りは書き上げた。それでも、重要な研究を見落としてはいないか、理解が不十分で不正確なところはないか、もっとこうすればよかった、こういうテーマも入れればよかった、先行研究の羅列・交通整理のみに終わっているのではないか、という悩み・不安で一杯である。先学の通史、また本シリーズの他巻と比べると、自分の実力不足・不甲斐なさを恥じ入るばかりである。

そんな悩み・不安を抱えながらも、少しでも自分らしさを出そうと考え、「プロローグ」で記したような方針で執筆したつもりである。東北地方の事例を多く取り上げることは、当初から考えていた。「伊達天正日記」の記事を多く紹介したが、これは日頃の授業での輪読の成果でもある。また、当時の人々の生の声や特徴的な史料用語をなるべく多く入れた。特に政治史の叙述は、淡々と事実関係を記してしまいがちで、研究者にとってはそれがいいのだが、一般の読者の方々にとっては時に退屈になってしまうこともあろうかと思う。個性溢れる武将たちの発言の数々は、論文などではあえて取り上げることはないが、まるで某人気ドラマでも見ているかのようである。その面白さが、少しでも読者の皆さんに伝われば幸いである。

一方、最後の最後までどうしようかと迷ったことがある。それは、文中に参考にした先行研究を明示するか否かである。研究書であるならば当然明示するが、本書は一般書・通史である。扱う範囲があまりに広く、重厚な先行研究があり、一つ一つ明示するととんでもない量になってしまう。そのため、今回は思い切って読みやすさの方を優先して割愛させていただいた。その代わり、多めに参考文献を挙げさせていただいた。先行研究の学恩に感謝申し上げるとともに、どうかご理解いただきたい。

しんどい仕事であったが、この時期のさまざまな研究に目を通し一書にまとめる作業は、自分の研究人生にとって大きなステップアップになったように思う。執筆にお誘いいただいた企画編集委員の池享先生・久保健一郎氏にお礼申し上げたい。また、ゼミ生の石倉蓮・奈良輪俊幸・沼﨑雅弘各氏には校正作業を手伝ってもらった。最初の読者として、誤植やおかしな文章表現など的確に指摘してくれた。

最後に、仕事に家庭に頑張っている妻、毎日精一杯生きている娘、すっかりオンラインで会う機会が増えた東京の家族にお礼申し上げる。

二〇二〇年八月十七日

竹井英文

参考文献

小豆畑毅『陸奥国の中世石川氏』（岩田書院、二〇一七年）
阿部浩一『戦国期の徳政と地域社会』（吉川弘文館、二〇〇一年）
荒川善夫『戦国期北関東の地域権力』（岩田書院、一九九七年）
荒川善夫『戦国期東国の権力構造』（岩田書院、二〇〇二年）
粟野俊之『織豊政権と東国大名』（吉川弘文館、二〇〇一年）
粟野俊之『最上義光』（日本史史料研究会、二〇一七年）
飯村均・室野秀文編『東北の名城を歩く　北東北編』（吉川弘文館、二〇一七年）
飯村均・室野秀文編『東北の名城を歩く　南東北編』（吉川弘文館、二〇一七年）
池上裕子『戦国時代社会構造の研究』（校倉書房、一九九九年）
池上裕子『日本中近世移行期論』（校倉書房、二〇一二年）
池　　享『動乱の東国史七　東国の戦国争乱と織豊権力』（吉川弘文館、二〇一二年）
池享・矢田俊文編『増補改訂版　上杉氏年表』（高志書院、二〇〇七年）
市村高男『戦国期東国の都市と権力』（思文閣出版、一九九四年）
市村高男『戦争の日本史10　東国の戦国合戦』（吉川弘文館、二〇〇九年）
稲葉継陽『日本近世社会形成史論―戦国時代論の射程―』（校倉書房、二〇〇九年）

宇田川武久『東アジア兵器交流史の研究 十五～十七世紀における兵器の受容と伝播』(吉川弘文館、一九九三年)
江田郁夫・簗瀬大輔編『北関東の戦国時代』(高志書院、二〇一三年)
遠藤ゆり子編『東北の中世史4 伊達氏と戦国争乱』(吉川弘文館、二〇一六年)
小田原城天守閣編『小田原城天守閣特別展 小田原北条氏の絆～小田原城とその支城～』(小田原城天守閣、二〇一七年)
大石泰史編『今川氏年表』(高志書院、二〇一七年)
大石泰史『今川氏滅亡』(角川選書、二〇一八年)
川戸貴史『中近世日本の貨幣流通秩序』(勉誠出版、二〇一七年)
垣内和孝『伊達政宗と南奥の戦国時代』(吉川弘文館、二〇一七年)
久保健一郎『戦国大名と公儀』(校倉書房、二〇〇一年)
久保健一郎『戦国時代戦争経済論』(校倉書房、二〇一五年)
黒田基樹『戦国期領域権力と地域社会』(岩田書院、二〇〇九年)
黒田基樹『敗者の日本史10 小田原合戦と北条氏』(吉川弘文館、二〇一三年)
黒田基樹『戦国大名 政策・統治・戦争』(平凡社新書、二〇一四年)
黒田基樹『北条氏政』(ミネルヴァ書房、二〇一八年)
黒田基樹編『北条氏年表』(高志書院、二〇一三年)
小島道裕『戦国・織豊期の都市と地域』(青史出版、二〇〇五年)
小早川裕悟「中世後期東北北部の通貨事情に関する一考察」(『地方史研究』三八七号、二〇一七年)

小林清治『奥羽仕置と豊臣政権』（吉川弘文館、二〇〇三年）
小林清治『奥羽仕置の構造』（吉川弘文館、二〇〇三年）
小林清治『戦国大名伊達氏の領国支配　小林清治著作集一』（岩田書院、二〇一七年）
小林清治『戦国期奥羽の地域と大名・郡主　小林清治著作集二』（岩田書院、二〇一八年）
齋藤慎一『中世東国の領域と城館』（吉川弘文館、二〇〇二年）
齋藤慎一『戦国時代の終焉』（中公新書、二〇〇五年、二〇一九年「読みなおす日本史」吉川弘文館で復刊）
齋藤慎一『中世東国の道と城館』（東京大学出版会、二〇一〇年）
齋藤慎一・向井一雄『日本城郭史』（吉川弘文館、二〇一六年）
佐々木倫朗『戦国期権力佐竹氏の研究』（思文閣出版、二〇一一年）
佐藤博信『古河公方足利氏の研究』（校倉書房、一九八九年）
佐藤博信『中世東国日蓮宗寺院の研究』（東京大学出版会、二〇〇三年）
佐藤博信『中世東国政治史論』（塙書房、二〇〇六年）
佐藤博信「北山本門寺と西山本門寺」（『日蓮仏教研究』第一〇号、二〇一九年）
鈴木将典『戦国大名武田氏の領国支配』（岩田書院、二〇一五年）
高橋修編『佐竹一族の中世』（高志書院、二〇一七年）
高橋充編『東北の中世史五　東北近世の胎動』（吉川弘文館、二〇一六年）
竹井英文『織豊政権と東国社会』（吉川弘文館、二〇一二年）
竹井英文『戦国の城の一生』（吉川弘文館、二〇一八年）

武田氏研究会編『武田氏年表』（高志書院、二〇一〇年）
谷口　央「小牧長久手の戦い前の徳川・羽柴氏の関係」（『人文学報』第四四五号、二〇一一年）
長澤伸樹『楽市楽座令の研究』（思文閣出版、二〇一七年）
則竹雄一『戦国大名領国の権力構造』（吉川弘文館、二〇〇五年）
則竹雄一「戦国大名北条氏の着到帳と軍隊構成」（『獨協中学校・高等学校研究紀要』第二三号、二〇〇九年）
萩原大輔『武者の覚え　戦国越中の覇者　佐々成政』（北日本新聞社、二〇一六年）
平山　優『武田遺領をめぐる動乱と秀吉の野望』（戎光祥出版、二〇一一年）
平山　優『増補改訂版　天正壬午の乱』（戎光祥出版、二〇一五年）
平山　優『武田氏滅亡』（角川選書、二〇一七年）
平山　優『戦国大名と国衆』（角川選書、二〇一八年）
福原圭一・前嶋敏編『上杉謙信』（高志書院、二〇一七年）
藤井譲治『天下人秀吉の時代』（敬文舎、二〇二〇年）
藤木久志『豊臣平和令と戦国社会』（東京大学出版会、一九八五年）
藤木久志『新版　雑兵たちの戦場』（朝日選書、二〇〇五年）
藤田達生『日本近世国家成立史の研究』（校倉書房、二〇〇一年）
堀　新『日本中世の歴史七　天下統一から鎖国へ』（吉川弘文館、二〇一一年）
松岡　進『戦国期城館群の景観』（校倉書房、二〇〇二年）
丸島和洋『戦国大名武田氏の権力構造』（思文閣出版、二〇一一年）

丸島和洋『武田勝頼』（平凡社、二〇一七年）
峰岸純夫・萩原三雄編『戦国時代の城』（高志書院、二〇〇九年）
村井章介編『中世東国武家文書の研究　白河結城家文書の成立と伝来』（高志書院、二〇〇八年）
盛本昌広『日本中世の贈与と負担』（校倉書房、一九九七年）
盛本昌広『松平家忠日記』（角川選書、一九九九年）
盛本昌広『軍需物資から見た戦国合戦』（洋泉社新書、二〇〇八年、二〇一九年「読みなおす日本史」吉川弘文館で復刊）
簗瀬大輔『関東平野の中世』（高志書院、二〇一五年）

自治体史

『青森県史』通史編一（青森県、二〇一八年）
『愛知県史』通史編三　中世二・織豊（愛知県、二〇一八年）
『小田原市史』通史編　原始古代中世（小田原市、一九九七年）
『千葉県史』通史編　中世（二〇〇七年）
『八戸市史』通史編1　原始・古代・中世（二〇一五年）
『原町市史』通史編Ⅰ　原始・古代・中世・近世（南相馬市、二〇一七年）
『横手市史』通史編　原始古代中世（横手市、二〇〇八年）
『米沢市史』原始・古代・中世編（一九九七年）

系図

三国同盟関係系図（池二〇一二より）

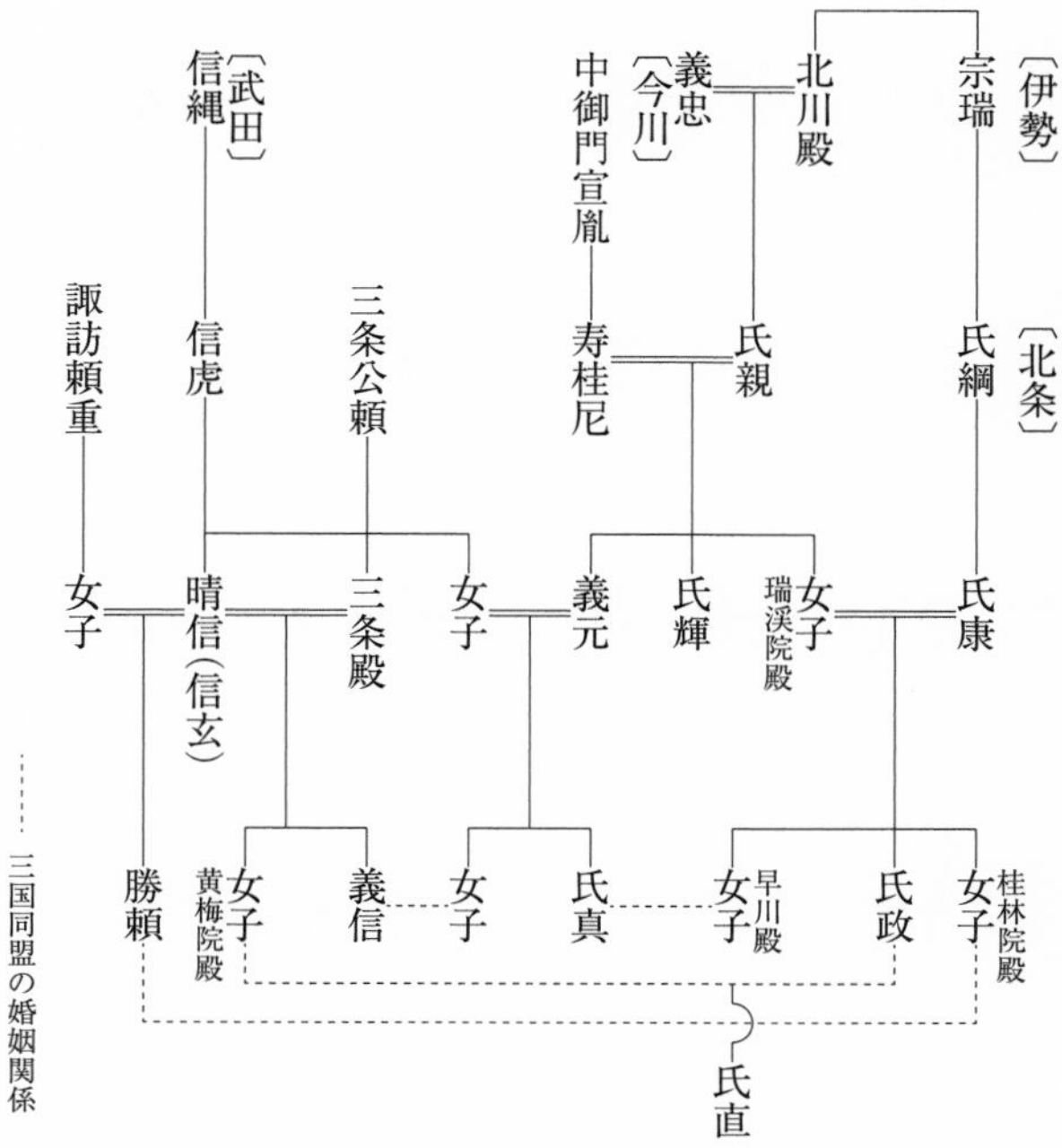

戦国期南奥婚姻関係図（小林二〇一七に加筆・訂正）

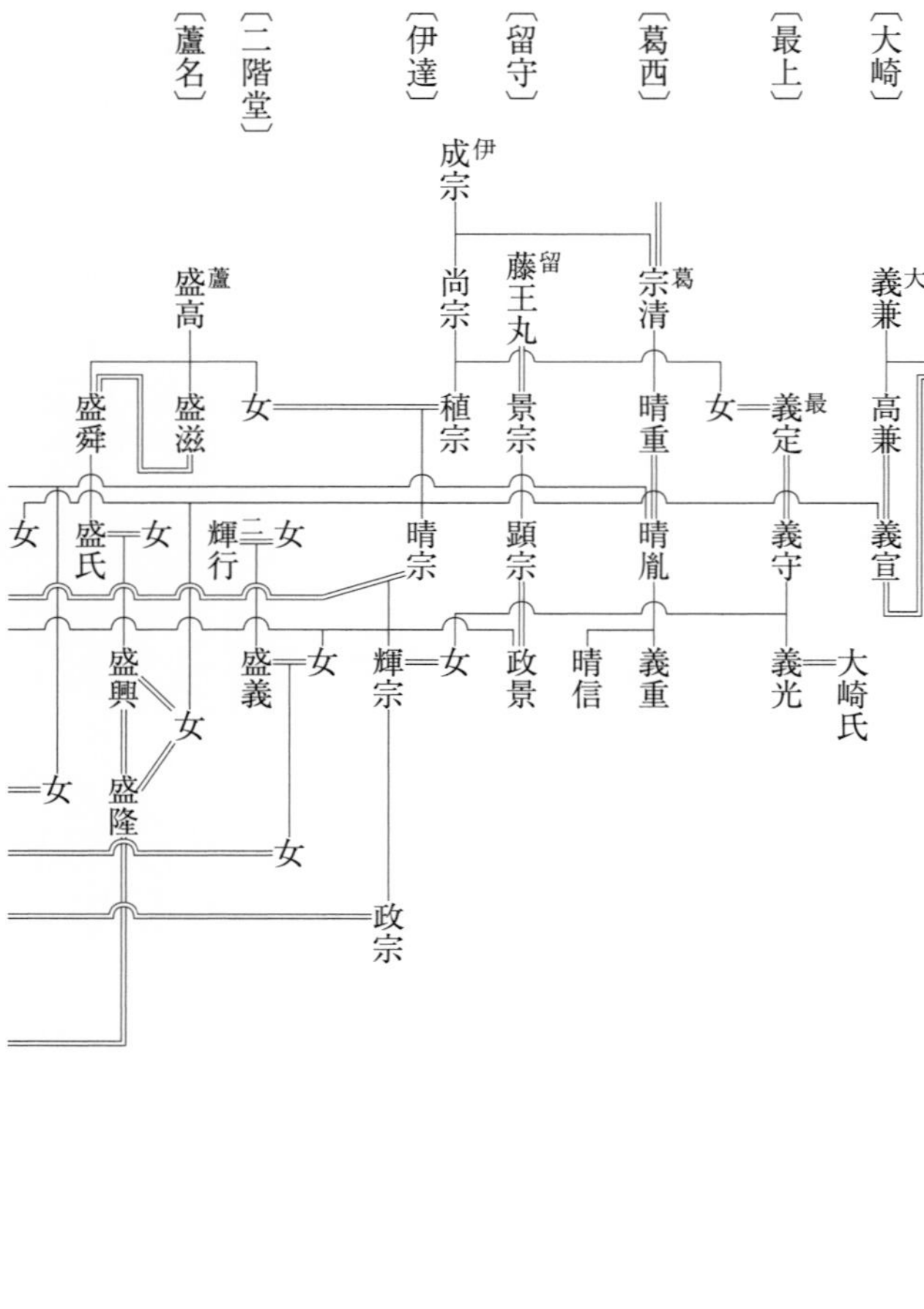

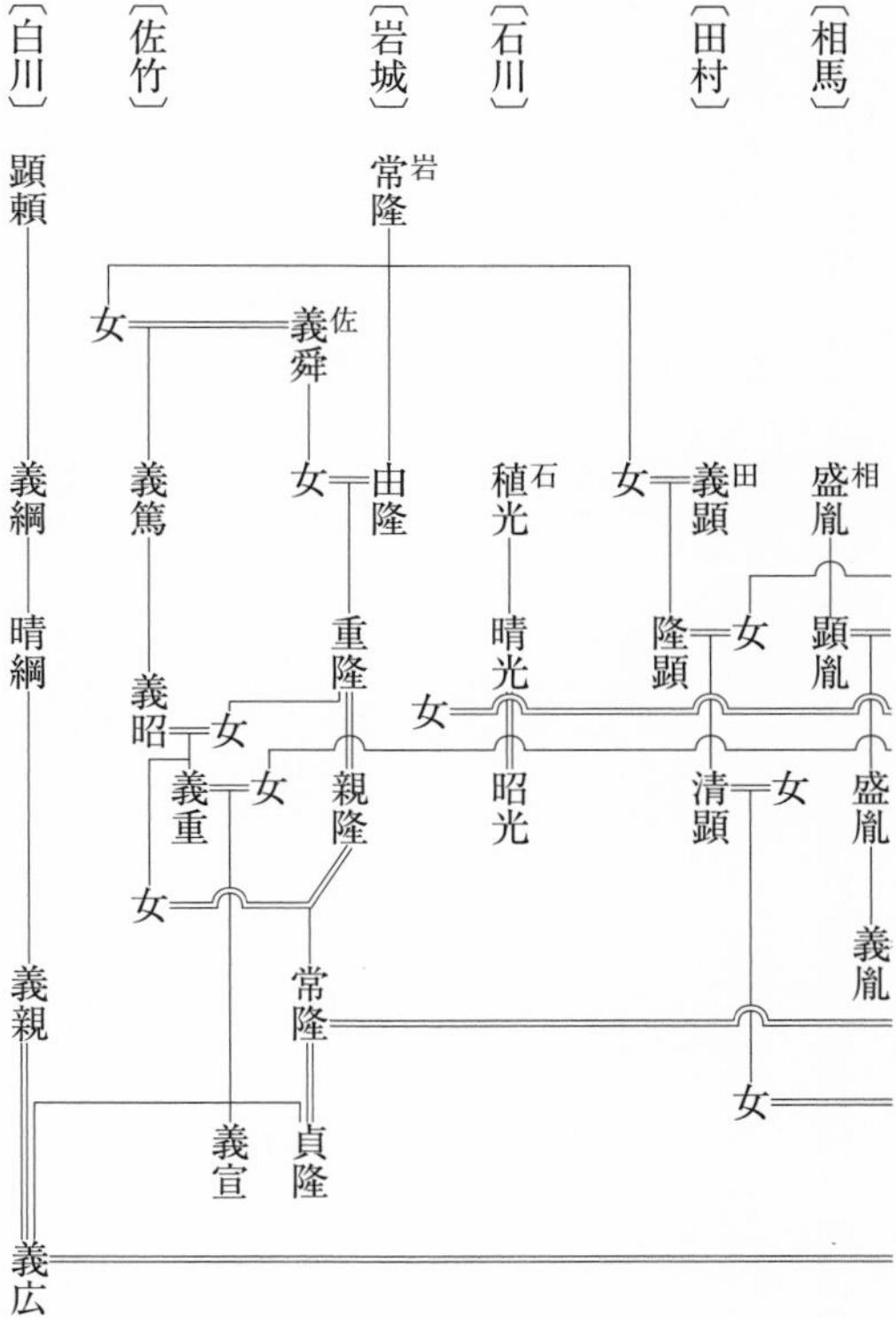

※＝は婚姻または養子関係を示す。兄弟姉妹の序列は不同。

南部氏関係系図（青森県二〇一八より）

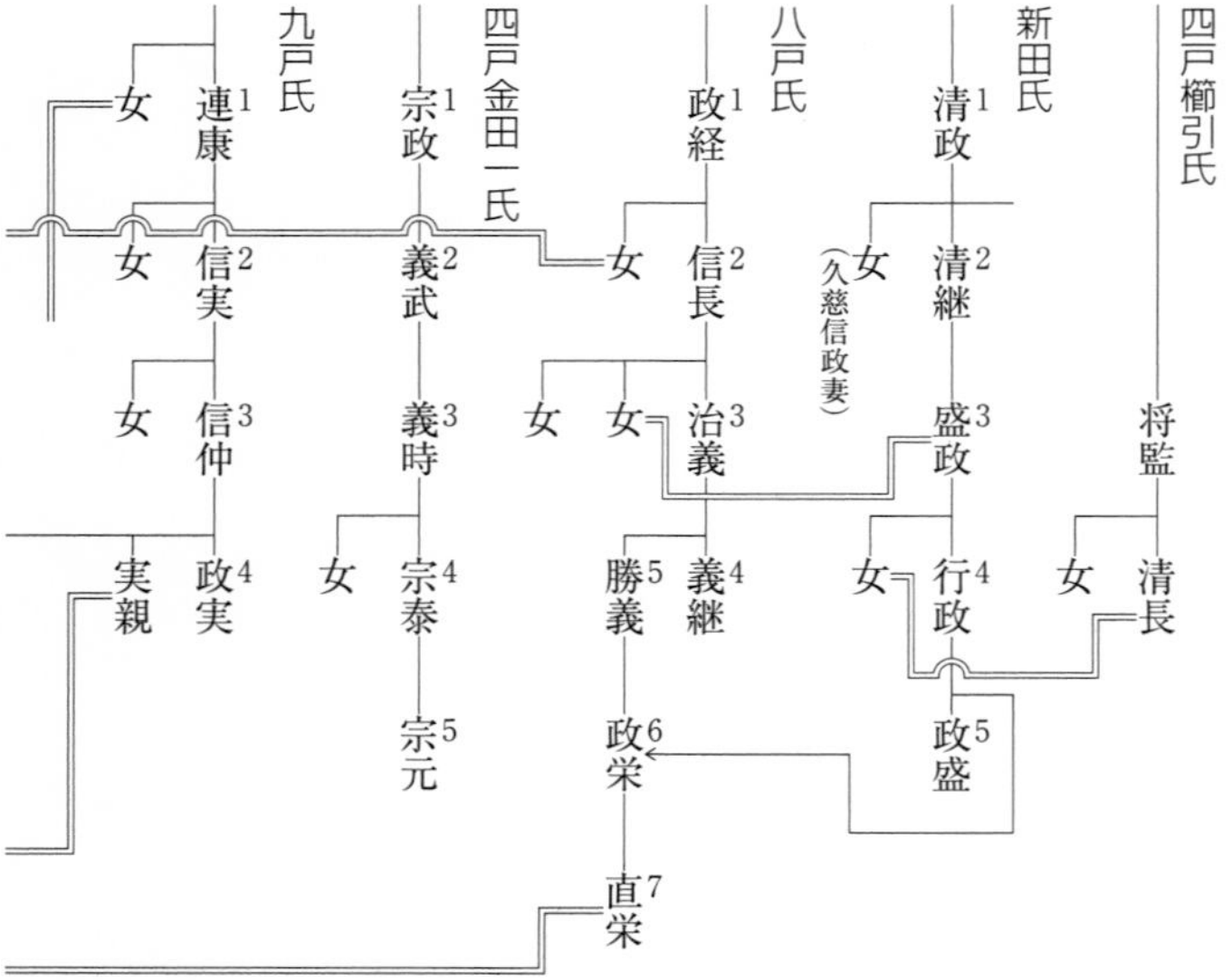

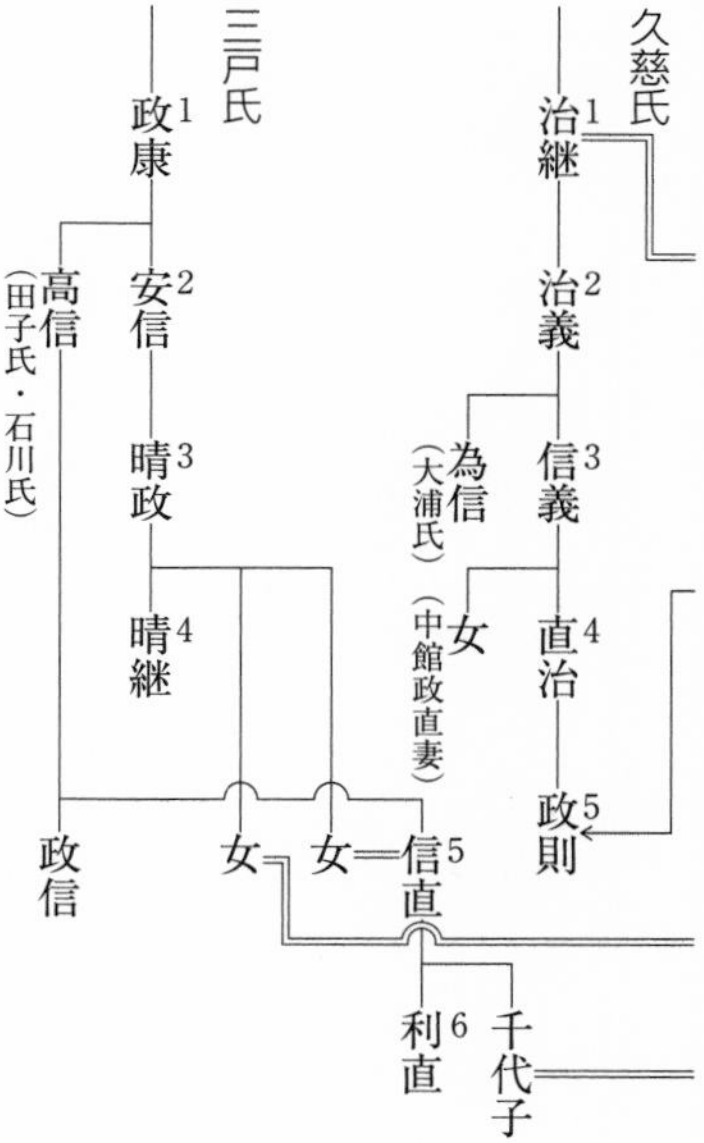

※1 「参考諸家系図」「源氏南部八戸家系」「源氏南部八戸新田家系」により作成。
2 番号は、各家の当主順
3 ——は実子、＝は婚姻、——→は養子の関係を示す。

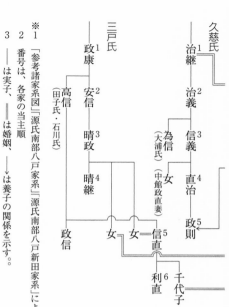

安藤氏・蠣崎氏系図（黒田基樹監修『別冊太陽　戦国大名』〈二〇一〇年〉より）

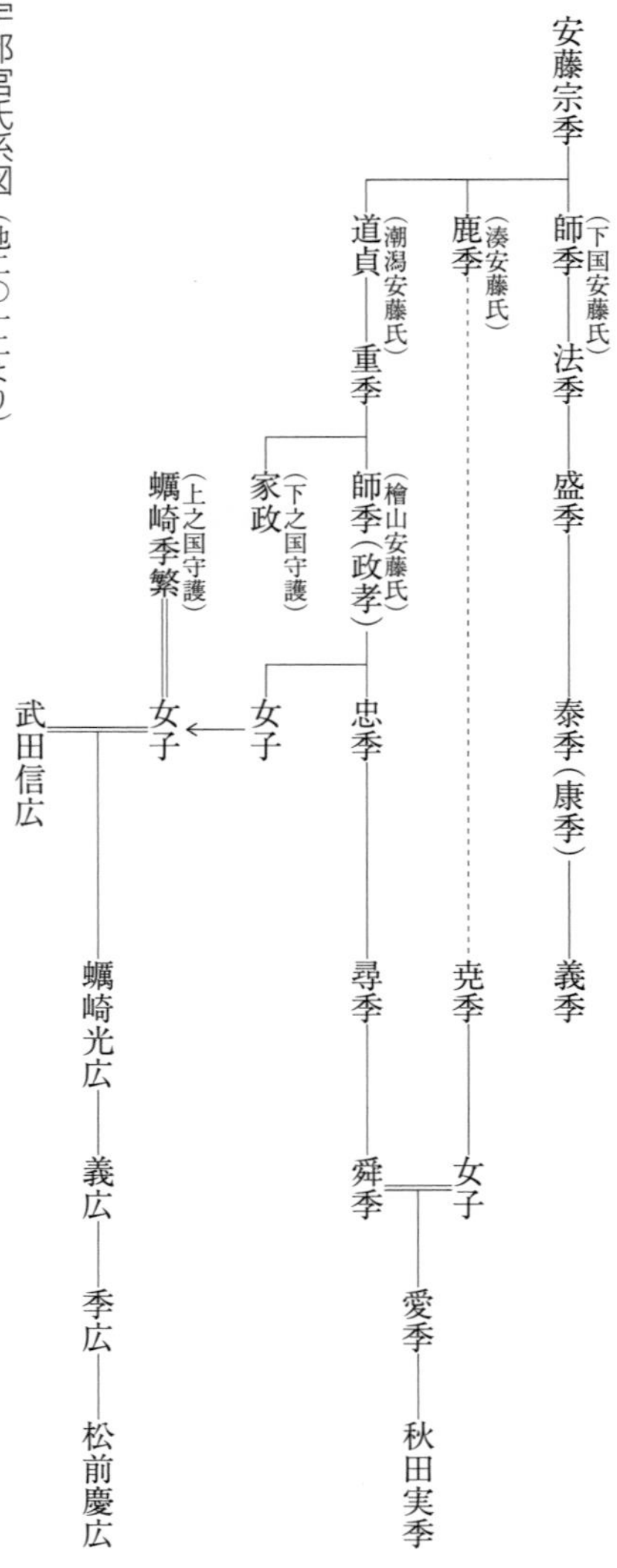

宇都宮氏系図（池二〇一二より）

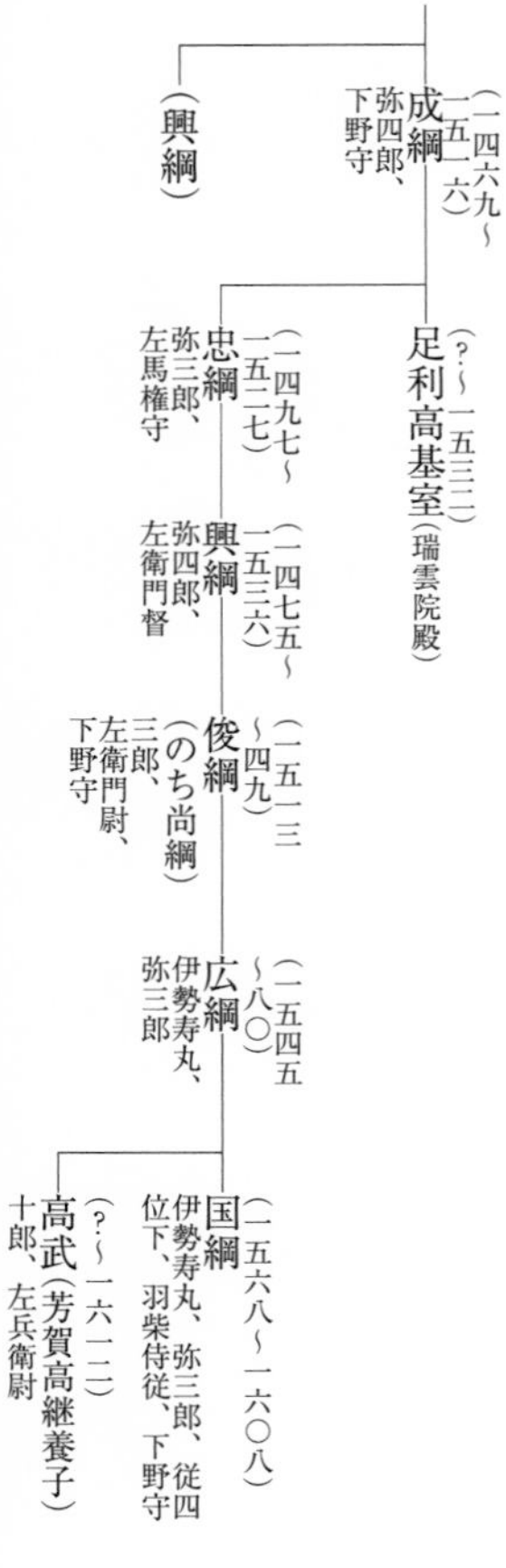

結城・小山氏系図（同前）

←（結城氏）　｜　（小山氏）→

小山氏

- 政長（初名政昭）（一四九八〜？）七郎、修理大夫、右京大夫　＊結城政朝の子で、小山氏の養嗣子とする説もあり。
  - 小四郎（山川氏より、カ）（？〜？）
  - ‖高朝（一五〇七〜七四）六郎、下野守
    - 秀綱（初名氏朝。のち氏秀）（？〜？）小四郎、弾正大弼、良舜、孝山、考哲
      - 秀広（？〜？）
    - ‖晴朝（結城氏へ）

結城氏

- 政朝（一四七七〜一五四五カ）七郎、左衛門督
  - 政直（？〜？）
  - 政勝（一五〇四〜五九）三郎、左衛門督
    - ‖晴朝（一五三四〜一六一四）七郎、左衛門督

那須氏系図（同前）

- 資房（？〜一五五二）越後守、せんしょうこや御隠居様
  - 政資（？〜一五四六）
    - 高資（？〜一五五一）
    - （資胤）
      - ‖資胤（？〜一五八六カ）修理大夫
        - 資晴（一五五七〜一六一〇）太郎、大膳大夫、修理大夫
      - ‖鶴寿丸（佐竹氏より。資綱または資家）

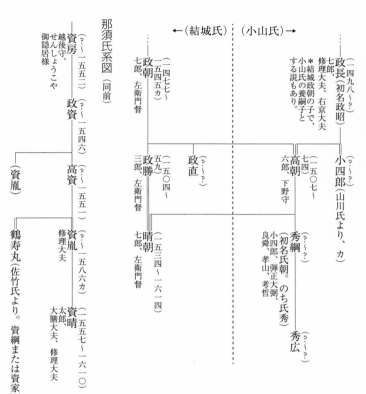

関連地図

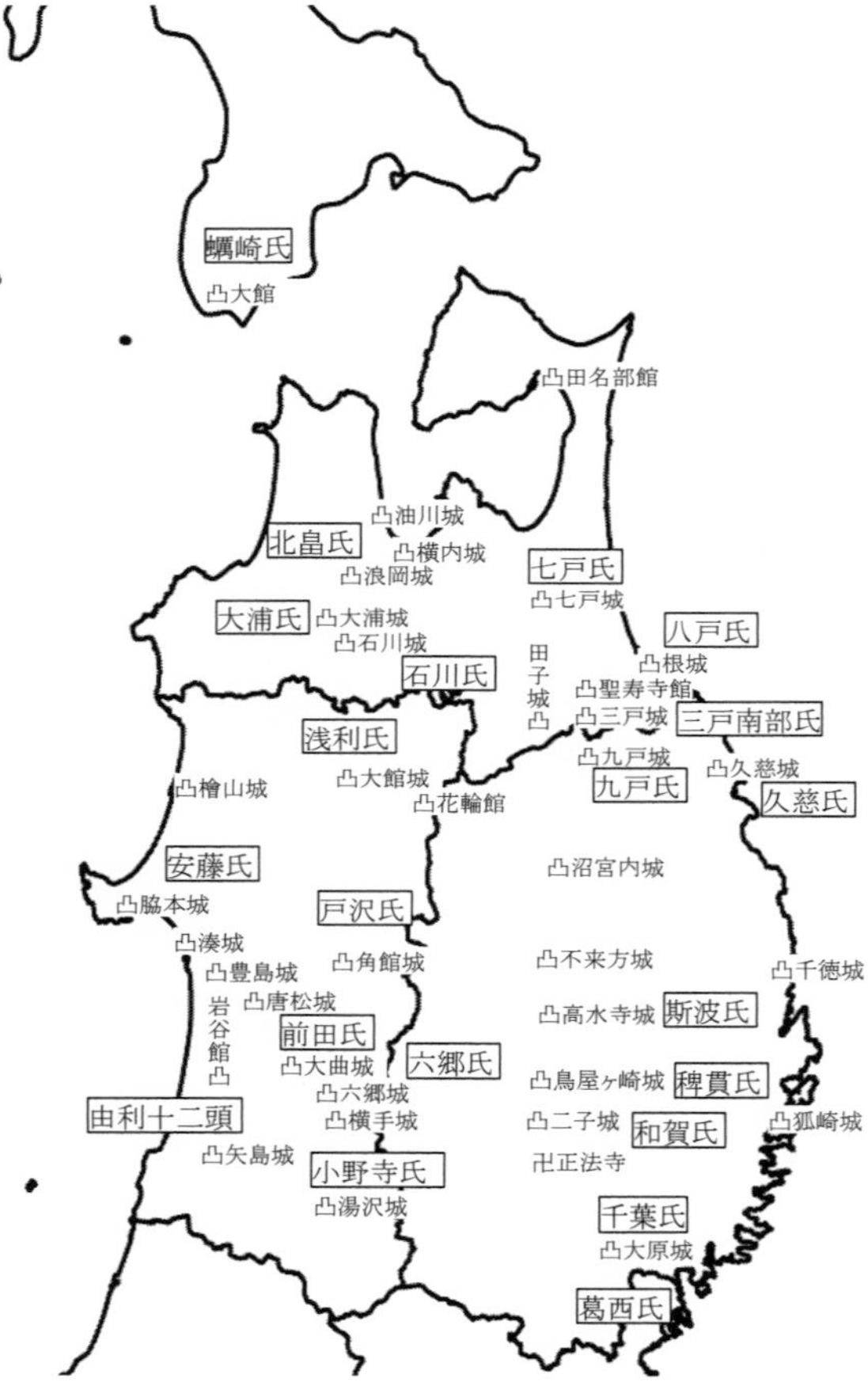

蠣崎氏
凸大館
凸田名部館
凸油川城
北畠氏
凸横内城
凸浪岡城
七戸氏
凸七戸城
大浦氏
凸大浦城
凸石川城
八戸氏
凸根城
石川氏
田子城凸
凸聖寿寺館
凸三戸城
三戸南部氏
浅利氏
凸九戸城
凸久慈城
凸大館城
九戸氏
凸檜山城
凸花輪館
久慈氏
安藤氏
凸沼宮内城
凸脇本城
戸沢氏
凸湊城
凸角館城
凸不来方城
凸千徳城
凸豊島城
凸唐松城
岩谷館凸
凸高水寺城
斯波氏
前田氏
凸大曲城
六郷氏
凸鳥屋ヶ崎城
稗貫氏
凸六郷城
由利十二頭
凸横手城
凸二子城
和賀氏
凸狐崎城
凸矢島城
卍正法寺
小野寺氏
凸湯沢城
千葉氏
凸大原城
葛西氏

戦国末期の北奥羽略図

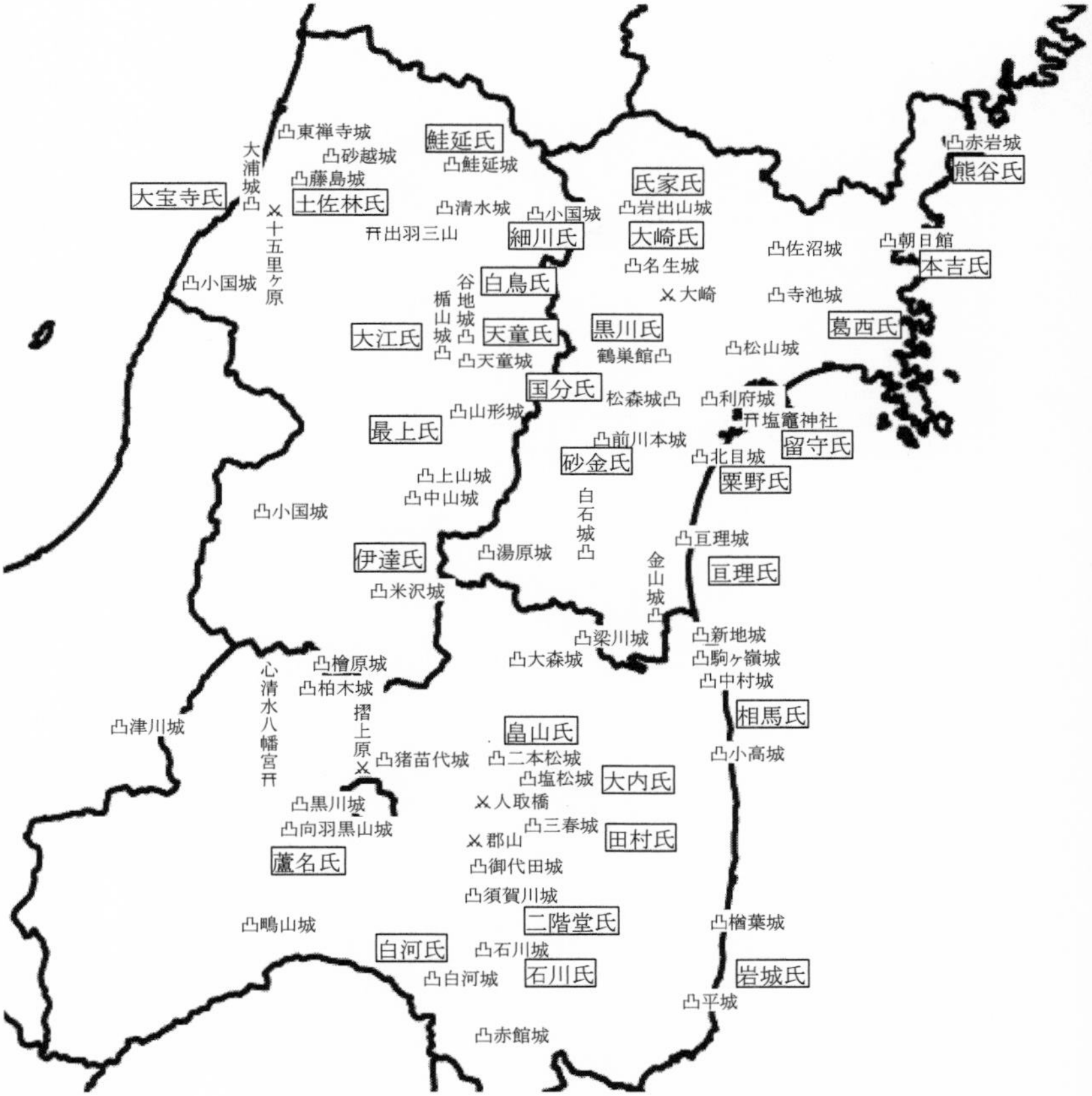
凸東禅寺城
鮭延氏
凸赤岩城
大浦城凸
凸砂越城
凸鮭延城
熊谷氏
氏家氏
凸藤島城
大宝寺氏
土佐林氏
凸清水城
凸小国城
凸岩出山城
⚔十五里ヶ原
⛩出羽三山
細川氏
大崎氏
凸朝日館
凸佐沼城
本吉氏
凸名生城
凸小国城
白鳥氏
谷地城凸
楯山城凸
⚔大崎
凸寺池城
葛西氏
黒川氏
大江氏
天童氏
凸松山城
鶴巣館凸
凸天童城
国分氏
松森城凸
凸利府城
凸山形城
⛩塩竈神社
最上氏
凸前川本城
留守氏
砂金氏
凸北目城
凸上山城
栗野氏
凸中山城
白石城凸
凸小国城
凸亘理城
凸湯原城
伊達氏
金山城凸
亘理氏
凸米沢城
凸新地城
凸梁川城
凸駒ヶ嶺城
凸大森城
凸檜原城
心清水八幡宮⛩
凸中村城
凸柏木城
相馬氏
凸津川城
摺上原⚔
畠山氏
凸小高城
凸猪苗代城
凸二本松城
大内氏
凸塩松城
凸黒川城
⚔人取橋
凸三春城
凸向羽黒山城
田村氏
⚔郡山
蘆名氏
凸御代田城
凸須賀川城
凸檜葉城
二階堂氏
凸鴫山城
白河氏
凸石川城
岩城氏
石川氏
凸白河城
凸平城
凸赤館城

戦国末期の南奥羽略図

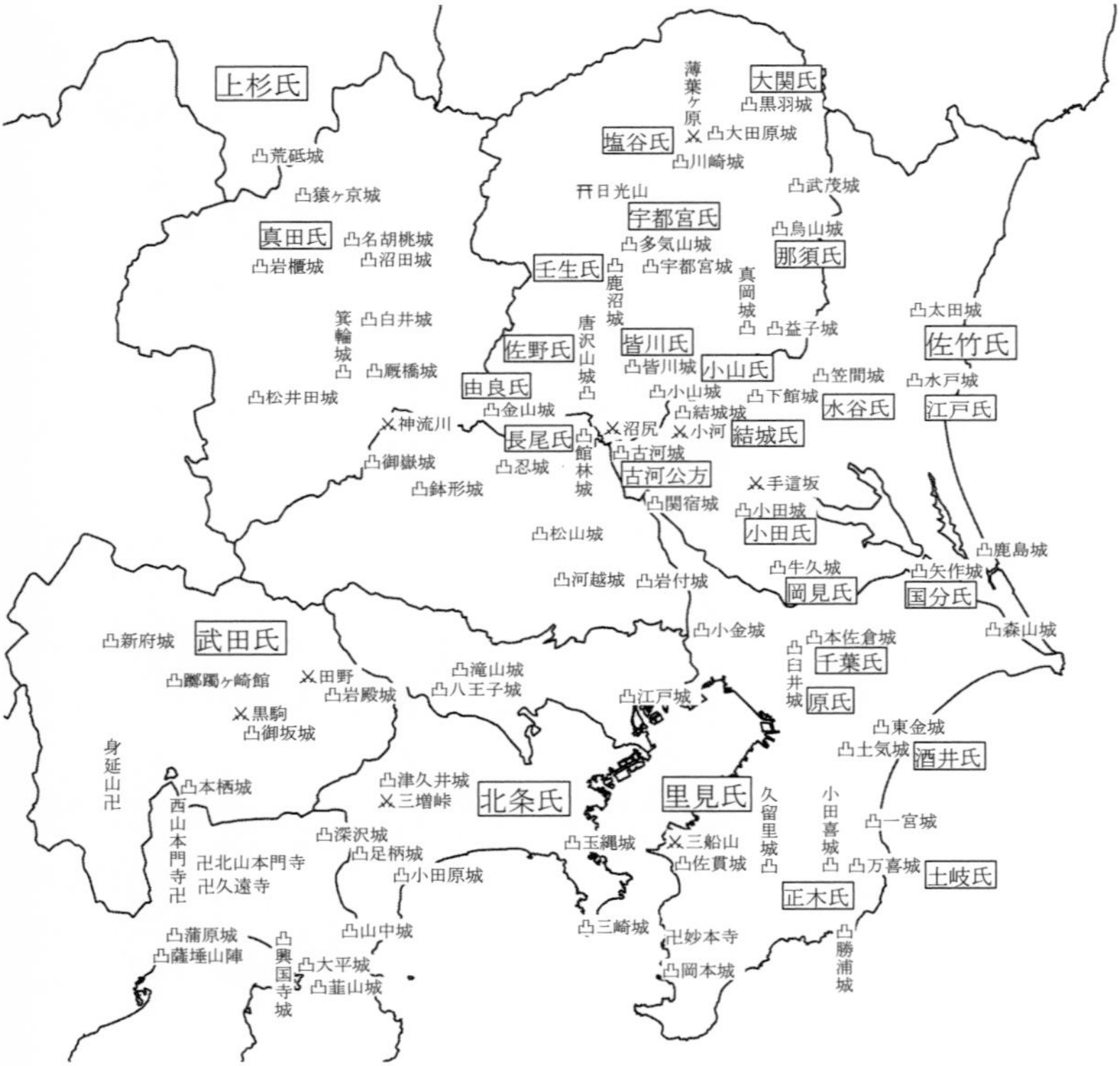
上杉氏
荒砥城
猿ヶ京城
真田氏
名胡桃城
岩櫃城
沼田城
箕輪城
白井城
厩橋城
松井田城
神流川
御嶽城
鉢形城
薄葉ヶ原
大関氏
黒羽城
塩谷氏
大田原城
川崎城
日光山
武茂城
宇都宮氏
烏山城
多気山城
那須氏
壬生氏
鹿沼城
宇都宮城
真岡城
益子城
太田城
佐竹氏
唐沢山城
皆川氏
皆川城
小山氏
佐野氏
由良氏
金山城
小山城
結城城
下館城
笠間城
水戸城
水谷氏
江戸氏
沼尻
小河
結城氏
長尾氏
館林城
古河城
忍城
古河公方
手這坂
関宿城
小田城
小田氏
松山城
鹿島城
牛久城
矢作城
河越城
岩付城
岡見氏
国分氏
小金城
森山城
新府城
武田氏
本佐倉城
千葉氏
臼井城
滝山城
躑躅ヶ崎館
田野
八王子城
岩殿城
江戸城
原氏
黒駒
御坂城
東金城
土気城
酒井氏
身延山
本栖城
津久井城
三増峠
北条氏
里見氏
久留里城
小田喜城
一宮城
西山本門寺
深沢城
玉縄城
三船山
足柄城
北山本門寺
久遠寺
小田原城
佐貫城
万喜城
土岐氏
正木氏
三崎城
妙本寺
勝浦城
山中城
蒲原城
薩埵山陣
興国寺城
大平城
岡本城
韮山城

戦国末期の関東略図

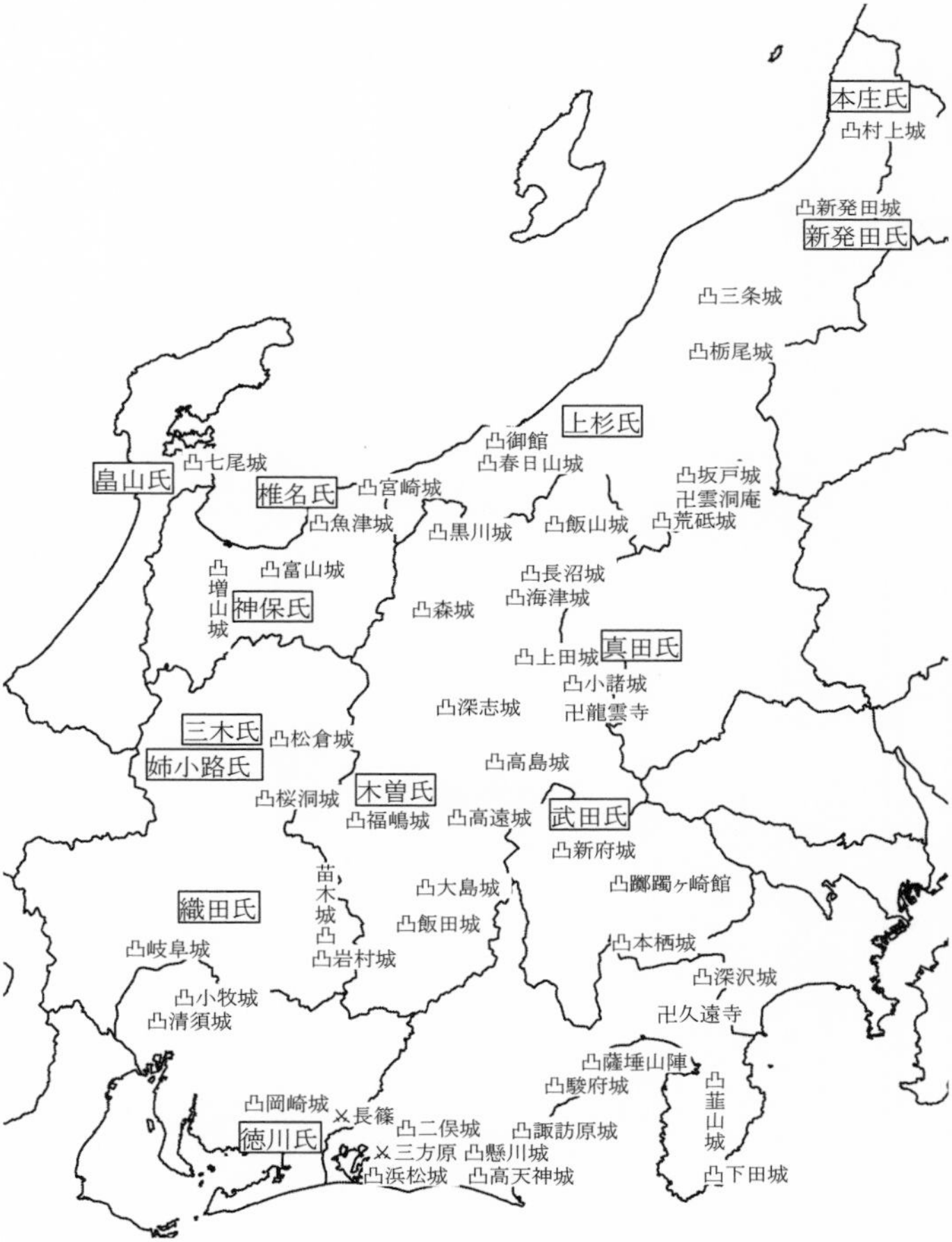

戦国末期の北陸・中部・東海地方略図

略年表

年号	西暦	事項
永禄 八	一五六五	三月、松平家康が三河を統一。五月、足利義輝が暗殺される。八月、甲尾同盟が成立。十月、武田義信幽閉事件が起きる。
永禄 九	一五六六	一月、伊達輝宗と蘆名盛氏の同盟が成立。二月、足利義昭が北条氏に上杉氏との和睦を要請。二月から三月、上杉謙信が下総小金城・臼井城などを攻撃。九月、武田信玄が上野国衆長野氏を滅ぼす。十一月、足利義昭が越前一乗谷へ移動。十二月、家康が徳川に改姓。
永禄 十	一五六七	八月、上総三船山の戦いで里見軍が北条軍を破る。九月、織田信長が斎藤龍興を滅ぼし、岐阜に本拠を移す。十月、武田義信が死去。十一月、今川氏真が上杉謙信と同盟締結交渉を開始。
永禄 十一	一五六八	二月、武田信玄と徳川家康が今川領国分割の密約を締結。三月、本庄繁長が上杉謙信に反旗を翻す。九月、信長が義昭とともに上洛。十月、義昭が征夷大将軍に任官。十二月、武田信玄が今川領国に侵攻を開始、駿府占領。同月、上杉氏と北条氏が越相同盟交渉を開始。
永禄 十二	一五六九	三月、本庄繁長の乱が終結。五月、徳川家康が今川氏真・北条氏と和睦、氏真が懸川出城。六月、越相同盟が成立。七月、「甲越和与」が成立。九月、信玄が武蔵鉢形城・滝山城などを攻撃。十月、信玄が小田原城を攻撃、帰途に三増峠の戦いで北条軍を破る。十一月、常陸手這坂の戦いで佐竹義重が小田氏治を破る。十二月、信玄が駿河蒲原城を落とす。直後に信玄が駿府を再占領。同年頃、三戸南部氏の内乱が勃発。
元亀 元	一五七〇	四月、伊達氏元亀の変が起きる。六月、姉川の戦い。八月、武田軍が伊豆韮山城などを攻撃。

			十月、武田軍が西上野を攻撃。同月、家康が信玄との同盟を破棄、謙信との同盟を締結。十二月、武田軍が駿河駿東郡を攻撃。
元亀	二	一五七一	一月、武田軍により駿河深沢城が落城。六月、佐竹義重が磐城平城へ入城。九月、信長による比叡山焼き討ち。十月、北条氏康が死去。十一月、越相同盟崩壊、甲相同盟締結。同年中、下国・湊安藤両氏が統一。
元亀	三	一五七二	六月、那須資胤が佐竹義重と同盟を締結。十月、武田軍が織田方の美濃岩村城を攻撃、甲尾同盟を破棄。十二月、三方ヶ原の戦いで武田軍が徳川軍を破る。同月、下野多功原の戦いで佐竹軍らが北条軍を破る。
天正	元	一五七三	四月、武田信玄が死去。七月、信長が義昭を追放、室町幕府が滅亡。家康、武田方の三河長篠城を攻略。八月、浅井・朝倉両氏滅亡。十月、伊達輝宗が織田信長と通交。
天正	二	一五七四	一月、天正最上の乱が起きる。佐竹氏が白河氏の陸奥赤館城を攻略。五月、武田勝頼が徳川方の遠江高天神城を攻略。十一月、謙信が佐竹義重に同陣を求めるも実現せず。閏十一月、北条氏が簗田氏の下総関宿城を接収。
天正	三	一五七五	三月、義昭が甲相越三和の要請を開始。五月、長篠の戦い。十二月、北条氏が小山氏の下野祇園城を接収。
天正	四	一五七六	一月、信長が安土城の築城を開始。二月、足利義昭が備後鞆へ移る。北条氏照が下野祇園城に入城。四月、本願寺が信長との和議を破り再蜂起。七月、伊達輝宗が相馬領伊具郡への侵攻を開始。九月、謙信が越中を平定。
天正	五	一五七七	四月、北条氏が下総飯沼城を築く。初夏、結城晴朝が北条氏から離反。五月、謙信が最後の越山をする。閏七月、北条氏政が下総結城城を攻撃。九月、謙信が能登七尾城を攻略。佐竹・結城軍が北条方の下野祇園城・榎本城を攻撃。北条氏が房総へ侵攻。十一月、「房相一和」が成立。この年、下国安藤愛季が居城を脇本城に移す。
天正	六	一五七八	一月、北条氏政と伊達輝宗が通交を開始。三月、上杉謙信が死去、御館の乱が起きる。五月、

年号	西暦	事項
		里見義弘が死去、里見氏天正の内乱が起きる。常陸小河合戦で北条氏と佐竹氏ら反北条連合軍が激突。八月、佐竹氏と白河氏が和睦。この年頃、大浦為信により浪岡北畠氏が滅亡。
天正　七	一五七九	二月、佐竹義重二男喝食丸（義広）が白河家当主に。七月、佐竹氏と蘆名氏の和睦成立。九月、甲相同盟が崩壊、北条氏と徳川氏の同盟成立、松平信康が切腹。十月、武田氏と佐竹氏の同盟（甲佐同盟）が成立。十一月、勝頼が信長との和睦を模索（甲江和与）。
天正　八	一五八〇	四月、石山合戦が終結。六月、蘆名盛氏が死去。八月、武田氏が北条方の上野沼田城を接収。十月、武田勝頼が北条方の上野善城を「素肌攻め」。
天正　九	一五八一	一月、武田勝頼が新府城の築城を開始。三月、徳川軍により武田方の遠江高天神城が落城。四月、佐竹・蘆名ほか連合軍が田村領御代田城を攻撃、和睦。「佐竹奥州一統」。六月、新発田重家が信長の調略により上杉氏から離反。十月、北条氏家臣で伊豆徳倉城の笠原政春が武田氏に寝返り。同年頃、南部信直が家督相続。
天正　十	一五八二	三月、武田氏滅亡、「東国御一統」「惣無事」に。六月、本能寺の変、神流川の戦い、天正壬午の乱が起きる。清須会議が行われる。八月、甲斐黒駒の戦いで徳川軍が北条軍を破る。十月、北条・徳川両氏の和睦・同盟が成立、家康が関東諸領主に再度の「惣無事」実現を要請。
天正　十一	一五八三	二月、秀吉・織田信雄と上杉景勝との同盟成立。四月、賤ヶ岳の戦い。九月、秀吉が大坂城の築城を開始。北条氏が上野厩橋城を接収。十月、上野国衆由良・長尾両氏が北条氏から離反。八月から十月、秀吉が「中国国分」「越中国切」「信州郡割」「関東惣無事」などの実現を目論む。
天正　十二	一五八四	三月、小牧・長久手の戦い。五月、沼尻合戦。伊達政宗と相馬義胤が和睦。これ以前に政宗が伊具郡金山城などを攻略。六月、秀吉が東国諸領主へ「富士山一見」の予定を知らせる。七月、秀吉が関白に就任。沼尻合戦が終結。十月、伊達政宗が家督継承。十一月、小牧・長

		久手の戦いが終結。十二月、佐々成政による「さらさら越え」。この年、最上義光が白鳥氏らを滅亡させ、最上・村山郡を領国化。
天正　十三	一五八五	一月、北条氏が上野金山城・館林城を接収。三月、秀吉の紀州攻め。宇都宮氏と那須氏が激突（薄葉ヶ原の戦い）。四月、伊達政宗が蘆名領へ侵攻を開始。六月、秀吉が四国攻めを開始。七月、長宗我部氏が秀吉に降伏。八月、秀吉の佐々成政攻め、宇都宮氏が本拠を多気山城へ移転。閏八月、第一次上田合戦。十月、真田昌幸が秀吉に従属。秀吉が九州島津氏に停戦を命令。十一月、人取橋の戦い。天正大地震。十二月、下野壬生義雄が北条氏に従属。この年、大浦為信が外ヶ浜へ勢力拡大。
天正　十四	一五八六	二月、秀吉が徳川領国への出兵を急きょ取りやめ、家康を赦免する。三月、駿河沼津で家康と北条氏政が会見。五月、秀吉の妹旭姫が家康に嫁ぐ。下野皆川広照が北条氏に従属。六月、上杉景勝が上洛。七月、伊達政宗が二本松城を接収。八月、秀吉が真田氏討伐を決定、翌月に撤回。北条氏が下野唐沢山城を攻略。十月、秀吉の母大政所が岡崎へ下向。家康が上洛。十二月、秀吉が「関東奥両国惣無事」について東国諸領主に伝達。家康が浜松城から駿府城へ居城を移転。
天正　十五	一五八七	一月、北条氏が小田原城ほか領国諸城の大改修を実施。二月、秀吉が家康に再度「関東無事之儀」を伝達。三月、秀吉が九州へ向けて出陣を開始。佐竹義重二男義広が蘆名氏を継承。九月、下国安藤愛季死去。十月、上杉氏により新発田重家の乱が鎮圧。最上義光が出羽庄内へ侵攻。
天正　十六	一五八八	一月、大崎合戦。二月、北条氏が秀吉との和睦交渉を開始。六月、郡山合戦。七月、伊達氏と最上氏が和睦。八月、北条氏規が上洛。伊達政宗が三春城へ入城。十五里ヶ原の戦いで最上軍が本庄軍に敗れる。
天正　十七	一五八九	二月、湊安藤道季が下国安藤実季に反乱（湊合戦）。北条氏家臣板部岡江雪斎が上洛。その後、「沼田・吾妻領問題」について秀吉が裁定。六月、摺上原の戦い、蘆名氏滅亡。七月、

年号	西暦	事項
		沼田・吾妻領裁定を実行。大宝寺義興が上洛、秀吉が庄内領有を承認。十一月、名胡桃城事件。秀吉が「最後通告状」を北条氏らに送付。
天正　十八	一五九〇	三月、小田原合戦が勃発、伊豆山中城などを攻略。五月、武蔵岩付城などが落城。六月、武蔵鉢形城・八王子城などが落城。七月、小田原城が開城、北条氏滅亡。七月から八月、秀吉が宇都宮仕置と奥羽仕置を実施。十月、大崎・葛西一揆が起きる。
天正　十九	一五九一	二月、伊達政宗が上洛。九戸政実の乱が起きる。七月、政宗が大崎・葛西一揆を鎮圧。九月、九戸城が落城。奥羽再仕置を実施。

著者略歴
一九八二年、東京都に生まれる
二〇一一年、一橋大学大学院経済学研究科博士後期課程修了。博士（経済学）
現　在、東北学院大学文学部准教授

〔主要著書〕
『織豊政権と東国社会』（吉川弘文館、二〇一二年）
『戦国の城の一生』（吉川弘文館、二〇一八年）
『戦国武士の履歴書』（戎光祥出版、二〇一九年）

列島の戦国史7
東日本の統合と織豊政権

二〇二〇年（令和二）十月十日　第一刷発行

著　者　竹《たけ》井《い》英《ひで》文《ふみ》
発行者　吉川道郎
発行所　株式会社 吉川弘文館
郵便番号一一三—〇〇三三
東京都文京区本郷七丁目二番八号
電話〇三—三八一三—九一五一〈代表〉
振替口座〇〇一〇〇—五—二四四
http://www.yoshikawa-k.co.jp/
印刷＝株式会社　三秀舎
製本＝誠製本株式会社
装幀＝河村　誠

ISBN978-4-642-06854-3